古代美術史研究

五 編

第21冊

督陶榷使唐英之研究

楊舒逸 著

花木蘭文化事業有限公司

國家圖書館出版品預行編目資料

督陶榷使唐英之研究／楊舒逸 著 -- 初版 -- 新北市：花木蘭
文化事業有限公司，2023〔民 112〕
目 2+164 面；19×26 公分
（古代美術史研究　五編；第 21 冊）
ISBN 978-986-518-780-4（精裝）
1.CST：（清）唐英 2.CST：古陶瓷 3.CST：官窯 4.CST：傳記
618　　　　　　　　　　　　　　　　　　　　110022114

ISBN-978-986-518-780-4

9 789865 187804

古代美術史研究
五　編　第二一冊　　　　　　　　ISBN：978-986-518-780-4

督陶榷使唐英之研究

作　　者　楊舒逸
總 編 輯　杜潔祥
副總編輯　楊嘉樂
編輯主任　許郁翎
編　　輯　張雅淋、潘玟靜　美術編輯　陳逸婷
出　　版　花木蘭文化事業有限公司
發 行 人　高小娟
聯絡地址　235 新北市中和區中安街七二號十三樓
　　　　　電話：02-2923-1455／傳真：02-2923-1452
網　　址　http://www.huamulan.tw 信箱 service@huamulans.com
印　　刷　普羅文化出版廣告事業
初　　版　2023 年 3 月
定　　價　五編 21 冊（精裝）新台幣 75,000 元　　版權所有・請勿翻印

督陶榷使唐英之研究

楊舒逸 著

作者簡介

楊舒逸，台灣桃園人，輔仁大學歷史學系學士、輔修中文、國立中央大學歷史研究所碩士，現任國中歷史科教師。

提　　要

　　明清時期，皇室為生產數量龐大、品質精良之瓷器，故設置御窯廠，並由督陶官管理燒造。清代督陶官，除完成燒造任務之外，還必須負責瓷器解運及籌募燒造經費與核銷。唐英（1682～1756）即為清代最知名傑出之督陶官。其內務府包衣出身，歷經康熙、雍正、乾隆三朝，因而深悉皇室品味。任職淮安關與九江關期間，盡心了解與經營窯務，不但協助皇帝推行窯治改革，並留下傳世珍品，故獲得皇帝的賞識。其不但在瓷器燒造與窯務制度留下範例，亦成就乾隆時期御窯的發展。

　　此論文除探討唐英協助乾隆改革窯治，盡心督造御窯的斐然成就外，亦同時注意其生涯另外的兩個領域。首先是他的忠心、盡心與行政能力，先後被乾隆皇帝派任管理淮安關、九江關及粵海關，形成收掌關稅為正職，督陶則為兼管。唐英擔任稅差近二十年（1736～1756），足見皇帝對他的信任與重用。

　　唐英生涯的另一特色，則是他多才多藝。在文學、藝術、戲曲，繪畫上都展現其才華。他在任職地區寄情山水，寄託胸懷，並與文人士紳、窯工漁樵互動交遊，留下情意真摯的紀錄，表現在詩詞、崑曲雜劇中。而其詩文亦屢屢流露聖恩難報與儒家忠君愛民的思想，這亦反映出他的特殊身份及與皇帝密切之關係。

目

次

緒　論

　　本文擬以清人唐英（1682～1756）為研究對象，唐英身為內務府官員，是歷史上著名的督陶官。督陶官一職相傳在上古時期則已設置，唐英在〈陶冶圖說〉提到：「粵稽虞代肇興，陶正之官載諸考工，詳列陶瓶之職。」〔註1〕督陶官管理燒造陶器，原作為日常用器，與民生相關，不可或缺。然而隨著皇權提高，官府所用器物開始被要求品質精良，甚至與民之所用有所區隔。明清時期，皇室專屬用器的區隔性更加顯著，為了達成皇帝要求，故成立專門燒製御用瓷器的窯廠，並派官員管理窯務，以確保御窯燒造達到一定的數量與品質。而掌理御窯燒造的督陶官當中，能如唐英一般，既督陶且知陶，甚至能製陶的，可謂罕見。

一、研究動機與目的

　　中國瓷器工藝精湛舉世聞名，明清之際更臻於鼎盛，御製瓷器傳於世者更是價值連城，其中宮廷對御窯之重視，勢必對其發展產生正面積極的作用。宋代以後出現生產專供官府所用瓷器的官窯，不過宋代的官窯生產尚未形成定制，某些民間生產之優質瓷器，與官府生產之御用瓷器，因受到官府控制，均視作官窯。

　　江西景德鎮為著名的瓷都，自宋始生產瓷器供京師所用，並派官監造，但不受官府壟斷，燒造任務完成即恢復成民窯，屬於短期燒造。元代開始在景德鎮設置了瓷業管理機構「浮梁瓷局」，掌燒造瓷器，不過仍屬短暫燒造，

〔註 1〕（清）唐英，〈陶冶圖編次〉，收錄於張發穎主編，《唐英全集》，第 4 冊（北京：學苑出版社，2008），頁 1168。〈陶冶圖編次〉又稱〈陶冶圖說〉。

兼管陶務的官員，也僅負責課稅而已。總歸明代以前的官窯，是將燒造優良的民窯瓷器指定進貢，或派官經營經管理，具有臨時性、任務性的特質。

明、清兩代的皇帝特意將瓷器區隔出「御用」，以凸顯皇室與一般官窯或民窯所用的差別。御窯是指皇帝干預燒造或派專官管理，以貫徹皇帝旨意所燒造的瓷器，明代開始出現御器廠，清稱之為御窯廠。御窯為皇室所用，製作精美、品質優異為必然，所費之資所用之力，勢必也高於一般。為產造御窯以達成皇帝的要求，進而演變出御窯專造管理之制度，包括掌控燒造數量及樣式；經費支出及核銷；解運方式與路線，甚至燒造的器型等。因而皇帝需要一位得力的督陶官，或者說，一位稱職的督陶官能與御窯的發展相得益彰。

清人朱琰在《陶說》序中提到：「陶器一藝古今曾未聞述」，〔註2〕過去歷史上專門針對陶瓷的紀錄不多，關於督陶官的研究更是罕有。若有派官員督造，則多是地方官員兼管，至明代則出現宦官監造。此等背景之官員因燒造瓷器而聞名於世者甚不多見，至於燒造之匠人，更少有受到關注而留下姓名。歷史上著名窯器常有以生產之地區命名，例如：越州窯、定窯、瓷州窯等。〔註3〕明代則以皇帝年號來稱呼，如：成化窯、正德窯、嘉靖窯、隆慶窯、萬曆窯。清代御窯是以督陶官姓氏稱之，如：郎窯、臧窯、年窯與唐窯。故後人得確知窯務負責人的身分，並且所燒御窯的成就亦常與督陶官之間互相連結。

雍、乾時期，負責御窯廠燒造事務的唐英，其對窯務之熟悉和參與，與歷來督陶官之經歷有很大不同。正白旗包衣出身的他，早年曾任康熙皇帝侍從，後來任內務府員外郎，在內務府畫樣、管理人事。雍正六年（1728）被怡親王（1686～1730）指派到景德鎮御窯廠，協助淮安關監督年希堯（？～1738）處理窯務。由於淮安關與景德鎮御窯廠相距甚遠，故窯廠事務實際上均由唐英擔任協造負責掌管。

乾隆元年（1736）年希堯因罪遭罷，唐英奉命接管淮安關監督職務，這段時期唐英不曾到過御窯廠親自督造，御窯燒造品質不良，受到乾隆皇帝多

〔註2〕（清）朱琰，〈序〉，《陶說》，《陶瓷譜錄十三種》，57卷上，收錄於楊家駱主編，《藝術叢編第一集》，第33冊，（臺北：世界書局，1980，四版），頁55。

〔註3〕「越州，今浙江紹興府」、「定州，今直隸真定府」、「在河南彰德府瓷州」。見（清）朱琰，〈說古〉，《陶說》，《陶瓷譜錄十三種》，57卷上，收錄於楊家駱主編，《藝術叢編第一集》，第33冊，頁89、92、104。

次指責，於是唐英奏請回御窯廠專管窯務。乾隆四年（1739）唐英調回御窯廠，為就近支用錢糧，故上奏將御窯燒造經費，從原來淮安關改由九江關贏餘支出，乾隆因而命唐英出任九江關監督，並兼管窯務。此後直到乾隆二十一年（1756）唐英去世，期間除了乾隆十五、十六年（1750、1751），短暫出任粵海關監督外，唐英一直掌管窯務，歷經二十餘載，由此可知乾隆皇帝對唐英的倚重。

今所見精美絕倫的傳世珍品，過去常以為督陶官是製造的主角，而大力讚嘆督陶官對御窯的貢獻。造辦處活計檔與宮中檔史料的公開，卻大量顯現清代皇帝對於御窯的關注。清代御窯的燒造，無論是例行的大運瓷器或特殊的傳辦瓷器，主要取決於皇帝的審美。其數量、形狀、色彩、及圖樣、款式等，多受皇帝旨意所控。雍正曾指示御窯之燒造必須遵照「內廷恭造之式」；〔註4〕乾隆則透過「樣」、「稿」的溝通，傳達皇帝對御窯之具體要求與喜好。那麼身為督陶官的唐英，在御窯的產燒上，如何以自身專業技能，配合皇帝的要求，實踐皇帝窯治的理想，並使御窯之燒造在仿古與創新上，獲得極大成就？此成為本文探討之要點。

相較於唐英督陶的才能，乾隆是否對唐英有其他更重視或在乎的部分？特別是在《燒造瓷器則例章程》制訂之後，能將圓、琢瓷器，按照尺寸，精準的計算出製價。且燒造經費固定在九江關贏餘項下支出一萬兩作為窯工銀，其他超出者或未事先奏報而支用者，則由唐英賠補。後又規定次色瓷器變價虧折之比例，再搭配嚴密的奏銷制度。對皇帝來說，確保燒造錢糧之收入與支出能辦得妥當，一位值得信賴的自己人成為重要條件。

九江關監督兼管窯務，一年僅春、秋二季赴廠監督，真正在廠督造者主要是協造。特別是協造老格（生卒年不詳）與唐英的搭配，造就唐窯不凡的成就，也象徵著御窯發展已呈穩定。於是乾隆十五、十六年任命惠色（？～1806）擔任九江關監督。惠色完全不諳燒造，唐英則轉往粵海關，脫離管理

〔註4〕雍正五年《清內務府造辦處各作成做活計檔》載：「朕從前著做過的活計等項，爾等都該存留式樣，若不存留式樣，恐其日後再做，便不得其原樣。朕看從前造辦處所造的活計，好的雖少，還是內廷恭造式樣。近來雖其巧妙，大有外造之氣。爾等再造時，不要失其內廷恭造之式。欽此」見中國第一歷史檔案館、香港中文大學文物館《清宮內務府造辦處檔案總匯》影印本，第 2 冊，頁 646。雍正所要求的「內廷恭造之式」，並非某種特定的樣式，應屬符合或滿足皇帝喜好或品味的特定風格。

御窯廠，這意味乾隆非僅在乎唐英督陶的能力。唐英轉往粵海關，成為乾隆時期第一位內務府出身的粵海關監督。

稅關監督的職務一般被視為肥缺，負責收掌關稅。不過唐英在淮安關與九江關任內，曾多次奏請回景德鎮御窯廠專司窯務，不善管理財務可能是主要原因。從內務府奏銷檔來看，有關燒造錢糧核銷，與次色瓷器變價，一直是唐英無法順利達成的業務。為此曾遭乾隆皇帝責備，壓力可想而知。

唐英十六歲則在內廷當差，算是一輩子服侍君王，歷經康熙、雍正、乾隆。然而他不驕奢，不恃寵，謹小慎微，時時呈現報效皇恩的思想，甚至其子寅保（1721～1772）也在身邊協助辦差。唐英能夠侍奉三位君王，並在職務上達成皇帝的要求。乾隆時期甚至掌理重要的淮安關、九江關與粵海關，勢必有其經得起考驗的特質。

過往之記錄，較偏重唐英在陶瓷史上的貢獻與窯務相關的部分，卻甚少探討他在權關上的表現，或他與乾隆皇帝之間的互動。事實上，督陶僅為兼管，權關乃為正職。從唐英的奏摺上自稱「內務府員外郎管理淮安關務奴才唐英」和「內務府員外郎管理九江關務奴才唐英」可看出。自乾隆元年始，至乾隆二十一年，共計在不同稅關當差任職二十餘年。清代稅差通常一年一任，且考核十分嚴格，唐英卻均在重要稅關任職，即使唐英不善管理錢糧，乾隆卻一再將他留任，可見乾隆對唐英的重視以及相對的信賴。

唐英晚年奉命入覲，當時已七十五歲，乾隆犒賞他授正三品奉宸苑卿，雖無實權，卻使他一輩子享有俸祿與皇寵。乾隆與唐英既是君臣也是主僕的關係，便於利用唐英辦理內務府差事，那麼在皇帝手下承恩的唐英，應該要符合什麼樣的條件？此亦為本文想呈現之處。

另一方面，唐英性格恬淡閒適，才華洋溢，將窯務視為一生職志，並寄託心志於江南的山水名勝，留下不少詩文創作。他自稱其詩文集為《陶人心語》，又自序是以陶人之心、陶人之語寫之，自言瀟瀟漠漠一陶人也。〔註5〕透過詩文、戲劇等作品，呈現督陶、權關職涯以外的其他樣貌。記述他與友人真誠質樸的互動，與士人以詩詞、繪畫交流、對家人離散的無奈、對二子的期勉以及他一生深感皇恩、戰戰兢兢的思想。透過唐英詩文之探討，更能完整呈現唐英生平的面貌。

〔註5〕（清）唐英，〈陶人心語自序〉，收錄於張發穎主編，《唐英全集》，第1冊，頁7。

二、研究回顧

　　《清史稿》中，將唐英歸在藝術類，稱許其督陶任事最久，講求陶法。
〔註6〕近人所著《八旗畫錄》、〔註7〕《清畫家詩史》、〔註8〕《清代畫史增編》、
〔註9〕《甌缽羅室書畫過目攷》〔註10〕等，均稱唐英在書畫或窯務上的成就。
研究雍正與乾隆時期清代官窯，則勢必論及唐英的貢獻。而探討唐英相關的
主題多半與討論督陶官、協造、〈陶冶圖說〉與次色瓷變價等議題有關。

　　日人荒井幸雄〈關於監陶官的上奏文〉一文，根據臺北故宮博物院所藏奏
摺檔案，錄出十九篇關於年希堯（？～1738）、惠色（？～1806）、唐英與尤拔
世（？～1762）的奏摺，提出七項結論。〔註11〕其中大多與唐英相關。即使文
中提出的部分結論尚不明朗，卻不脫清代官窯與唐英相關研究的主要脈絡。

　　第一項，整理出雍正四年（1726）到乾隆二十一年先後有年希堯、唐英、
惠色、唐英、尤拔世的順序。

　　第二項，乾隆六年（1741）到二十一年老格擔任了唐英的協造，而乾隆
前半時期御窯燒造的成就，則為唐英與老格的完美搭配。

　　第三項，次色瓷器的處理在乾隆七年以前送儲於北京廣儲司，七年六月
後則在九江關以燒造原價銷售。

　　第四項，乾隆十一年內務府根據唐英提出《陶務則例章程》〔註12〕經奏
准為御器廠營運基本準則。

　　第五項，從唐英退休日期和年齡，得以往前推算有關唐英的年譜，不過
關於唐英在粵海關以後的紀錄未明。

　　第六項，御器廠一年經費是一萬兩，有明確的支出，而相較於九江關監

〔註6〕趙爾巽，《清史稿》，卷550，列傳292，〈藝術四〉，收錄於周駿富，《清代傳
　　　記資料叢刊》（臺北：明文，1985），頁13926。

〔註7〕（清）李放，《八旗畫錄》，收錄於周駿富，《清代傳記資料叢刊》，（臺北：明
　　　文，1985），19頁，445。

〔註8〕（清）李濬之編輯，《清畫家詩史》，收錄於周駿富，《清代傳記資料叢刊》，
　　　（臺北：明文，1985），頁708。

〔註9〕（清）盛叔清輯，《清代畫史增編》，收錄於周駿富，《清代傳記資料叢刊》，
　　　（臺北：明文，1985），頁368。

〔註10〕（清）李玉棻撰，《甌缽羅室書畫過目攷》，收錄於周駿富，《清代傳記資料叢
　　　刊》，（臺北：明文，1985），頁447。

〔註11〕荒井幸雄，〈監陶官の上奏文について〉，收錄於東洋陶瓷學會，《東洋陶磁》，
　　　第七號（1981），頁91～92。

〔註12〕此《陶務則例章程》應指唐英所定《燒造瓷器則例章程冊》。

督一年的養廉銀，還少一千兩，對於經費來說並不算豐裕。

第七項，政府在燒造經費的援助，與督陶官有極高的審美觀與技術，創造出精美與價值之官窯瓷器。

荒井幸雄認為，由於督陶官是淮安關或九江關監督所兼任，故奏摺內容偏向徵稅相關之報告，窯務的事項相對偏少。他依據奏摺內容，整理出乾隆十六年（1751）三月至二十一年一月，諸位督陶官所收稅銀、由贏餘支出固定額度窯工銀，與動用火耗以補燒造不足的部分。

如他於結論之第六項所言，每年均有明確的收支出紀錄。〔註13〕此外，荒井幸雄也根據唐英退休時間與年齡推算，編製成唐英年譜。而本文第二章，將對照唐英的詩文等作品，對唐英生平作更深入的討論。另外值得注意的是，荒井幸雄已經看出次色變價無法按年清償，他認為這是造成唐英去職的原因。本文針對這個部分，延伸觀察乾隆皇帝與唐英之間的關係，唐英固然有管理錢糧上的缺點，但還是多次被留任，是乾隆時期任職最久的九江關監督。

荒井幸雄透過整理督陶官奏摺檔案後所提出的論點，經常是學者們日後討論清代官窯或唐英的大致方向。於此之後，莊吉發亦根據臺北故宮博物院所藏的檔案奏摺做出分析。〔註14〕交代了唐英的生平與任職，並說明養心殿造辦處發下瓷樣，及唐英造樣燒造的經過，以及略述傳辦瓷器、次色瓷器運京的情形，和燒造經費由淮安關轉由九江關支出的脈絡。文中特別提到中國第一歷史檔案館，藏有關於唐英権務督陶硃批奏摺，及軍機處錄副奏摺。而且言及 1991 年，瀋陽遼瀋書社出版《唐英集》，〔註15〕提供研究唐窯的豐富資料。算是最早將唐英相關資料作蒐集整理的集子。

1982 年，紀念唐英誕辰三百年，《景德鎮陶瓷》編輯紀念專輯，集合北京故宮、上海博物館、中國歷史博物館、景德鎮陶瓷館學者發表文章。其中傅振倫、甄勵發表〈唐英瓷務年譜長編〉，其依照唐英年齡，編引具體史料文字，紀錄唐英生平重要事蹟，成為日後諸多研究者參考引用資料。

〈唐英瓷務年譜長編〉中做出唐英生於康熙二十一年五月五日，卒於乾隆

〔註13〕荒井幸雄，〈監陶官の上奏文について〉，收錄於東洋陶瓷學會，《東洋陶磁》，第七號（1981），頁 87。

〔註14〕莊吉發，〈錐拱雕鏤、賦物有象—唐英督陶文獻〉，《故宮文物月刊》，129 期，1993 年 12 月，頁 68～71。

〔註15〕（清）唐英，《唐英集》，張發穎、刁云展整理，（瀋陽：遼瀋書社出版，1991）。

二十一年下半年的結論。〔註16〕此篇參考文獻引用《陶人心語》、唐英奏摺、清人論著、以及「中央檔案館明清檔案部有關清代皇檔」,〔註17〕不過並未載明是何檔案亦未載明詳盡的出處,僅於引用文字中附註內務府記事檔,或內務府造辦處記事雜錄等。根據推斷,有可能是《內務府造辦處各作成做活計清檔》。

　　《內務府造辦處各作成做活計清檔》(以下簡稱活計檔),提供唐英或清代御窯研究上,更豐富而具體的一手史料,同時影響了觀察唐英在督陶成就的角度。在此之前,多認為唐窯是清代御窯發展的高峰,而唐英是清代御窯最大的貢獻者,提出以唐窯為中心的研究。

　　有關唐窯的起訖時間,童書業、史學通認為,雍正六年到乾隆二十一年的御窯可稱為唐窯,〔註18〕並提出「早期唐窯」之說;張建群更以為「年窯即是唐窯」;〔註19〕傅育紅也認同唐英對年窯時期產生作用;〔註20〕葉佩蘭則考量唐英的協理老格的影響,認為乾隆三十三年(1768)老格離開景德鎮,成為唐窯的轉折點;〔註21〕蔡和壁針對督陶官、協造與乾隆御窯興衰的關係,認為協造與唐英的合作,影響乾隆御窯的興衰。〔註22〕

　　隨之,陶瓷史開始跳脫以督陶官研究為主的視野。其中傅育紅討論窯務制度改革,探討次色瓷器的管理,進而提到唐英促成的燒造瓷器章程的制訂,成為瓷器製價的規定與折價比例的依據。〔註23〕並認為燒造經費與核銷制度的完善,對唐英及日後督陶官吏要求嚴格遵守,是統治者對官窯燒

〔註16〕關於唐英卒於何時,本文於第二章有明確的討論。

〔註17〕傅振倫、甄勵,〈唐英瓷務年譜長編〉,《景德鎮陶瓷》,1982 年 2 期,頁 19〜66。

〔註18〕童書業、史學通,〈唐窯考〉,《中國瓷器史論叢》(上海市:上海人民出版社,1958),頁 84。

〔註19〕張建群,〈關於清代唐窯研究上的幾個問題〉,《景德鎮陶瓷》,第 5 卷第 4 期,1995,頁 43。

〔註20〕傅育紅,〈從清宮檔案揭示唐英與景德鎮官窯幾個階段的關係〉,收入《明清檔案與歷史研究論文集》(北京:新華出版社,2008),頁 1490。

〔註21〕葉佩蘭,〈雍正乾隆時期的仿古瓷〉,《紫禁城》,1993 年 3 期,頁 21。葉佩蘭,〈唐英及其助手的製瓷成就〉,《中國古陶瓷研究》(北京:紫禁城出版社,2004),第 10 輯,頁 203〜205。

〔註22〕蔡和壁,〈監督官、協造與乾隆御窯興衰的關係〉,《故宮學術季刊》,第 21 卷第 2 期,2003 年,頁 39〜57。

〔註23〕傅育紅,〈燒造瓷器章程制訂後御窯燒造經費的核銷〉,《故宮博物院院刊》第 6 期,2006 年頁 73〜80。傅育紅,〈試論唐英與燒造瓷器章程的制定〉,《中國歷史文物》,第 2 期,2007 年,頁 60〜65。

造經費的管理手段。

　　葉佩蘭、余珮瑾開始從關注唐英所燒傳世品，〔註 24〕楊伯達並對照史料，以探討瓷器燒造的成就。〔註 25〕研究中，學者們進而延伸探討清朝皇帝對御製工藝的要求，〔註 26〕乾隆皇帝透過「樣」、「稿」傳達對御窯燒造的要求，從活計檔中清楚可見。〔註 27〕於是，皇帝才是主導御製工藝發展主要力量之相關研究，成為新的方向。

　　余珮瑾更將過往視為唐英貢獻的〈陶冶圖說〉繪製過程，重新考證。〔註 28〕澄清唐英在清代御窯發展中的角色，是協助推動乾隆窯治改革及實踐皇室品味者。更進一步了解乾隆皇帝的審美觀，以及唐英落實皇室品味的過程，再延伸朝向探討乾隆皇帝典藏瓷器，或產造瓷器的目的與企圖。〔註 29〕

　　上述學者的研究可觀察出，有關唐英窯務方面的研究成果甚夥。相對研究唐英在其他方面的表現則顯得薄弱。由於唐英留下戲曲《古柏堂傳奇》的集子，故有學者對此進行研究。台灣的研究有丘慧瑩《唐英戲曲研究》〔註 30〕與王璦玲，〈「改崑調合絲竹天道人心」——論唐英之戲劇教化觀與其「經典性」思維之建構〉；〔註 31〕大陸研究有項曉瑛〈唐英及其戲曲創作〉，〔註 32〕相曉燕〈花雅之爭中的唐英〉。〔註 33〕研究者歸納出唐英在花雅之間做出了協

〔註 24〕葉佩蘭，〈從故宮藏品看乾隆時期「唐窯」的新成就〉，《故宮博物院院刊》，第 1 期，1986 年，頁 35～41、48。余珮瑾，〈唐英與雍乾之際官窯的關係－以清宮琺瑯彩瓷的繪製與燒造為例〉，《故宮學術季刊》，第 24 卷 1 期，2006，頁 1～43。

〔註 25〕楊伯達，〈從檔案管窺清代官窯的盛衰〉，收入《中國古代藝術文物論叢》（北京：紫禁城出版社，2002），頁 129～144。

〔註 26〕覃瑞南，〈清高宗御製工藝的研究〉，中國文化大學歷史研究所博士論文，2001。

〔註 27〕張麗端，〈從《活計檔》看清高宗直接控管御製器用的兩個機制〉，《故宮學術季刊》，第 24 卷第 1 期，2006，頁 45～70。

〔註 28〕余珮瑾，〈乾隆《陶冶圖冊》的繪製背景與創作意圖〉，《故宮文物月刊》，第 326 期，2010，頁 14～23。

〔註 29〕余珮瑾，〈乾隆官窯研究：做為聖王的理想意象〉，國立臺灣大學藝術史研究所博士論文，2011。余珮瑾，〈《陶冶圖冊》所見乾隆皇帝的理想官窯〉，《故宮學術季刊》，第 30 卷，第 3 期，2013，185～224。

〔註 30〕丘慧瑩，〈唐英戲曲研究〉，國立中央大學中國文學研究所碩士論文，1991。

〔註 31〕王璦玲，〈「改崑調合絲竹天道人心」——論唐英之戲劇教化觀與其「經典性」思維之建構〉，收錄於《中國文哲研究集刊》，第 32 期，2008，頁 73～108。

〔註 32〕項曉瑛，〈唐英及其戲曲創作〉，華東師範大學中國古代文學碩士論文，2008。

〔註 33〕相曉燕，〈花雅之爭中的唐英〉，《浙江藝術職業學院學報》，第 1 卷第 4 期，2003，頁 14～29。

調，使崑曲通俗化，又提高民間花部的文學性。〔註34〕故其所做戲曲於今仍繼續傳唱。

關於本文欲探究有關唐英榷關的表現，過去較少學者關注。以某稅關關差為研究對象的並不多，較多為稅關建立，或稅關管理制度的探討。廖聲豐對清政府管理榷關官員的制度提出看法；〔註35〕何本方以淮安關為例，探討其設立及稅務管理；〔註36〕祁美琴考察稅差的選拔與任用，並探究內務府司員任關差與稅收的關係；〔註37〕陳國棟更以粵海關為主題，對粵海關稅務行政、稅關監督的派遣、以及稅關監督的角色與功能提出多篇研究。〔註38〕

在討論榷關的問題上，學者們都發現重要稅關與內務府的關係，透過控制稅關，皇帝不但掌控了錢糧，同時稅差也必須完成特殊的任務。於此，陳國棟、黃麗君、王士銘針對稅差由內務府包衣擔任的議題出討論。〔註39〕認為包衣擔任稅差的身分特殊，一方面是官僚，一方面又是奴才，他們出任關差，能替內務府主人的皇帝帶來好處。〔註40〕本文依循前人研究的脈絡，對唐英在榷關的表現進行考察，並探究唐英與乾隆皇帝的關係。

三、研究方法與史料介紹

本文主要探討的內容包含以下幾個部分：官窯的形成與發展；明清御窯

〔註34〕項曉瑛，〈唐英及其戲曲創作〉，華東師範大學中國古代文學碩士論文，頁5。

〔註35〕廖聲豐，〈試論清代榷關的管理制度〉，《歷史檔案》，第1期，2008，頁35。

〔註36〕何本方，〈淮安榷官簡論〉，《淮北煤師院學報》，第2、3期合刊，1988，頁28。

〔註37〕祁美琴，〈關於清代榷關「差官」問題的考察〉，《清史研究》，第4期，2003頁54～57。

〔註38〕陳國棟，〈清代前期粵海關監督的派遣（1683～1842）〉，《史原》，第10冊，1980，頁139～168。陳國棟，〈粵海關（1684～1842）的行政體系〉，《食貨月刊》，第11卷第4期，1981，頁183～200。陳國棟，〈清代前期粵海關的稅務行政（1684～1842）〉，《食貨月刊》，第11卷第10期，1982，頁465～487。陳國棟，〈清代前期粵海關的利益分配（1684～1842）：粵海關監督的角色與功能〉，《食貨月刊》，第12卷第1期，1982，頁19～33。

〔註39〕陳國棟，〈清代中葉以後重要稅差專由內務府包衣擔任的幾點解釋〉，收錄於許倬雲、毛漢光、劉翠溶主編，《第二屆中國社會經濟史研討會論文集》，漢學研究資料及服務中心，1983，頁173～204。黃麗君，〈皇帝及其包衣奴才：論清代皇權與內務府官僚體制〉，國立臺灣大學歷史學研究所博士論文，2014。王士銘，〈既是官員也是奴才：乾隆朝長蘆鹽政〉，國立暨南國際大學歷史學系碩士論文，2006。

〔註40〕陳國棟，〈清代中葉以後重要稅差專由內務府包衣擔任的幾點解釋〉，頁184。

廠的設置及管理；唐英生平；以及唐英在窯務與榷關的表現，並論及乾隆皇帝與唐英的互動關係。本文採取的研究方法，主要是以蒐集與分析史料為主，透過文獻與史料的整理，以前人陶瓷相關論著及專家學者之著作為基礎，對上古以來之陶瓷發展做大致地陳述；並根據方志史料中記載，介紹明清時期御窯廠的建立及制度。再利用唐英為主的奏摺與清宮檔案，整理出唐英任督陶官時，所推行窯務改革的內容與經過。同時關注唐英著述中有關其生平與交遊的記錄，以及詩文中流露的心境與思想。最後本文透過活計檔、唐英奏摺、奏銷檔等檔案資料，探查唐英任職榷關的表現，主要表達唐英為官之忠誠及乾隆與之互動的關係。

近年來由於清代檔案及相關研究史料之開放或刊行，尤其中國大陸學者亦對唐英相關議題多有關注，在研究上提供不少資料或研究觀點上更新的部分值得留意。本文參考史料大致介紹如下：

（一）前人陶瓷相關之論著

本文參考前人陶瓷相關論著時，引用楊家駱所編，世界書局印行《藝術叢編》第一集所輯《陶瓷譜錄十三種》，上冊收錄《古窯器考》、《南窯筆記》、《浮梁陶政志》、《景鎮舊事》、《陽羨名窯錄》、《陶說》、《窯器說》、《景德鎮陶錄》。下冊收錄《茗壺圖錄》、《飲流齋說瓷》、《陶雅》、《竹園陶說》、《琉璃志》計十三種。為清至民國之學者，對中國古代陶瓷工藝相關研究考證之作。以下介紹為與本文內容較為相關且有所參考引用之資料：

《浮梁陶政志》、《景鎮舊事》，清人吳允嘉著。介紹景德鎮陶業源起與歷朝發展、明清御窯廠設置與清初御窯管理官員、及燒造情況。文中略記陶土、釉料、器型，並提到明代雇役陶工的情形。

清人朱琰《陶說》，內容豐富，考古驗今，成書於乾隆甲午（三十九）年（1774）。其中卷一〈饒州今窯〉提到，清初御窯廠建立後不預地方，不妨吏政事，官民稱便。〈陶冶圖說〉一篇則為唐英所作，朱琰說明收錄的背景，是為「乾隆八年五月，⋯⋯唐英遵旨，由內廷交出《陶冶圖》二十張，次第編明，為作圖說進呈預覽。」〔註41〕朱琰則於每篇圖說之後附加自己的解說，例如第二十「祀神酬願」，朱琰認為明初中官借上供之名分外苛索，隆慶、萬

〔註41〕（清）朱琰，〈陶冶圖說〉，《陶說》，《陶瓷譜錄十三種》，57 卷上，收錄於楊家駱主編，《藝術叢編第一集》，第 33 冊，頁 63。

曆燒造數量龐大，而祭祀火仙雖不知從何始，大概跟此事有關，祈求惠民通商、利工便俗，具有靈效。〔註 42〕卷二到卷五，則依朝代介紹歷代窯器，尤卷三〈說明〉，詳盡說明明代饒州瓷業發展。再介紹各類器型，例如有南宋秘色瓷、明代雞缸等。

　　《窯器說》清人程哲撰，前半部介紹明代官窯之成窯、宣窯、永窯、嘉窯、隆窯。再介紹各地著名之民窯，如龍泉窯、建窯、還有外國之高麗窯、大食國琺瑯器等。〔註 43〕後半部則附明人沈德符《敝帚齋餘譚》、清人張宗柟《帶經堂詩話》附《讀曝詩亭集》、劉廷璣《在園雜誌》、阮葵生《茶餘客話》，〔註 44〕等文人筆記中有關陶瓷之事。

　　《景德鎮陶錄》作者藍浦逝後，所輯卷帙藏於篋中二十年，其門人鄭廷桂將之編成十卷，首卷〈圖說〉、尾卷〈陶錄餘論〉外，均為藍浦作。〔註 45〕書成於嘉慶二十年，距離乾隆年間御窯發展，適與本文所觀察唐英或唐窯的時間接近，特別具參考價值。卷一〈圖說〉，紀錄景德鎮地理位置及窯業發展原由，以及舊制（明代）御窯廠的設置，其中包括窯務作二十三、窯式六、甃井二、柴房二、窯役歇房二、廠內神祠三、廠外神祠一……等。〔註 46〕並記廠內人事，以及參考唐英〈陶冶圖說〉，將製陶分為取土、練泥、鍍匣、修模、洗料、做坯、印坯、鏇坯、蕩泑、滿窯、開窯、彩器、燒爐等十四道工序。〔註 47〕

　　卷二〈國朝御窯廠恭記〉詳細記錄清代御窯廠的興建與派官管理之沿革，並記載廠器歲解運數例、廠給工食人役。為研究清代御窯廠設置及清初窯務制度之重要資料來源。〈圖說〉中記載：「上班眾匠役，以金木水火土五

〔註 42〕　（清）朱琰，〈陶冶圖說〉，《陶說》，《陶瓷譜錄十三種》，57 卷上，收錄於楊家駱主編，《藝術叢編第一集》，第 33 冊，頁 84。

〔註 43〕　（清）程哲，《窯器說》，收於《陶瓷譜錄十三種》，57 卷上，收錄於楊家駱主編，《藝術叢編第一集》，第 33 冊，頁 169～174。

〔註 44〕　（清）程哲，《窯器說》，收於《陶瓷譜錄十三種》，57 卷上，收錄於楊家駱主編，《藝術叢編第一集》，第 33 冊，頁 174～179。

〔註 45〕　（清）藍浦、鄭廷桂著，〈陶錄餘論〉，《景德鎮陶錄》，《陶瓷譜錄十三種》，57 卷上，收錄於楊家駱主編，《藝術叢編第一集》，第 33 冊，頁 220。

〔註 46〕　（清）藍浦、鄭廷桂著，〈陶錄餘論〉，《景德鎮陶錄》，《陶瓷譜錄十三種》，57 卷上，收錄於楊家駱主編，《藝術叢編第一集》，第 33 冊，頁 54。

〔註 47〕　（清）藍浦、鄭廷桂著，〈陶錄餘論〉，《景德鎮陶錄》，《陶瓷譜錄十三種》，57 卷上，收錄於楊家駱主編，《藝術叢編第一集》，第 33 冊，頁 55～64。

行別役報開民族輪供」﹝註48﹞可見明代工匠必須輪番服役。而〈國朝御窯廠恭記〉則說廠中計工給食者二十八名,「其餘工作頭目雇請,俱給工價,於九江官道款內開報。」﹝註49﹞兩相對照,則知清代與明代御窯制度之不同與演變。

卷五〈景德鎮歷代窯攷〉,其中國朝部分,言及清代御窯監造尤為超越前古,錄其特著者有:康熙臧窯、雍正年窯及乾隆唐窯,可視為清初被認定之督陶官所作之窯。

《飲流齋說瓷》乃清末光緒年間之作。作者許之衡於概說中言,論瓷之書寥寥若晨星,工藝向來文人不習,而美術非專家莫解,然而「生瓷國而不解言瓷……無黨之恥也。」﹝註50﹞故鍥而不捨完成著作。書中章節有:說窯、說胎釉、說彩色、說花繪、說款識、說瓶、說盤、說雜具、說疵偽等。內容廣博,作為研究陶瓷藝術、工藝製造、器物考究方面頗有參考價值。

《竹園陶說》作者劉子芬,於民國十四年完成此作。其中〈索原〉論及上古時期神農始有陶,黃帝至周則皆有陶正,早期陶器用於炊食器具、葬器土偶。瓷始於晉,唐以後瓷窯始盛,宋代柴、汝、官、哥、定、龍泉、均州、建安等名窯競出,明清則集於饒州景德鎮,且瓷器形色規制與前代不同,日新月異,其製用取代金玉。﹝註51﹞文中簡略的說明陶與瓷之歷史與使用之演變。

上述簡介的部分為本文依需求,引用或參考《陶瓷譜錄十三種》中所錄者,其餘未說明部分,則待日後加以研究。本文參讀《陶瓷譜錄十三種》作為初步了解陶瓷發展的歷史,以及明、清景德鎮御窯發展之背景等,是提供本文研究陶瓷史與明清御窯相關內容的先備知識來源。

(二)清代宮廷檔案、奏摺

本文之研究主要為唐英與關務及窯務的關係。首先關於窯務部分,包括

﹝註48﹞ 藍浦、鄭廷桂著,〈陶錄餘論〉,《景德鎮陶錄》,《陶瓷譜錄十三種》,57 卷上,收錄於楊家駱主編,《藝術叢編第一集》,第 33 冊,頁 56。

﹝註49﹞ 藍浦、鄭廷桂著,〈陶錄餘論〉,《景德鎮陶錄》,《陶瓷譜錄十三種》,57 卷上,收錄於楊家駱主編,《藝術叢編第一集》,第 33 冊,頁 69。

﹝註50﹞ 許之衡,〈概說第一〉,《飲流齋說瓷》,《陶瓷譜錄十三種》,57 卷下,收錄於楊家駱主編,《藝術叢編第一集》,第 34 冊,頁 150。

﹝註51﹞ (清)劉子芬,〈索原〉,《竹園陶說》,《陶瓷譜錄十三種》,57 卷下,收錄於楊家駱主編,《藝術叢編第一集》,第 34 冊,頁 256。

窯務制度之確立、燒造經費支出與核銷，次色瓷器變價後奏繳與瓷器燒造等。其次關於稅關管理，分主要是觀察是否達成稅收額度，贏餘或虧損或是否賠補等，以衡量唐英在稅關監督職務上之表現。

　　故依據所需，《活計檔》〔註52〕為本文參考檔案史料之重要來源。目前《活計檔》之相關出版，按照出版時間先後，約有馮先銘編著《中國古陶瓷文獻集釋》〔註53〕、朱家溍《養心殿造辦處史料輯覽》〔註54〕、國立故宮博物院依據所藏之膠捲影印的《內務府造辦處各作成做活計清檔》〔註55〕、北京中國第一歷史檔案館與香港中文大學文物館聯合編輯的《清宮內務府造辦處檔案總匯（1～55 冊）》，〔註56〕以及北京中國第一歷史檔案館和鐵源陶瓷研究院共同整理之《清宮瓷器檔案全集》〔註57〕等。其中《中國古陶瓷文獻集釋》和《養心殿造辦處史料輯覽》，可看成是馮先銘和朱家溍兩人所關心議題，或與其自身研究相關所輯錄的資料，並非完整《活計檔》，可視為二手史料。〔註58〕

　　《內務府造辦處各作成做活計清檔》，原為中國第一歷史檔案館有，國立故宮博物院依據所購藏之膠捲影印成冊，自雍正至宣統，存於臺北故宮。其中國立故宮博物院圖書文獻處建置《一史館藏活計檔作名索引電子資料庫》，是整理北京第一歷史檔案館所藏《內務府活計檔造辦處各做成活計清檔》中乾隆朝資料，共計 1,608 筆。〔註59〕《內務府造辦處各作成做活計清檔》應為保存關於清代內務府造辦御用器物，最直接珍貴之一手檔案資料。

〔註52〕《活計檔》為《內務府造辦處各作成做活計清檔》簡稱，造辦處由皇帝派的內務府大臣管理，各類專業作坊先後有六十餘個。
〔註53〕馮先銘編著，《中國古陶瓷文獻集釋》，（臺北：藝術圖書公司，2000）。
〔註54〕朱家溍選編，《養心殿造辦處史料輯覽》，（北京：紫禁城出版社，2003）。
〔註55〕中國第一歷史檔案館，《內務府造辦處各作成做活計清檔》，（北京市：中國第一歷史檔案館，1985）。國立故宮博物院購有微卷，印得影印本。
〔註56〕中國第一歷史檔案館、香港中文大學文物館合編，《清宮內務府造辦處檔案總匯》（北京：人民出版社，2005）。
〔註57〕鐵源、李國榮主編，《清宮瓷器檔案全集》，（北京：中國畫報出版社，2008）。
〔註58〕引自余佩瑾，〈乾隆官窯研究：做為聖王的理想意象〉，臺灣大學藝術史研究所博士論文，頁19。
〔註59〕中國第一歷史檔案館、香港中文大學文物館合編，《清宮內務府造辦處檔案總匯》。國立故宮博物院圖書文獻處，《一史館藏活計檔作名索引》電子資料庫，網址：http://npmhost.npm.gov.tw/ttscgi/ttswebnew?@1:1302316705:A，查閱於：2021/5/9。

　　《清宮內務府造辦處檔案總匯（1～55 冊）》為造辦處檔案之集大成，資料豐富且數量龐大。其錄有清宮御用品之製造、收藏與管理的詳細過程。「是研究清代宮廷生活、工藝製作、文物收藏、君臣關係、民族融合、宗教文化、中西交流等專題最具權威的第一手資料。」〔註60〕其中 1～55 冊為雍正、乾隆兩朝造辦處各類簿冊。

　　《清宮瓷器檔案全集》則是本文引用參考主要之依據。顧名思義，其內容是以清代宮廷瓷器檔案為蒐錄目標，主要分為「奏摺文稿」、「貢檔清單」及「清檔簿冊」三部分，其中《造辦處活計清檔》歸屬於清檔簿冊。其有關《活計檔》之內容，係經編纂委員會選錄與瓷器相關，或刪除與瓷器無關過於冗長的部分，〔註61〕故無法與國立故宮博物院的《內務府造辦處各作成做活計清檔》膠捲影印本，或《清宮內務府造辦處檔案總匯（1～55 冊）》相提並論。但以本文研究督陶官與窯務題材所需之史料而言，其所輯錄整理者，專於清宮廷各項做活計中陶瓷的部分，對燒造大運瓷器，傳辦特殊瓷器，以及皇帝對督陶官要求燒造之意旨等，均能按原檔呈現。

　　此外《清宮瓷器檔案全集》中所錄之奏摺文稿，包含朱批奏摺、軍機處錄副奏摺、內務府呈稿等。由此提供窯務政策制定發展的主要資料，藉之解讀燒造經費來源與解運路線改變、次色瓷器處理方式的演變、《燒造瓷器則例章程冊》制定的緣由與內容、督陶官與協造之任免、燒造經費支用核銷與次色瓷器變價奏繳的情況等。

　　除窯務之外，關於管理關稅的部分，則可由內務府奏銷檔了解關稅徵收的情況，其奏報者為多為內務府總管，大多奏報稅銀徵解數目、用過銀兩數目、及贏餘銀兩較前一年之多寡等，與稅收錢糧相關。另外，有關淮安關、九江關、粵海關關務的部分，內容包括督陶官職務任免、地方督府查核唐英辦理關務情形，以及唐英奏報地方稅收的情況等。由於資料分散，可以先透過國立故宮博物院之《清代宮中檔奏摺及軍機處檔摺件資料庫》，〔註62〕以及中

〔註60〕中國第一歷史檔案館，網址：http://www.lsdag.com/nets/lsdag/page/article/Article _431_1.shtml?hv=，查閱於：2021/5/10。

〔註61〕「檔案文獻在收錄時，除陳設檔中一些過於冗長的與瓷器無關的部分酌加刪節外，餘則全部按原檔刊印，未加任何刪節，以免失去原意。」《清宮瓷器檔案全集》編纂委員會，〈前言〉，收入鐵源、李國榮主編，《清宮瓷器檔案全集》。

〔註62〕國立故宮博物院，《清代宮中檔奏摺及軍機處檔摺件資料庫》，網址：http://np mhost.npm.gov.tw/tts/npmmeta/GC/manual1.html，查閱於：2021/5/10。

研院近代史研究所《清代奏摺檔案資料庫》〔註63〕做初步的搜尋。另外，張發穎蒐羅唐英《榷務與督陶奏摺》，編輯於《唐英全集》第四冊的部分，其所錄者亦多出自中國第一歷史檔案館藏之清代朱批奏摺與軍機處錄副奏摺，以及國立故宮博物院所藏朱批奏摺。

（三）唐英詩文等作品

本文所參考唐英相關文稿資料，多出自張發穎所編之《唐英全集》。其中收錄了唐英詩文、戲劇、文字學、督陶與榷關相關的奏摺文獻，並附錄有關唐英在造辦處檔案中的史料。張氏所採錄唐英詩文集《陶人心語》、《陶人心語續選》與戲劇之創作集《古柏堂傳奇》、文字學著作《問奇典注》等作品，版本多採於乾、嘉時期之古柏堂刊印本影印，而《陶人心語手稿》更採唐英手寫日記之原稿影印，保持了唐英著作的原貌。《古柏堂傳奇》則收錄唐英戲曲作品十七種，是研究唐英思想與清初戲曲發展的重要史料。

張發穎曾編輯唐英作品、文獻的集子有三：《唐英集》，1991 年瀋陽遼瀋書社出版，為張發穎、刁雲展整理；《唐英全集》，2008 北京學苑出版社出版，由張發穎主編。此二部書將唐英相關史料做全面而系統的整理，內容包括唐英在文學、戲劇、文字與陶瓷等方面的著作，除呈現唐英生平、思想、交遊等，亦是有關研究陶瓷史、戲曲史、清代士人生活等研究提供了一手資料。

2012 年，學苑出版社又出版《唐英督陶文檔》，主要是參考 2008 出版的《清宮瓷器檔案全集》，以補於《清宮內務府造辦處檔案總匯》輯錄時疏漏未輯者。〔註64〕與先前內容相較，除之前有關督陶奏摺外，另將唐英窯務部分相關的資料篩選輯出。包含〈陶務敘略〉、〈陶成紀事碑記〉、〈陶冶圖編次〉、〈火神童公傳〉、〈龍缸記〉、〈春暮送吳堯圃之均州〉、〈瓷務事宜示諭稿序〉、〈重修浮梁縣志序〉……等，不失為了解唐英窯務方面表現的初步資料來源。

四、研究範圍與論文架構

本論文題目為《督陶榷使唐英之研究》，主要研究方向以唐英為出發點。探討以皇帝為主導的清代御窯發展中，唐英如何以其專業且積極的態度，了

〔註63〕中研院近代史研究所，《清代奏摺檔案資料庫》，網址：http://mhdb.mh.sinica.edu.tw/databaseinfo.php?b=002，查閱於：2021/5/10。

〔註64〕《唐英全集》，第 4 冊《《清宮內務府造辦處檔案總彙》中之唐英》，是輯錄雍正元年至乾隆二十一年各項條目中有關唐英的內容，採編年、月份、記日排列。張發穎主編，《唐英全集》，第 1 冊，頁 2。

解皇室品味，使御窯燒造仿古創新；並推行窯務，實踐乾隆對御窯改革的理想。此外，本文針對唐英長期擔任稅關監督的身分，觀察其在榷關與督陶職務間，皇帝任用的衡量。一方面呈現唐英在窯務上的重要性，另一方面突顯皇帝任用唐英，是基於他的忠誠與可信賴。再者本文從唐英詩文中爬梳唐英的生平、家人與交遊，以及他在戲曲與文字學上的貢獻。

由於有關瓷器燒造技術與工藝的部分甚為專門，例如窯爐溫度、胎土成分、施釉技法等，必有瓷器燒造經驗或訓練才能體會。另外關於瓷器器型、釉料、彩繪、紋飾、款識等，屬於藝術專業的討論分析，或根據文獻與實物對照的考古驗證，亦不屬本文主要探討的範疇。若於文中提及，僅為表達唐英在瓷器燒造成就上的陳述。

此將論文章節架構簡述如下：

第一章御窯與督陶官。此章在於說明御用瓷器從官窯演變成御窯的情形，以及為掌控御窯燒造品質、數量而派官員管理，從而漸形成督陶官專門管理的形式。第一節官窯制度的形成與發展。先將官窯定義，其中瓷器生產、運用受官府控制的窯廠，或官府將民間生產之優質瓷器納做官用甚至宮庭所用者，稱之為官窯。由於陶器生產與民生日用密切相關，故自上古以來即被統治者所重視，宋代開始設置官窯，屬任務型，燒造完成即解散；元代在景德鎮設浮梁瓷局，兼管收稅與窯務。綜觀明以前，官窯尚未形成固定制度，民間窯廠生產精良的瓷器，亦為貢瓷為官府所用。

第二節介紹明代御器廠設立的時間。並說明明初御窯廠設立情況，以及明代派任督陶官員的身分，其中派任宦官督陶是明代御窯發展的重要特色。明中期以後燒造數量龐大，匠人們不堪繁重的勞役與官吏苛索暴虐而逃亡，以致勞動力不足。於是匠籍制度逐漸發展為雇役的形式，並將御窯搭燒於民窯。工匠來源或生產方式的改變，影響清初御窯的發展。

第三節為清代御窯廠的建立及督陶官吏。清初御窯廠設立之說大致於康熙年間，然而建立之初御窯廠時燒時停，且燒造經費的來源為正項錢糧，督陶官員大多由內務府或工部派員，屬臨時差遣。直至雍正將燒造經費改由淮安關贏餘支出，並派內務府官員督理窯務，故使御窯燒造在有固定經費來源及官員專營窯務的影響下，逐漸穩定，不再時燒時停。而督陶官必須完成以下業務：大運及傳辦瓷器的燒造及解運、籌募經費、奏銷經費等。由於督陶官先是由淮安關再是九江關監督兼任，並未駐廠，所以需要協理窯務的協造

代為管理，故協造的設置與其協理的能力亦影響窯務的順利推行。

　　第二章唐英之生平與督陶。本章主要介紹唐英之生平、交遊、生活與心境及討論唐窯在時間上的認定。第一節介紹唐英家世背景、任職歷程與家人的關係。此外，唐英勤奮號學、多才多藝，其留下的著作，本文大致分為幾類來介紹：個人詩文集的《陶人心語》《陶人心語續選》；文字學相關的《問奇典注》、戲曲類的《古柏堂傳奇》以及窯務相關論述〈陶務敘略〉、〈陶成記事碑記〉、〈瓷務事宜示諭藁序〉等。

　　第二節介紹唐英交遊。唐英為人真誠質樸，不慕名利，雖掌管錢糧，替皇帝辦差，但其親近的人多半是互相欽慕或職務上信賴與付託。大致將友人類分為幕友下屬、藝文、高官顯要及其他類。

　　第三節則透過唐英留下的詩文，討論唐英之心境及生活。唐英藉著走訪山川名勝寄託胸懷，並時常與文人進行讌集、觀劇、繪畫、作詩等活動。唐英於詩文中經常流露壯志未酬、聖恩難報的感嘆，表達他忠誠與努力報答皇恩的態度。第四節是透過前人論述的觀點加以分析比較，確立唐英所成就「唐窯」的時間，以畫分唐英在陶瓷史上的貢獻。

　　第三章陶為志權為業。由於唐英為稅關監督兼管窯務，然而唐英卻自詡為陶人，將務陶視為一生志向，故第三章訂為陶為志卻為業。第一節唐英對窯務制度的經營與推行。針對唐英對清代御窯發展制度的確立，及如何經營與推行加以說明。其中包括盡搭民燒與時價採買、改變解運路線、次色瓷器改為本地變價及制定《燒造瓷器則例章程冊》。

　　第二節唐英督造御窯之成就。是介紹唐英在御用瓷器燒造上的仿古與創新，除〈瓷務事宜示諭藁〉中所言之五十七項，唐英在九江關時期，自掏腰包研發新樣，不論在釉色，器型與圖紋上，均能達成皇帝對御用瓷器的要求及品味。另外，乾隆皇帝要求唐英替乾隆《陶冶圖》編寫圖說，編製成《陶冶圖冊》，以成就乾隆對窯業的完美要求。

　　第三節關務與窯務。以唐英在督陶及權關的職務上，以陶為志，權為業。屢次任職重要稅關關，差掌控錢糧，替皇帝辦差。除了通過嚴格的考核，使御用瓷器燒造之錢糧得以確保，並完成次色瓷器變價與其他相關內務府交辦的業務。清代稅關監督通常一年一任，唐英長時間在任的情況，突顯乾隆皇帝對其重視及信任。

第一章　御窯與督陶官

中國古代帝王專制制度發展下，統治階層為使物質享受達到更高更好的質量，遂將一切生產納入管理體系，以利統治者之需。在陶瓷的燒製方面，漸由所謂「民窯」走向「官窯」，進而設立更為受到統治者所支配的「御窯廠」。[註1] 無論是燒造經費、解運至京、樣式及數量，均須達到制度規定與皇帝要求之外，負責督理「御窯廠」窯務的督陶官吏，亦達成使陶瓷工藝發展更為精湛，以符合統治者希求與理念的使命。

現就官窯朝向御窯的發展，與清代督陶制度的形成，分三部分論述：第一節先介紹官窯制度的形成與發展。第二節闡明明代出現御器廠，及御器廠燒造之運作情形，包括管理人員之變化，與匠役制演變為官搭民燒之過程。第三節說明清代御窯廠的建立與督陶官的設置，並陳述清代督陶官吏的身分與職責。

第一節　官窯制度的形成與發展

所謂「官窯」是指受官府控制或由官府出資設立，生產官府或宮廷需求的窯廠。明代以前的官窯生產，經常是將民間窯廠所製的優質窯器，透過官員薦貢或是宮廷指定之型態進呈，即「任土做貢」[註2] 的方式。這些窯廠，

〔註1〕王光堯，〈官御並存的明清官府窯業制度〉，《中國古代官窯制度》（北京：紫禁城出版社，2004），頁144。

〔註2〕依據土地的具體情況，制定貢賦的品種和數量。《尚書·禹貢序》：「禹，別九州，隨山濬川，任土作貢」。見漢語網：http://www.chinesewords.org/dict/21710-98.html，查閱於：2021/3/10。

平時生產以民用為主，偶爾肩負起燒造官用陶瓷的工作，迨特殊任務完則恢復民窯生產。宋、元時期的官窯廠，除接受官府所提供與支配之資金，並設置處理燒造事務的專門官吏——督陶官。明、清以後則形成專門燒製官用與御用瓷器的御窯廠。官窯的發展漸由民間生產貢瓷的型態，走向透過官府管理生產的形式。

　　自古以來陶器作為日常用器，對於民生影響甚大，統治者重視陶器製作的時間甚早。《史記·五帝本紀》記載：「舜陶河濱，器皆不苦窳，做什器於壽邱」。〔註3〕劉子芬《竹園陶說》：「中國有陶始於神農，至舜而術益進……人壽考工記：『有虞氏上陶甒，〔註4〕大瓦棺是也。』史記：『舜陶於河濱，器皆不苦窳，做什器於壽邱。蓋神農所陶，僅炊器石具，至舜則用器大備矣。』」〔註5〕文獻所記上古時代人類使用、製作陶器的傳說，其器型從烹煮器具，漸演變成各種滿足生活所需的樣式。其中，聖王製陶關心民生之形象，亦由此可窺見。

　　此外，政府早有設立專人負責管理陶業生產之事，相傳黃帝時即設有專官管理陶務，「呂氏春秋：黃帝有陶正、昆吾作陶……」。〔註6〕《左傳》亦提到西周有陶正的官職，「昔虞閼父為周陶正，以服事我先王」。〔註7〕雖然因為相關記載不夠詳盡，難以了解陶正所掌理的詳盡事務，但至少顯示，將陶業生產納入官府管理，並設置專人以司陶務，早出現在西周以前。

　　宋以後「官窯」、「民窯」的性質逐漸有些區隔。宋代官窯出現二種型態，《江西通志》卷93〈陶政〉記載：「宋景德中置鎮，〔註8〕始遣官製瓷供京師，

〔註3〕（清）朱琰，〈說古〉，《陶說》，《陶瓷譜錄十三種》，57卷上，收錄於楊家駱主編，《藝術叢編第一集》，第33冊，頁85。

〔註4〕甒音武，為酒器，中寬下直上銳平底。引自（清）張玉書等編纂，《康熙字典》（北京：中華書局，2002），頁752。

〔註5〕（清）劉子芬，〈索原〉，《竹園陶說》，卷2，收於《陶瓷譜錄十三種》，57卷下，收錄於楊家駱主編，《藝術叢編第一集》，第34冊，頁256。

〔註6〕（清）朱琰，〈說古〉，《陶說》，《陶瓷譜錄十三種》，收錄於楊家駱主編，《藝術叢編第一集》，第33冊，57卷上，頁87。

〔註7〕《左傳·襄公二十五年》：「鄭子產獻捷於晉……晉人問陳之罪。對曰：昔虞閼父為周陶正，以服事我先王。我先王賴其利器用也。」據此西周也設有陶正一職專主陶器之燒造。另據《呂氏春秋》：「黃帝有陶正」，可知陶正之設始有於黃帝。轉引自王光堯，〈官御並存的明清官府窯業制度〉，《中國古代官窯制度》，頁145。

〔註8〕「宋景德年間燒造，……真宗命進御瓷，器底書『景德年製』四字……於是

應官府之需，命陶工書建年景德於器……皆有命則供，否則止。」〔註9〕此為中央派遣官員至民間窯廠監燒瓷器，並要求（景德鎮）陶工所製瓷器落下年號「景德」供京師所用，瓷器被要求落下「年號款」乃是為了區分於民用瓷器。事實上，京師所需之瓷器尚沒有固定生產數量及定期解運的規定，亦沒有提到由官府出資。待有需求，就派遣官吏赴窯廠監督燒造，不需要時該窯廠則仍繼續生產民間用器，不為官方完全壟斷，應屬於「短期燒造」官用瓷器。〔註10〕而景德鎮也非唯一提供官府需求的地方。〔註11〕

　　另一種則是皇帝下令在京師興辦窯廠，燒造生產皇室御用瓷器。「宋政和間，徽宗于京師置窯燒造，曰官窯」〔註12〕；又「南宋渡，有邵成章提舉，號邵局，〔註13〕襲舊京遺製，置窯於修內司，〔註14〕造青器，曰內窯，亦曰官窯。」〔註15〕紹成章仿京師舊制所造之窯器「名官窯，進奉之物，臣庶不敢用」。〔註16〕這些資料中記載的宋代官窯，有別於前文所述，乃由官方所設立，並派朝官或內侍為督陶官吏，專為生產御用瓷器。整體來說，宋代的官窯生產尚未形成定制，凡民間窯廠生產的優質瓷器與官府設立窯廠生產的御用瓷器，因受到官府控制，均視作官窯。

　　元代開始，景德鎮製瓷受到政府更大重視。至元十五年（1278），政府在

　　　　天下咸稱景德鎮瓷器。」見（清）藍浦、鄭廷桂著，〈景德鎮歷代窯攷〉，《景德鎮陶錄》，卷5，收於《陶瓷譜錄十三種》，57卷上，收錄於楊家駱主編，《藝術叢編第一集》，第33冊，頁116。

〔註 9〕馮先銘，《中國古陶瓷文獻集釋》，頁102。

〔註10〕王朝麒，〈清代官窯型紋對應之研究〉，逢甲大學歷史與文物管理所碩士論文，2005，頁15。

〔註11〕「柴、汝、官、哥、定、龍泉、宣（宣德）、成（成化）、嘉（嘉靖）、萬（隆萬）為宋明十大窯，蓋以諸器畢製，命官崇督者，俱名官窯。」見（清）不著撰者，〈官窯〉，《南窯筆記》，《陶瓷譜錄十三種》，57卷上，收錄於楊家駱主編，《藝術叢編第一集》，第33冊，頁321。

〔註12〕（清）梁同書，〈古今諸窯〉，《古窯器攷》，《陶瓷譜錄十三種》，57卷上，收錄於楊家駱主編，《藝術叢編第一集》，第33冊，頁138。

〔註13〕北宋欽宗時宦官，南宋高宗召為南宋杭州官窯督理官，提舉後苑，號為「邵局」。

〔註14〕宋制有修內司，掌宮內之修繕，以朝官及內侍並充監官。見（清）黃本驥，《歷代職官表》（上海：上海古籍出版社，2005），頁111。

〔註15〕（清）朱琰，〈古窯考〉，《陶說》，《陶瓷譜錄十三種》，57卷上，收錄於楊家駱主編，《藝術叢編第一集》，第33冊，頁95。

〔註16〕（清）程哲，《窯器說》，收於《陶瓷譜錄十三種》，57卷上，收錄於楊家駱主編，《藝術叢編第一集》，第33冊，頁177。

江西景德鎮設置了瓷業管理機構「浮梁瓷局」。〔註17〕清人藍浦《景德鎮陶錄》則提到有設置管理陶務的督陶官吏:「(元)改宋監鎮官為提領。至泰定後,又以本路總管監陶。皆有命則供,否則止,稅課而已。」〔註18〕元代對於瓷器生產雖有設置官府及管理的官員,然而仍屬於短暫、任務式的燒造,官員的工作以負責稅務為主。元代的御用瓷器,原則上仍屬於民窯承辦官方瓷器燒造的形式。〔註19〕將進貢御用瓷器上做「樞府」字樣,因此稱「樞府窯」〔註20〕。以燒造品質優良的民窯進貢,再落下官方款識,因為是在民窯所燒,甚至造成民間多所仿造,然而所燒瓷器經過千中選十、百中選一,所選用之器品質精良,並非一般民用瓷器可及。

第二節　明代出現御器廠

　　明代以前的官窯,多半是臨時性,或被指定提供官用才成所謂官窯,大致上為民窯貢品或為官辦窯業。〔註21〕官窯生產的瓷器為官府使用或為官府所支配,包括用於祭祀活動、分發王府或賞賜國外的各種瓷器。〔註22〕明、清兩代統治者,為強化階層的身份等級及滿足奢華生活的需求,遂設置具有官營性質專門燒製御用瓷器的「御器廠」,〔註23〕並派遣官員監督燒造。「御

〔註17〕　(明)宋濂,《元史》卷88,〈百官志4.將作院.浮梁瓷局條〉:「浮梁磁局,秩正九品,至元十五年立,掌燒造磁器并漆,造馬尾棕藤笠帽等」,取自北京愛如生數字化研究中心,《中國基本古籍庫》(北京,黃山書社出版發行)。

〔註18〕　(清)藍浦、鄭廷桂,〈景德鎮歷代窯攷〉,《景德鎮陶錄》,卷5,收於《陶瓷譜錄十三種》,57卷上,收錄於楊家駱主編,《藝術叢編第一集》,第33冊,頁117。

〔註19〕　(清)藍浦、鄭廷桂,〈景德鎮歷代窯攷〉,《景德鎮陶錄》,卷5,收於《陶瓷譜錄十三種》,57卷上,收錄於楊家駱主編,《藝術叢編第一集》,第33冊,頁118。

〔註20〕　「元之進御器,民所供造者,有命則陶。土必細白埴膩質尚薄,式多小足印花,亦有戧金五色花者,其大足器則瑩素,又有高足碗、蒲脣弄弦等碟、馬蹄盤、要角盂各名式,器內皆作樞府字號。當時民亦倣造,然所貢者俱千中選十,百中選一,非民可逮。」(清)藍浦、鄭廷桂,〈景德鎮歷代窯攷〉,《景德鎮陶錄》,卷5,收於《陶瓷譜錄十三種》,57卷上,收錄於楊家駱主編,《藝術叢編第一集》,第33冊,頁118。

〔註21〕　王鈺欣,〈明清兩代景德鎮的官窯生產與陶政〉,《清史論叢》,第3輯(北京:紫禁城出版社,1982),頁80。

〔註22〕　王光堯,〈官御並存的明清官府窯業制度〉,《中國古代官窯制度》,頁148。

〔註23〕　明代稱做「御器廠」,清代則稱「御窯廠」。

窯」最早並沒有特指由民間或官府燒造，凡為「御用」則稱御窯，其與官窯最大的差異在於皇帝是否直接干預燒造或派專官管理，以貫徹皇帝對於瓷器燒造的旨意。〔註24〕明清以降，御用瓷器發展的方向，由民間「千中選十、百中選一」的民間貢瓷，或官府經營管理之官府窯業，逐漸轉變成專為皇帝壟斷生產，以確保皇帝御用的特殊官窯。

一、御器廠設立時間

專燒御用瓷器的御器廠出現於明代，然有關明代御器廠成立時間則有不同的說法。關於明代設立官窯最早記於洪武二年（1369），《景德鎮陶錄》稱為洪窯：

> 洪武二年，設廠於鎮之珠山麓，制陶供上，方稱官瓷，以別民窯。除大龍缸窯外，有青窯、色窯、風火窯、匣窯、爁熿窯共二十座。至宣德（1425～1435）中將龍缸窯之半改作青窯場，官窯遂增至五十八座，多散建廠外，民間迨正德（1505～1521）始稱御器廠。〔註25〕

初設御器廠的規模不大，共二十座，其中「大龍缸窯」生產龍缸，用作水缸或魚缸，由於體型龐大，故燒造繁複而困難。〔註26〕「青窯」是用來燒製小件器物，較「龍缸窯」小，御窯廠的青窯可燒三百餘件，而民間青窯可燒千餘件。〔註27〕「色窯」乃燒煉顏色者；「匣窯」指專燒用來裝坯的匣缽之窯爐；「爁熿窯」也是燒釉的窯爐，瓷坯上釉爁烘若有漏釉，則補上釉料再入窯燒。〔註28〕明宣宗宣德中，窯廠增至五十八座，至明武宗正德年間，稱景德鎮官窯為御器廠。

〔註24〕王光堯，〈官御並存的明清官府窯業制度〉，《中國古代官窯制度》，頁151。

〔註25〕（清）藍浦、鄭廷桂，〈景德鎮歷代窯攷〉，《景德鎮陶錄》，卷5，收於《陶瓷譜錄十三種》，57卷上，收錄於楊家駱主編，《藝術叢編第一集》，第33冊，頁119。

〔註26〕「龍缸窯：明廠有龍缸窯，稱大龍缸窯亦稱缸窯，制前寬六尺，後如前饒五寸，入身六尺，頂圓。魚缸大樣、二樣者，止燒一口；瓷缸三樣者，一窯給砌二臺，則燒二口。缸多畫雲龍或青花，故統以龍缸窯名之。」見（清）藍浦、鄭廷桂，〈景德鎮歷代窯攷〉，《景德鎮陶錄》，卷5，收於《陶瓷譜錄十三種》，57卷上，收錄於楊家駱主編，《藝術叢編第一集》，第33冊，頁125～126。

〔註27〕汪慶正編，《簡明陶瓷詞典》（上海：上海辭書出版社，1989），頁108。

〔註28〕（清）藍浦、鄭廷桂，〈御窯廠〉，《景德鎮陶錄》，卷1，收於《陶瓷譜錄十三種》，57卷上，收錄於楊家駱主編，《藝術叢編第一集》，第33冊，頁55。

再根據《浮梁縣志》紀載：「明洪武初始燒造歲解，正德初置御器廠專燒御器。先以兵興議寢，至是復置。」〔註 29〕洪武初年即開始在景德鎮燒造，且規定燒製器物必須解送至京。從《景德鎮陶錄》及《浮梁縣志》所記的資料作整理推斷，洪武二年所設之官窯規模不大，所燒之器，屬官用或御用的區別並不明確，雖然有燒製御用器物如大龍缸，然而性質上，卻非僅只燒製御器。至於正德年間之御器廠，是因兵興（土木堡之變 1449）所以暫時停止燒造，之後恢復屬再度啟用的情況，並非明代最早建置御器廠的時間。

另一說則以洪武三十五年（1402）〔註 30〕為最早建廠的時間。《江西通志》記：「洪武三十五年，始開窯燒造解京供用。有御廠一所，官窯二十座。」〔註 31〕清人梁同書《古窯器攷》稱洪武窯：「明洪武三十五年始開燒造，解京供用，有御器廠。」〔註 32〕此外，明代王宗沐《江西大志》記載：「洪武三十五年始開窯燒造，解京供用，有御廠一所，官窯二十座」〔註 33〕又清人汪汲《事物原會》卷 28〈古饒器條〉說：「明惠宗建文四年，壬午，始開窯燒造，解京供用。」〔註 34〕

學界對於明代御器廠建立的時間，大致呈現洪武二年與洪武三十五年兩種分歧。根據《景德鎮陶瓷史稿》推斷，朱元璋以節儉為開國口號，不至於自洪武二年即設立燒製奢侈品的御器廠，加上元朝統治勢力未完全消滅，明朝尚未真正統一的狀況下，設置御器廠之說，未免過早。〔註 35〕王鈺欣在〈明清兩代江西景德鎮的官窯生產與陶政〉一文所言：「我們認為洪武三十五年設

〔註 29〕中國科學院圖書館選編，〈陶政〉，《浮梁縣志》，卷 4，收錄於《稀見中國地方志彙刊》（北京：中國書店出版，1992），26 冊，頁 96。
〔註 30〕事實上，洪武一朝僅三十一年，洪武三十五年是燕王朱棣奪取姪子惠帝朱允炆政權後，去除惠帝「建文」的年號，將建文的四年作為洪武年號之延長，之後接續為成祖年號永樂，以將自己視為正統。
〔註 31〕（清）謝旻等監修，《江西通志》，卷 27，收錄於《文淵閣四庫書》（臺北：台灣商務印書館，1983），第 513 冊，頁 858。
〔註 32〕（清）梁同書，〈古今諸窯〉，《古窯器攷》，《陶瓷譜錄十三種》，57 卷上，收錄於楊家駱主編，《藝術叢編第一集》，第 33 冊，頁 138。
〔註 33〕（明）王沐宗纂修，〈建置〉，《江西大志》，卷 7，收錄於《中國方志叢書》（臺北：文成出版社，1989，），第 799 號，頁 815。
〔註 34〕轉引自江西省輕工業廳陶瓷研究所編，《景德鎮陶瓷史稿》（北京：三聯書店），頁 96。
〔註 35〕江西省輕工業廳陶瓷研究所編，《景德鎮陶瓷史稿》，頁 97。

廠之說比較可靠，今從之。」〔註36〕故目前一般學者，較多接受洪武三十五年，為明代初建御器廠的時間。

除此之外，亦有御器廠設於明宣宗宣德初年的記載。清人吳允嘉《浮梁陶政志》記載：「明初始燒造歲解，宣德閒（間）置御器廠，專芄玉器。」〔註37〕王光堯認為，御器廠的出現，其思想基礎乃是從朱元璋以來，君主朝向極權統治的結果。為塑造皇帝與皇權具有神聖不可侵犯的威嚴，於是將御用器物從官用物資中析離，以凸顯皇帝的特殊身分。〔註38〕《明宣宗實錄》記載：「（宣德二年）十二月癸亥，內官張善伏誅。善往饒州監造瓷器，貪酷虐下人不堪，所造御用器，多以分饋其同列，事聞，上命斬於都市，梟首以徇。」〔註39〕宣德二年（1426），內官張善受命監造御器，卻私自分送贈與他人，僭越了身分，還犯下了貪污及酷虐下人的罪，被斬於市。張善違犯皇帝獨佔御窯器物的大不敬行為，故宣宗將張善梟首示眾以殺一儆百。至此，御用之器從各類官用器物中區隔出來，藉以顯示皇權之神聖與不可侵犯性。

綜論有關明代御器廠出現的時間，至今未有確切的結論，無論史書記載或古今學者均有不同的看法。若依史料推斷，正德年間的御器廠乃是兵亂後恢復設置，並非初設。那麼，有關洪武或宣德年間，出現御器廠的討論，都顯示明代初期即有御器廠的設置。甚至統治者刻意塑造出「御用」的獨特性，以彰顯皇權的不可侵犯。

二、御器廠的管理人員

御器廠或御窯廠出現，象徵集權統治的政治思想與實踐，於是，為確保皇帝對產品擁有壟斷性，勢必擁有一套相應的生產與管理體制。〔註40〕有關明初官用瓷器的燒造管理，有以下文字敘述：

> 洪武二十六年定，凡燒造供用器皿等物，須要定奪樣制、計算人工

〔註36〕王鈺欣，〈明清兩代景德鎮的官窯生產與陶政〉，《清史論叢》，第 3 輯，頁 80。
〔註37〕（清）吳允嘉，《浮梁陶政志》，《陶瓷譜錄十三種》，57 卷上，收錄於楊家駱主編，《藝術叢編第一集》，第 33 冊，頁 1。
〔註38〕王光堯，〈官御並存的明清官府窯業制度〉，《中國古代官窯制度》，頁 152～154。
〔註39〕（明）徐學聚，〈工部十三‧燒造〉，《國朝典彙》，卷 198，收錄於《四庫全書存目叢書》史部‧政書類，第 266 冊（臺南縣：莊嚴文化，1996），頁 1-1。
〔註40〕王光堯，〈官御並存的明清官府窯業制度〉，《中國古代官窯制度》，頁 154。

物料。如果數多，起取人匠赴京，置窯興工；或數少，行移饒、處
等府燒造。〔註41〕

凡儀真、瓜洲二廠，每年南京工部委官一員駐箚儀真，燒造酒缸十
萬個。完日，就于糧船內運帶來京，逕送光祿寺交收應用，仍將燒
運過數目，按季造冊呈部送司備照。〔註42〕

凡河南及真定府燒造，宣德間題准光祿寺，每年缸、罈、瓶共該五
萬一千八百一十只個。分派河南布政司鈞、磁二州、⋯⋯真定府曲
陽縣，每年燒造，解寺應用。〔註43〕

　　整理上述文字得知，明初官用瓷器之管理主要為工部，收儲及運用則為
光祿寺。燒造業務由饒、處等府，及儀真、瓜洲負責。〔註44〕所燒製之器物，
有規定的樣制及數量，並計算燒造之經費，燒製完成需造冊管理，由糧船運
送赴京。宣德年間則分派鈞、磁二州與真定府曲陽縣燒造。此可見明初官府
管理窯業生產的型式，由中央派任官員管理，於特定地區負責燒造，燒造數
量、收儲使用、經費核銷及解運均有規定。現將分別討論有關明代御器廠管
理人員及燒製生產。

　　首先，明代所派任監督窯務的督陶官吏，有三種情況。根據清人吳允嘉
《浮梁陶政志》所載，「宣德間，置御器廠，專管御器，以營繕所丞專督工匠。
〔註45〕正德戊寅，命中官督造。嘉靖革中官，以饒州府佐督，之後於各府佐
選輪管理。」〔註46〕其一，中央派任工部官吏。其二為地方官吏監管，然而
情況最多則屬宦官督陶。宣德二年，曾有宦官張善督陶，後來因罪梟首示眾。

〔註41〕（明）李東陽等奉敕撰、申時行等奉敕重修，〈工部 14・陶器條〉，《大明會
　　　　典》，卷 194，明代萬曆內府刻本，頁 1798，取自北京愛如生數字化研究中
　　　　心，《中國基本古籍庫》。

〔註42〕（明）李東陽等奉敕撰、申時行等奉敕重修，〈工部 14・陶器條〉，《大明會
　　　　典》，卷 194，明代萬曆內府刻本，頁 1798，取自北京愛如生數字化研究中
　　　　心，《中國基本古籍庫》。

〔註43〕（明）李東陽等奉敕撰、申時行等奉敕重修，〈工部 14・陶器條〉，《大明會
　　　　典》，卷 194，明代萬曆內府刻本，頁 1798，取自北京愛如生數字化研究中
　　　　心，《中國基本古籍庫》。

〔註44〕饒、處分別指的是江西饒州府、浙江處州府。儀真、瓜洲則在今江蘇省。

〔註45〕營繕所屬工部，「營繕清吏司，明清工部的第一司。掌繕治壇廟、宮府、城垣、
　　　　倉庫、廨宇、營房。」見（清）黃本驥，《歷代職官表》，頁 193。

〔註46〕（清）吳允嘉，《浮梁陶政志》，《陶瓷譜錄十三種》，57 卷上，收錄於楊家駱
　　　　主編《藝術叢編第一集》，第 33 冊，頁 1。

　　宣德中，「改以工部營繕所丞專督御器廠工匠。」〔註 47〕正統（1435～1449）初年明英宗曾下詔罷燒，並撤回御器廠督陶官，此時御用瓷器曾向民間收購。土木堡之變後景帝登基，改元景泰（1449～1457）。景泰五年，「減饒州歲造瓷器三分之一，既罷督造之官又減歲造之數。」〔註 48〕於是，清人梁同書說：從宣宗晚年之後二十幾年間，明代窯業無顯著發展。〔註 49〕

　　英宗復辟後，年號天順（1457～1464），御器廠管理「仍委中官燒造，則御器之監造如故矣」〔註 50〕。明憲宗成化一朝（1464～1487），不但重用宦官，而且燒造索費不貲。〔註 51〕直到「成化二十二年裁饒州燒造官」。〔註 52〕二十三年（1487）憲宗死後孝宗即位，年號泓治（1487～1505）。泓治年間，景德鎮御窯廠的燒造雖由宦官督陶，然「孝宗十八年不言窯事」〔註 53〕，對御器的奢侈享受並無太多要求。可惜之後明武宗正德（1505～1521）即位，宦官擅權，曾經有百姓聽聞派任燒造太監赴廠，相顧失色且懼且泣，認為人禍。〔註 54〕

　　任用宦官督陶的情況，一直到明世宗嘉靖（1521～1566）初年出現改變，「裁革中官，於各府佐輪選一員管理，四十四年（1562）添設饒州通判駐廠督造，尋止。」〔註 55〕督陶燒造事務又由地方官員兼管，直到嘉靖朝結束。

〔註47〕　（清）朱琰，〈說明〉，《陶說》，《陶瓷譜錄十三種》，57 卷上，收錄於楊家駱主編，《藝術叢編第一集》，第 33 冊，頁 113。

〔註48〕　（清）朱琰，〈說明〉，《陶說》，《陶瓷譜錄十三種》，57 卷上，收錄於楊家駱主編，《藝術叢編第一集》，第 33 冊，頁 113。

〔註49〕　「故宣宗晚後幾二十年，窯事不著」見（清）梁同書，〈古今諸窯〉，《古窯器攷》，《陶瓷譜錄十三種》，57 卷上，收錄於楊家駱主編，《藝術叢編第一集》，第 33 冊，卷 1，頁 148。

〔註50〕　（清）梁同書，〈古今諸窯〉，《古窯器攷》，卷 1，《陶瓷譜錄十三種》，57 卷上，收錄於楊家駱主編，《藝術叢編第一集》，第 33 冊，頁 148。

〔註51〕　「成化間，遣中官之浮梁景德鎮，燒造御用瓷器，最多且久，費不貲」見（清）張廷玉等撰，〈志第 58．食貨 6．燒造〉，《明史》（武英殿底本），（北京：中華書局，1986），頁 1999。

〔註52〕　（清）朱琰，〈說明〉，《陶說》，《陶瓷譜錄十三種》，57 卷上，收錄於楊家駱主編，《藝術叢編第一集》，第 33 冊，頁 113。成化二十三年（1487）為憲宗在位最後一年。

〔註53〕　（清）朱琰，〈說明〉，《陶說》，《陶瓷譜錄十三種》，57 卷上，收錄於楊家駱主編，《藝術叢編第一集》，第 33 冊，頁 113。

〔註54〕　彭濤，〈明代宦官政治與景德鎮的陶政〉，《南方文物》，第二期，2006，頁 115。

〔註55〕　（清）朱琰，〈說明〉，《陶說》，《陶瓷譜錄十三種》，57 卷上，收錄於楊家駱主編，《藝術叢編第一集》，第 33 冊，頁 113。

此後的隆慶（1566～1572）及萬曆朝（1572～1620），均以派任地方官員督陶的形式行之。〔註56〕

直至「萬曆二十七年（1599）礦稅役興，廠委開採，潘太監（潘相）兼理，府佐仍董之，內監駐省，啟運時駐鎮。」〔註57〕督造大權又回到宦官手中，饒州府官員只是輔佐。潘相在景德鎮監陶期間，鎮民曾因反抗潘相濫徵苛扣及高壓而致民變，甚至焚毀了廠房。〔註58〕萬曆四十八年（1620）神宗駕崩，「遺詔罷一切礦稅，並新增織造、燒造等項」，皇太子（光宗）遵行，將一切「盡行停止」。〔註59〕至此，明朝的官窯發展漸走向末路。明末天啟（1620～1627）、崇禎（1627～1644）兩朝，則未見燒製官窯的記載。

綜論明代御器廠的管理人員，無論是來自中央派員、地方官兼管或宦官出任，均肩負完成御命燒造的職責。尤其宦官擔任督陶官，一再剝削壓榨，橫徵暴斂，使民不堪其擾，甚至引發民變。清初裘日修為朱琰《陶說》作序時說：「自有明以來，為饒州之景德鎮以窯著，在明代以中官涖其事，往往例外苛索，赴役者多不得直，民以為病。」〔註60〕然而宦官出自宮廷，深諳皇帝喜好，比起朝中官員更能體察上意，皇帝一再派任宦官督窯，即因宦官為直接聽命於皇帝的欽差。不可否認，在這些欽差執行與推動陶務之下，明代御器廠的確也生產製造出許多傳世經典的藝術作品。清人梁同書評論明窯：「論青花，宣窯為最。昔有論窯者，首成（成化）、次宣（宣德）、次永（永樂）、次嘉（嘉靖），論雖不同，總之明器無能過宣、成者。」〔註61〕此外朱琰在《陶說》卷三〈說明〉中記到：「前人（明人）評宣、成高下，《留青日札》謂：『宣

〔註56〕「隆慶六年，起復燒造，仍於各府佐輪選管理。萬曆初，以饒州督捕通判，改駐景德鎮兼理窯廠。」（清）朱琰，〈說明〉，《陶說》，《陶瓷譜錄十三種》，57卷上，收錄於楊家駱主編，《藝術叢編第一集》，第33冊，頁114～115。

〔註57〕中國科學院圖書館選編，〈陶政〉，《浮梁縣志》卷4，收錄於《稀見中國地方志彙刊》，26冊，頁96。

〔註58〕「當是時（萬曆）帝所遣中官，無不播虐逞凶者，江西礦監潘相激浮梁鎮民變，焚燒廠房。」見（清）張廷玉等撰，〈列傳193‧宦官2‧梁永〉，《新校本明史》，卷350（臺北：鼎文書局，1991）頁7812。

〔註59〕（清）吳允嘉，〈附錄景鎮舊事‧明史四條〉，《浮梁陶政志》，《陶瓷譜錄十三種》，57卷上，收錄於楊家駱主編，《藝術叢編第一集》，第33冊，頁5。

〔註60〕（清）朱琰，〈序〉，《陶說》，《陶瓷譜錄十三種》，57卷上，收錄於楊家駱主編，《藝術叢編第一集》，第33冊，頁53。

〔註61〕（清）梁同書，〈明窯合評〉，《古窯器攷》，《陶瓷譜錄十三種》，57卷上，收錄於楊家駱主編，《藝術叢編第一集》，第33冊，頁159。

與汝敵永樂、成化，亦以次。』《重蓉槎蠡》說：『為勝朝官窯，首成、次宣、次永、次嘉。』《博物要覽》則謂：『青花成不若宣……。』三家之論不同，總之明器無能過宣、成者。」〔註62〕從以上資料記載來看，世人對明代官窯的評論，以成化年間的成窯或宣德年間的宣窯評價最高，而成化及宣德年間的御窯廠管理人員，正是皇帝派任的宦官。

三、御器廠的工匠及官搭民燒

萬曆年間，景德鎮發生工匠民變事件。除當時礦監潘相播虐逞凶，使百姓不堪而反抗之外，明代匠籍制度，龐大燒造數量，以致無法限期完成，均是造成工匠們反抗的因素。明初沿襲元代，將天下百姓編戶立籍，匠籍制度提供了陶瓷生產的各種工匠來源。匠戶有很細的分工，服役項目依其職業劃分，身分世襲。匠戶服役的形式，分輪班、住坐、存留三種。「輪班匠」是將全國各地在籍匠工分成若干班，輪流赴京服役。洪武十九年（1386）曾規定，匠戶三年輪一班，每班三個月；「住坐匠」則是住在京城附近的入籍工匠，長期居住服役，主要在內府各監局工廠，小部分在工部工廠和地方工廠服役；而「存留匠」則是在織造或染織等局服役，留在本地。〔註63〕

匠籍制度原本提供官府所需的勞動力，然而從明初以來便徭役繁重，《明史》中記載：「明初，工役之繁，自營建兩京宗廟、宮殿、闕門、王邸，採木、陶甓，工匠造作，以萬萬計。所在築城、浚陂，百役具舉。」〔註64〕匠人們面對繁重的勞役，若御器廠督陶官吏分外苛索或逞凶暴虐，則匠人們不堪負荷而逃亡，更甚者造成與統治階層的矛盾與對抗。於是為了解決匠人逃役，以致勞動力不足的問題，明代的匠役制度遂逐漸演變成以銀代役，匠籍制也逐漸發展成趨向市場經濟需求的雇役制度。

成化年間，因赴京的輪班匠逃役者多，政府以繳納「班匠銀」的方式，讓願意納錢的匠人們，免赴京當班。萬曆年間推行的「一條鞭法」即是將各種徭役折成銀兩，使賦稅與徭役合併成貨幣徵收，官府再另外雇傭工匠執行

〔註62〕（清）朱琰，〈說明〉，《陶說》，《陶瓷譜錄十三種》，57卷上，收錄於楊家駱主編，《藝術叢編第一集》，第33冊，頁112～113。

〔註63〕朱順隆、劉守柔，〈明清景德鎮用工初考〉，《春秋文物》，第2期，2003年，頁11。

〔註64〕（清）張廷玉等撰，〈志第54‧食貨2‧賦役〉，《明史》（武英殿底本），卷78，頁1906。

勞役。在御器廠生產瓷器的各做工匠夫役可分為三類。

第一類為官匠，整個御器廠官匠人數約三百名左右，屬匠籍，上班服役時，需自備工食。

第二類為編役匠，「自梁太監招募編為一籍」〔註65〕，為重新編役的工匠，多在廠內從事輔助性勞動工作，如砂土夫或上工夫，〔註66〕來源是從饒州千戶所自饒州七縣編派人力，官府支應工食，有燒造任務時徵編，任務停止時免編。〔註67〕這類夫役人數不少，上工夫共三百六十餘名，砂土夫共一百九十名。〔註68〕

第三類屬雇役匠，雇役匠乃是御廠「選召白徒高手燒造及色匠未備者，如敲青、彈花、裱褙匠等」，〔註69〕「正嘉之際，官匠凡三百餘，畫工另募，蓋繪事難也。」〔註70〕這類雇募的工匠，有些提供御器廠相對高等、專業的勞動力。他們的工食銀多少不等，按其手藝專業度及工作急迫性來決定。「萬曆年間規定，高手三分，中手兩分五厘。如欽限緊急，工夫勤勞，每高手日給銀四分，中手給銀三分。」〔註71〕

這些支領工價的雇傭匠役因非屬匠籍，不受匠役制度所控制，且人數日益增加。根據王鈺欣〈明清兩代景德鎮的官窯生產與陶政〉，以隆慶年間御廠大小工匠約有五百，奔走力役之人不下千計的數字推算，〔註72〕人力大約一

〔註65〕中國科學院圖書館選編，〈陶政〉，《浮梁縣志》，卷4，收錄於《稀見中國地方志彙刊》，26冊，頁100。

〔註66〕挑土夫挑砂土、黃土；上工夫編入各作，充當各作助手。

〔註67〕「陶夫，有雇夫。砂土夫原派自饒州千戶所，上工夫編派饒州七縣，解徵工食，俱奉造照徵，停造免編。」見錫惠、石景芬，〈地輿志3‧土產〉，《江西省饒州府志》，據清同治十一年刊本影印，《中國方志叢書（華中地方）》（臺北市：成文出版社，1975），第255號，頁528。「每名解徵工食，銀七兩二錢，俱奉造照徵，停造免編，其銀各縣徵解，本府驗發，浮梁縣貯庫，官廠興工扣算，各夫赴縣給頒，餘銀仍貯縣庫。」見中國科學院圖書館選編，〈陶政〉，《浮梁縣志》，卷4，收錄於《稀見中國地方志彙刊》，26冊，頁97。

〔註68〕王鈺欣，〈明清兩代景德鎮的官窯生產與陶政〉，《清史論叢》，第3輯，頁84。

〔註69〕（明）王宗沐纂修，《江西省大志》（嘉靖本），中國國家圖書館善本書，轉引自呂成龍，〈明代弘治、正德朝景德鎮御窯瓷器簡論〉，《故宮博物院院刊》，第5期，2017年（總第193期），頁127。

〔註70〕（清）朱琰，〈說明〉，《陶說》，《陶瓷譜錄十三種》，57卷上，收錄於楊家駱主編，《藝術叢編第一集》，第33冊，頁119。

〔註71〕（明）王宗沐《江西大志》，卷7，〈陶書‧續招募工食〉，轉引自王鈺欣，〈明清兩代景德鎮的官窯生產與陶政〉，《清史論叢》，第3輯，頁85。

〔註72〕王鈺欣，〈明清兩代景德鎮的官窯生產與陶政〉，《清史論叢》，第3輯，頁85。

千五百人上下。其中雇役匠人之人數，是所有御器廠各類匠役人數比例最高的。〔註73〕固然此非固定比例的數字，然仍可作為觀察工匠來源變化的參考。

明代實施匠籍制，工匠地位低下，不但勞動力被壓榨，有時還遭受侵逼剝削，以至於在生產中缺乏積極。明中葉以後，為應付人力需求，雖然工匠來源走向雇傭工匠的型態，然而龐大的燒造任務，卻對地方政府的財政與人力造成莫大的壓力。史料中記載：「宣德八年（1433），尚膳監題准，燒造龍鳳瓷器。差本部官一員，關出該監式樣，往饒州燒造各樣瓷器，四十四萬三千五百件。」〔註74〕「自弘治以來，燒造未完者三十餘萬器」〔註75〕。「萬曆十九年（1591）命造十五萬九千，既而復增八萬，至三十八年未畢工。」〔註76〕為了應付龐大的燒造數量，明中葉以後，逐漸以「官搭民燒」的燒造形式來因應，也就是將御器廠燒窯的工序由民窯來承擔，御器廠完成瓷坯後，在民窯裡搭燒。

明代御器廠的燒造任務分成「部限」及「欽限」兩種，「部限」是工部每年規定的例行燒造任務，有一定數量之定額，作為賞齎之用，在御器廠內達成燒造數量，則不需動用民窯；「欽限」是皇帝欽派的任務，是為御用瓷器，若燒造數量大又要求限期完成，則以分派能力好的民窯來協助完成燒造任務。民窯若不能成器，則需究責賠補。受到官府壓榨，數量不足的部分，有時還會高價向市場收購來補足。〔註77〕《景德鎮陶錄》記載，「按隆萬時，廠器除廠內自燒官窯若干座外，餘者已散搭民窯」〔註78〕。如此可見，明代御器廠

〔註73〕王鈺欣，〈明清兩代景德鎮的官窯生產與陶政〉，《清史論叢》，第 3 輯，頁 85。根據王鈺欣統計：「官匠約佔總人數的百分之二十六點零七；編役約佔百分之三十七點一三；辦事人員佔百分之七點四。」王鈺欣說明：上述比例的數字，僅為嘉、隆、萬三朝大概之情形。御器廠中變化會隨歷朝所不同，同一朝中若編役人數變，比例會出現變化。

〔註74〕（明）東陽等奉敕撰、申時行等奉敕重修，〈工部 14・陶器條〉，《大明會典》卷 194，明代萬曆內府刻本。

〔註75〕（清）張廷玉等撰，〈志第 58・食貨 6・燒造〉，《明史》（武英殿底本），卷 82，頁 1999。

〔註76〕（清）張廷玉等撰，〈志第 58・食貨 6・燒造〉，《明史》（武英殿底本），卷 82，頁 1999。

〔註77〕「部限瓷器不預散窯，欽限瓷器官窯每分派散窯，其能成器者受囑而擇之，不能成器者，則以必辦。必辦不能辦，則官窯懸高價以市之，民窯之所以困也。」見中國科學院圖書館選編，〈陶政〉，《浮梁縣志》，卷 4，收錄於《稀見中國地方志彙刊》，26 冊，頁 100。

〔註78〕（清）藍浦、鄭廷桂，〈陶錄餘論〉，《景德鎮陶錄》，《陶瓷譜錄十三種》，57卷上，收錄於楊家駱主編，《藝術叢編第一集》，第 33 冊，頁 205。

的燒造能力，在明中葉以後顯得嚴重不足。因此無論是工匠來源或生產方式，均出現變化，且影響到清初景德鎮御窯的發展。

第三節　清初御窯廠的建立及督陶官吏

　　清朝入關之初，到順治五年（1648）八月佔領景德鎮所屬的饒州以前，對於官窯瓷器的燒造與恢復尚未產生影響。入關之後，百廢待興，順治與康熙時期的御窯生產制度亦未有明確之建立。迨雍正即位，御窯生產制度才逐漸改革並漸漸確立，自此御用瓷器生產，受皇帝控制的情況更加明確。

一、御窯廠的建立與運作

　　文獻上記載關於清初燒製御用瓷器的資料，始於順治八年（1651）。「順治八年正月壬戌，江西進額造龍碗，得旨：朕方思節用，與民休息。燒造龍碗自江西解京，動用人夫，苦累驛遞，造此何益，以後永行停止。」〔註79〕當時所進貢的龍碗，被順治皇帝下令永行禁止，然而從「江西額進」來看，此次的燒造應該是有規定數額的進貢。而數額的規定當是來自朝廷，故可推測，清初官窯燒造在順治八年之前已經開始。〔註80〕另外對於此次燒造之「龍碗」應屬御用，其燒造形式有可能是江西地方官員主動決定，且延續採取明末搭燒民窯，且徵派人力進行燒造以供皇室御用。不過順治皇帝考量在政權尚未穩固，民心尚未歸順之前，恢復御器燒造，造成地方負擔，當是不必要之需，因此詔令龍碗燒造永行停止。

　　事實上燒造御窯也並非真正永行停止。《浮梁縣志》記載：

> 順治十一年（1654），奉旨燒造龍缸……每燒出窯或塌或裂，自十一年起至十四（1657）年，缸造二百餘口，無一成器。經饒守道董顯忠、王天眷、王鍈、巡南道安世鼎、巡撫部院郎廷佐、張朝璘等，據親臨監督，終不克成。順治十六年（1659），奉旨燒造欄板……經守道張思明、工部理事官噶巴、工部郎中王日藻監督燒造亦不成，官民咸懼。〔註81〕

〔註79〕（清）巴泰監修，《清世祖實錄》，卷52（北京：中華書局，1985），頁411-1。
〔註80〕王光堯，〈清代御窯廠的建立與終結——清代御窯廠研究之一〉，《故宮博物院院刊》，第2期，2004，頁39。
〔註81〕中國科學院圖書館選編，〈陶政〉，《浮梁縣志》，卷4，收錄於《稀見中國

順治十一年及順治十六年，有兩次分別奉旨燒造龍缸及欄板的紀錄，先後有地方守道、巡撫，到工部官員親自赴廠監督，〔註82〕或許因為燒造大型器物的技術不夠純熟，兩次的燒造記錄均失敗，也可能當時還是在搭燒民窯情況下燒造，故燒造任務失敗，造成官民咸懼。於是順治十七年（1660），「江西巡撫部院張朝璘等具疏題請，奉旨停免。」〔註83〕綜上所述，順治年間景德鎮已經執行恢復燒造，然而燒造大型御用瓷器的任務，始終仍無法達成。

康熙年間景德鎮官窯的生產，要等到三藩之亂平停定之後，才有積極的發展。在此之前，康熙十年（1671）景德鎮曾有燒造祭器等項，陶成解運至京的紀錄。「康熙十年，燒造祭器等項，俱估直銷，算正項錢糧，並未派徵，陶成分限解京。」〔註84〕值得注意的是，此次燒造經費乃以正項錢糧核銷，並未派徵造成地方負擔。三藩之亂時，戰火對景德鎮窯業造成破壞，〔註85〕直到康熙十九年（1680）景德鎮才又恢復燒造。《江西省饒州府志》記載：

> 康熙十九年九月內奉旨燒造御器，差廣儲司郎中徐廷弼、主事李延
> 禧、工部虞衡司郎中臧應選、筆帖式車爾德，於二十年二月內駐廠
> 督造。每製成之器，實估價值，陸續進呈，凡工匠物料動支正項錢
> 糧，按項給發，至於運費等項，毫不遺累地方，官民稱便。〔註86〕

根據上述資料來看，康熙初年御窯廠的情況。第一，此時派任駐廠的督陶官員的身分並無固定，內務府及工部均有派遣，〔註87〕顯示負責燒製景德鎮官

　　地方志彙刊》，26 冊，頁 101。

〔註82〕清沿明制，凡布政使司參政、參議所任之道員稱為守道，初制參政道從三品從、參議道從四品。清代巡撫訂制為從二品，兼侍郎銜為正二品，自稱、人稱皆曰部院。（清）黃本驥，《歷代職官表》，頁 57、61。文中郎廷佐應為郎廷極，以正二品官員赴廠督陶。

〔註83〕中國科學院圖書館選編，〈陶政〉，《浮梁縣志》，卷4，收錄於《稀見中國地方志彙刊》，26 冊，頁 101。

〔註84〕（清）謝旻等監修，《江西省通志》卷 27，收錄於《文淵閣四庫書》（臺北：台灣商務印書館，1983），第 513 冊，頁 865。

〔註85〕「康熙十三年，吳逆煽亂景鎮，民居被燬，窯基盡圮。」見錫惠、石景芬，《江西省饒州府志》，據清同治十一年刊本影印，〈地輿志 3．土產〉，《中國方志叢書華中地方》，第 255 號，頁 528。

〔註86〕錫惠、石景芬，〈地輿志 3．土產〉，《江西省饒州府志》，據清同治十一年刊本影印，《中國方志叢書華中地方》，第 255 號，卷3，頁 527～528。

〔註87〕郎中為部內各司的主管。清代自郎中以下有員外郎，明清又有主事，都是有員額的正規官。漢以來郎官是皇帝的近臣，相當尊貴。在各部郎中、員外郎雖只是五品官、地位卻號稱清要。見（清）黃本驥，《歷代職官表》，頁 118～119。

窯的責任，尚未明確由內務府官員掌理。第二，燒造經費的部分，包括工匠、物料及運費，仍延續康熙十年（1671），不向地方額外加徵，是以正項錢糧支應。原先明代後期御器廠將燒造費用透過加徵地方稅收，及工匠來源出自匠籍的制度，在康熙年間均已出現變革，因而減輕了地方政府及匠人們的負擔，故官民稱便。

《總管內務府現行則例》：「康熙十九年十月，遵旨派內務府官、工部官各一員，筆帖式各一員，動府江西藩庫正項錢糧，燒造瓷器以供內用。所用錢糧由工部奏銷。」〔註88〕此資料中提到派任內務府及工部官員管理，不過燒造經費乃由江西省地丁錢糧之正項支應，再向工部奏銷，從而顯示御窯生產，此時應歸工部管理。

至於燒造經費的來源是否毫不遺累地方，而使官民稱便？再根據雍正五年（1725）三月初九，年希堯（？～1738）〈至景德鎮視察窯務摺〉之記載來觀察。奏摺中說到：

> 查（康熙）十九年燒造磁器至二十五年工竣已逾五載之久，而燒成磁器共得一十五萬二千餘件，動用江省錢糧銀一萬三百餘兩，以現今物料工價時值計之，甚屬相懸。臣因檢查江西藩司衙門送到印信檔案，方知彼時燒造磁器時用物料，俱派自饒屬七縣公捐，匠工食用則出自各窯戶幫貼，燒窯需用薪柴又係窯頭公辦，甚至差員日用米、蔬亦係闔省之司道等官按月輪流供給，是名雖開銷錢糧，實未於磁器之上動用分毫也……一如此科派陋弊，不敢絲毫效尤。〔註89〕

康熙十九年至二十五年（1680～1686）所燒瓷器，每年平均達二萬五千多件，而所動用的江西錢糧總共僅一萬三百餘兩。物料費用出自饒屬七縣的公捐，而燒造匠人的食用經費則由窯戶幫忙貼補，燒窯所需的柴火又是窯戶共同處理，連中央差派官員的伙食費用都由地方道員輪流供給。如此雖無加派之名，卻以公捐之實造成地方政府及窯戶們的負擔。年希堯在此摺中透露出錢糧與實際物料工價相去甚遠，故年希堯曰：「不敢效尤」。綜上所述，康熙朝的御窯廠雖曾建立，然而窯務制度上，不論是燒造經費、管理人員等，

〔註88〕《欽定總管內務府現行則例（一）》，收錄於《清代各部院則例》（香港：蝠池書院，2004），頁1023。

〔註89〕雍正五年（1725）三月初九日年希堯奏折，收錄於鐵源、李國榮主編，《清宮瓷器檔案全集》，卷1，頁63。

均無固定，呈現出變動的樣態。

雍正繼位之後，推行多項革新，其中關於御窯廠的燒造，有下列與前朝不同的改變。首先，雍正之後御窯廠燒造，不再時燒時停。其次，駐廠督陶官均派任自內務府，凸顯皇帝對瓷器生產的關注與干涉。雍正四年（1726），內務府總管年希堯，以淮安關監督的身分兼理窯務，景德鎮官窯由內務府管轄。由於景德鎮與淮安關距離遙遠，另外以內務府郎中趙元（生卒年不詳）作為協理，先行準備燒造的前置作業，〔註90〕不久即開始恢復燒造。〔註91〕雍正六年為佐理年希堯，派唐英到景德鎮協理窯務，〔註92〕直到雍正朝結束。

另外，在燒造經費的部分，康熙朝乃是動用正項錢糧收入，而雍正則改以淮關盈餘支出。〔註93〕唐英在乾隆二年上奏時亦提到：「淮、宿、海三關〔註94〕每年經徵正額錢糧、盈餘銀兩，向來俱收加一火耗，以作解費、庫飯、添平各項及江西景德鎮燒造瓷器等用。」〔註95〕總計每年所動用淮安關關稅盈餘約二萬兩。〔註96〕由於雍正將燒造經費從地方財政中脫離，使御窯燒造經費有固定的來源，不再遺累地方。又確立派任內務府官員督理窯務的人事制

〔註90〕據雍正五年三月初九日年希堯奏折：「臣自本年正月初七日由臣淮安關署起行前赴江西……抵景德鎮之後，隨將窯務事宜斟酌料理……至于各種瓷坯，去年趙元到鎮鳩集工匠即值冬寒冰凍，僅可蓋造坯房，置辦器用，及交春融，無日不雨，不獨坯未乾燥，窯座亦多潮濕。」鐵源、李國榮主編，《清宮瓷器檔案全集》，卷1，頁63。

〔註91〕《雍正四年各作成做活計清檔》四月二十三日記到：「照官窯缸的尺寸畫樣呈覽過，交江西瓷器處燒造」。收錄於鐵源、李國榮主編，《清宮瓷器檔案全集》，卷1，頁48。

〔註92〕「唐公以雍正戊申（雍正六年）來駐廠協理，佐年著美。」見（清）藍浦、鄭廷桂，〈景德鎮歷代窯攷〉，《景德鎮陶錄》，卷5，《陶瓷譜錄十三種》，57卷上，收錄於楊家駱主編，《藝術叢編第一集》，第33冊，頁129。

〔註93〕「康熙十九年十月遵旨……動用江西藩庫正項錢糧燒造磁器以供內用，所用錢糧由工部奏銷。……（雍正）五年二月奏准停用正項錢糧，於淮關盈餘銀兩內動支燒造，……所用錢糧歲底呈銷內務府。」見，〈燒造瓷器〉，《總管內務府現行則例（廣儲司）》（收錄於《近代中國史料叢刊》，第86輯，（臺北：文海出版社，1972，初版），卷4，頁56。

〔註94〕為淮安、宿遷、海州三關。

〔註95〕乾隆二年六月初九日唐英奏摺，收錄於鐵源、李國榮，《清宮瓷器檔案全集》卷1，頁253。

〔註96〕乾隆四年正月二十三日唐英奏摺，〈奏請改由九江關動支銀兩經辦陶務摺〉：「竊照江西窯廠燒造瓷器，於淮關贏餘內，每年留辦公銀二萬兩以為窯工並辦差等用。」收錄於張發穎主編，《唐英全集》，第4冊，頁45。

度，故雍正之後御窯廠能夠達到每年生產，不再時燒時停。

二、督陶官吏的設置

清代鑒於前朝以中官督陶，借上供之名，分外苛索，故對督陶官員選派較為慎重。清初督陶官吏，無論遙領或駐鎮，對於窯業的發展，均有相當的貢獻。由於是督造御窯，專為皇帝所造，故以達成皇帝的旨意，甚至揣摩皇帝喜好為燒製御窯的目標。

（一）督陶官身分

清初御窯廠官員派任情形，在《景德鎮陶錄》卷二〈國朝御窯廠恭記〉有相關記載。順治十一年（1654），曾派「饒守道董顯忠，王天眷，王鍈等督造（龍缸）未成。」〔註97〕十六年（1659），「守道張思明、工部理事官噶巴、工部郎中王日藻等督造（欄板）亦未成。十七年（1660）巡撫張朝璘疏請停止。」〔註98〕此時負責督造御窯的督陶官員是饒州守道，再由中央派工部官員與巡撫一同兼管。康熙十九年（1680），「差廣儲司郎中徐廷弼、主事李廷禧來鎮駐廠監督。」〔註99〕二十二年（1683）「差工部虞衡司郎中臧應選、筆帖式車爾德來廠代督。」〔註100〕康熙年間，首次派出內務府廣儲司官員駐廠監造，而工部虞衡司郎中臧應選（1650～1688）在任時期，康熙御窯廠所燒瓷器，被後世稱作「臧窯」〔註101〕。

史料中提到有關燒造瓷器的官員，尚有刑部主事劉源（康熙中期）與江西巡撫郎廷極（？～1712），〔註102〕由於康熙時期御窯燒造與督陶官派任制

〔註97〕 （清）藍浦、鄭廷桂，〈國朝御窯廠恭記〉，《景德鎮陶錄》，《陶瓷譜錄十三種》，57卷上，收錄於楊家駱主編，《藝術叢編第一集》，第33冊，頁66。

〔註98〕 （清）藍浦、鄭廷桂，〈國朝御窯廠恭記〉，《景德鎮陶錄》，《陶瓷譜錄十三種》，57卷上，收錄於楊家駱主編，《藝術叢編第一集》，第33冊，頁66。

〔註99〕 （清）藍浦、鄭廷桂，〈國朝御窯廠恭記〉，《景德鎮陶錄》，《陶瓷譜錄十三種》，57卷上，收錄於楊家駱主編，《藝術叢編第一集》，第33冊，頁66。

〔註100〕 （清）藍浦、鄭廷桂，〈國朝御窯廠恭記〉，《景德鎮陶錄》，《陶瓷譜錄十三種》，57卷上，收錄於楊家駱主編，《藝術叢編第一集》，第33冊，頁67。

〔註101〕 根據童書業〈清初官窯瓷器史上幾問題的研究〉考證，有關臧窯的時間，上起康熙二十年二月，下迄康熙二十七年，只有七年左右的時間，非《景德鎮陶錄》所記於康熙二十二年到廠。見童書業，〈清初官窯瓷器史上幾問題的研究〉《中國瓷器史論叢》，頁38。

〔註102〕 「阮葵生〈茶餘客話〉：御窯瓷器超越前代，規模款識多出刑部主事劉伴阮監製，伴阮名源。又有郎窯，巡撫廷極所造，仿古酷肖今之所謂成、宣者，

度尚未確立，有關劉源與郎廷極督造御窯的資料不多。《清史稿》記載：

　　時江西景德鎮開御窯，源（劉源）呈瓷樣數百種，參古今之式，運
　　以新義，備諸巧妙。於彩繪人物、山水、花鳥，尤各極其勝。及成
　　其精美過於明代諸窯。其他御用木漆器物，亦多出監做，聖祖甚眷
　　遇之。〔註103〕

根據資料判斷，劉源有可能是監督畫樣，〔註104〕而非監督燒造，由於他善於
繪畫，故「提供畫樣數百種」。

　　另外，有關江西巡撫郎廷極所造之「郎窯」，根據清人許謹齋〈郎窯行戲
呈紫衡中丞〉所記：「郎窯本以中丞名……中丞嗜古得遺意，政治餘閒程藝事，
地水風火凝四大，敏手居然稱國器，比視成宣欲亂真，乾坤萬象歸陶甄，雨
過天青紅琢玉，貢之廊廟光鴻鈞。」〔註105〕

　　詩中有提到郎廷極「政治餘閒」喜好藝事。不過「郎窯」是否出自官方，
近代學者則提出不同見解。〔註106〕《清代官窯陶瓷史》認為，康熙六十年，
已有山東巡撫玉德進貢郎窯霽紅瓶一件，若郎窯為清代御器，則不可能「拿
著皇家的東西再進貢給皇家」。〔註107〕故「郎窯」有可能是郎廷即將自己任
職江西巡撫時，所燒製的精良瓷器，作為進貢皇帝的禮物。

　　此外，康熙朝後期有紀錄顯示，江寧織造曹頫（1706～1774）亦曾負責
燒造事務，〈硃諭曹頫今後若有非欽交差使著即具摺奏聞〉摺內之硃批曾提到：
「近來你家差事甚多，如琺瑯、磁器之類，先前還有旨意件數，到京之後送

　　　　皆郎窯也。」見（清）程哲《窯器說》，《陶瓷譜錄十三種》，57卷上，收錄
　　　　於楊家駱主編，《藝術叢編第一集》，第33冊，頁179。
〔註103〕趙爾巽，《清史稿》，卷550，列傳292，〈藝術四〉，收錄於周駿富，《清代傳
　　　　記資料叢刊》，頁13926。
〔註104〕林業強，〈參古運新──劉源設計瓷樣考〉，收錄於故宮博物院古陶瓷研究中
　　　　心編，《故宮博物院八十華誕古陶瓷國際學術研討會論文集》，（北京：紫禁
　　　　城出版社，2007），頁19。
〔註105〕傳引自鐵源、溪明，《清代官窯瓷器史》，卷2，頁91。
〔註106〕童書業認為，郎窯性質介於官窯與私窯之間，它是江西巡撫郎廷極所造的，
　　　　而且生產進貢給清廷。不過鐵源、溪明，《清代官窯瓷器史》中卻以清人劉
　　　　廷璣《在園雜志》中提到「予初得描金五爪雙龍酒杯一只，欣以為舊，後饒
　　　　州司馬許玠以十杯見貽，與前杯同，詢之乃郎窯也。」故認為，若郎窯屬官
　　　　窯，則不可能在民間自由買賣，郎窯只是郎廷極任江西巡撫之時（康熙四十
　　　　四年到五十一年），以公務之余，按本人意圖燒造的一批貢瓷而被清宮收藏，
　　　　所以宮中的郎窯瓷器，是郎廷極給皇帝進貢的禮物而已。
〔註107〕鐵源、李國榮，《清宮瓷器檔案全集》，卷1，頁92～93。

至御前覽完才燒。今不知騙了多少瓷器，朕總不知……後來事發，恐你當不起。」〔註108〕從史料中我們得知，康熙時期的督陶官沒有固定身分，大多屬臨時差遣的兼任性質，與雍正之後設立專營窯務的督陶官有所不同。

　　雍正四年內務府總管年希堯掌理淮安關，並兼管景德鎮窯務，〔註109〕御窯廠自此固定由內務府司員差派，直到乾隆四十三年（1778），則改為廣饒九南道〔註110〕管理，再次由地方官員兼管。《景德鎮陶錄》記到：「雍正六年，復奉燒造，遣內務府官駐廠協理，以榷淮關使遙管廠事。〔註111〕政善工勤，陶器盛備。」〔註112〕期間景德鎮官窯興盛。雍正時期，年希堯管理官窯期間稱「年窯」，〔註113〕而乾隆時期官窯在唐英管理下，有「唐窯」之稱。〔註114〕雍正以後，督陶官一職均為兼任，年希堯為江蘇淮安板閘關監督身分兼任，而唐英亦

〔註108〕 此摺原附於康熙五十九年（1720）二月初二日曹頫報雨水摺，收錄於故宮博物院明清檔案部編，《關於江寧織造曹家檔案史料》（北京：中華書局，1975），頁153。

〔註109〕 雍正四年十二月二十三日年希堯奏摺：「內務府總管管理淮安關務臣年希堯，謹奏為奏聞事，臣蒙皇上天恩，命管淮安關務，於本年八月十七日到任。」收錄於鐵源、李國榮，《清宮瓷器檔案全集》，卷1，頁41。

〔註110〕 廣饒九南道署設於九江，掌管饒州府、廣信府、南康府及九江府民政，並兼管關務、水利及窯務。見鐵源、溪明，《清代官窯瓷器史》，卷2，頁105～106。

〔註111〕 雍正六年駐廠協理窯務者為唐英，而遙管廠事的為年希堯。雍正四年八月十七年希堯到任淮關，於到任奏摺中，提到「臣擬於次年（雍正五年）正月初七日由臣淮安榷署啟行，前赴江西景德鎮，查看燒造瓷器。」故雍正四年，年希堯雖奉命管理景德鎮窯務，事實尚未親赴窯廠，雖先遣趙元勘查情況，然真正恢復燒造應在雍正六年，故言「復奉燒造」。見鐵源、李國榮。

〔註112〕 （清）藍浦、鄭廷桂，〈國朝御窯廠恭記〉，《景德鎮陶錄》，《陶瓷譜錄十三種》，57卷上，收錄於楊家駱主編，《藝術叢編第一集》，第33冊，頁67。

〔註113〕 「雍正年年窯：廠器也，督理淮安板閘官年希堯管鎮廠窯務，選料奉造極其精雅，駐廠協理官，每月於初二、十六兩期，解送色樣至關，呈請歲領關孥。」見（清）藍浦、鄭廷桂，〈國朝〉，《景德鎮陶錄》，《陶瓷譜錄十三種》，57卷上，收錄於楊家駱主編，《藝術叢編第一集》，第33冊，頁127。

〔註114〕 「乾隆年唐窯：廠器也，內務府員外郎唐英督造者。唐公以雍正戊申來，駐廠協理，佐年著美。迨乾隆初，榷淮八年，移理九江鈔關，皆仍管窯務。」有學者認為，唐英協理年希堯，故年窯之成功應歸功唐英。若對應《景德鎮陶錄》記載，淮安關離景德鎮御窯廠雖遠，然對於御窯燒造管理仍親自監督，除每年親赴窯廠查看，關於瓷器燒造式樣的監控，及大運瓷器前的揀選、裝載，均在淮安關進行，且燒造御窯的經費，亦由淮安關支付。故筆者認同《景德鎮陶錄》中，將唐英「唐窯」成就，與年希堯「年窯」有所區隔。然而唐英自雍正六年起至雍正朝結束，以內務府員外郎身分在景德鎮御窯廠協助年希堯處理窯務，童書業〈唐窯考〉認為此時期可視為「早期唐窯」。

曾管理淮安關務，後又以江西九江關監督兼任。此後督陶官亦多為九江關榷使，而這種由關稅榷使遙領，窯廠設協造協理窯務，負責實際燒造任務的督陶體制，一直延續到乾隆五十二（1787）年，裁去駐廠協理的設置，由九江關榷使每歲巡視，饒州同知及景德鎮巡檢司共同監造督運，〔註115〕此制延續至清末。

（二）督陶官的職責

雍正十三年（1735），唐英經八年在景德鎮協理窯務，寫成〈陶成紀事碑記〉，其內容記述了雍正時期御窯生產的概況，有關燒造經費、工匠待遇、包裝解運、釉水款項等。如下：

一、歲用淮安板閘關錢糧八千兩。

一、一應工價飯食、泥工釉料，俱照民間時價公平採買，毫無當官科派之累。再眾工婚喪、全賞以及醫藥、置產之用，並在於內。

一、在廠工匠、辦事人役支領工值食用者，歲有三百餘名。

一、每歲秋冬二季，雇覓船隻夫役，解送圓、琢器皿六百餘箱。歲例盤、碗、盅、碟等上色圓器，由二三寸口面以至三四尺口面者，一萬六七件。其選落之次色尚有六七萬件不等，一併裝桶解京賞用。其瓶、罍、樽、彝等上色琢器，由三四寸高以至三四尺高大者，亦歲例二千餘件。尚有選落次色二三千件不等，一併裝桶解京，以備賞用。至於每月初二、十六兩期解送淮關總管年處呈樣，或十數件，或六七件不等，在外。

一、廠內所造各種釉水、款項甚多，不能備載。茲舉其仿古、采今，宜於大小盤、杯、盅、碟、瓶、罍、樽、彝，歲例貢御者五十七種，開列與後，以志大概。〔註116〕（後略）

景德鎮御窯廠所燒造的御器分為三類：即大運瓷器、傳辦瓷器及進貢瓷器。其有不同燒造之規定及所用經費來源不同，解運過程亦有所差異。然而完成各項指定燒造御器，則為督陶官員最主要之任務。

完成燒造

大運瓷器由工部下令每年固定燒製，雍正年間燒造的數量，唐英在〈陶成

〔註115〕（清）藍浦、鄭廷桂，〈國朝御窯廠恭記〉，《景德鎮陶錄》，《陶瓷譜錄十三種》，57卷上，收錄於楊家駱主編，《藝術叢編第一集》，第33冊，頁66。

〔註116〕（清）唐英，〈陶成記事碑記〉，收錄於張發穎主編，《唐英全集》，第4冊，頁1162。

紀事碑記〉中提到：歲例盤、碗、鐘、碟等上色圓器，有一萬六、七千件；其
選落之次色，〔註117〕尚有六、七萬件不等。另外有瓶、罍、罇、彝等上色琢器，
〔註118〕亦歲例兩千餘件；尚有選落之次色兩、三千件不等。此外，余佩瑾依據
《內務府造辦處各作成做活計清檔》及《清宮瓷器檔案全集》，將乾隆時期各年
分與嘉慶元年至三年（1796～1798）的燒造總數加以統計，其中燒造數量的變
動差異頗大。數量最多的是乾隆二年（1736）47,120件，最少則是乾隆十二年
（1746）的16,969件。其餘年分大多約有二至三萬餘件不等。〔註119〕

　　傳辦活計為皇帝不時派遣的特殊燒造任務，燒造的時間及次數不固定，
通常皇帝會指定式樣燒造，此類燒造任務在清宮活計檔中經常可見。如乾隆
七年十月初一，窯廠已經停工，十月二十五日唐英已從窯廠返回九江關，途
中二十七日家人傳來諭旨，命其將御製詩燒於轎瓶。諭旨：「將此詩交與唐英
燒造在轎瓶上，用其字並寶爾酌量收小，其安詩地方並花樣，亦酌量燒造。」
〔註120〕唐英二十九日即復至窯廠，「傳集工匠敬謹償造，當得轎瓶六對，計
壹拾貳件。」。〔註121〕

　　清代進貢皇帝的名目繁多，有年貢、元旦貢、端陽貢、中秋貢、萬壽貢、
朝貢、路貢等。〔註122〕督陶官為博取聖意使龍心大悅，貢瓷〔註123〕多為自

〔註117〕瓷器出窯分類揀選，有上色、二色、三色腳貨之名，定直高下。見（清）朱
　　　　琰，〈陶冶圖說〉，《陶說》，《陶瓷譜錄十三種》，57卷上，收錄於楊家駱主
　　　　編，《藝術叢編第一集》，第33冊，頁83。

〔註118〕「一切碗、盤、酒杯、碟俱名圓器。」「一切大小花瓶、缸、盆、圓式者俱
　　　　名琢器。」見（清）不著撰者，〈圓器〉、〈琢器〉，《南窯筆記》，《陶瓷譜錄
　　　　十三種》，57卷上，收錄於楊家駱主編，《藝術叢編第一集》，第33冊，頁
　　　　328。

〔註119〕余佩瑾，〈乾隆官窯研究：做為聖王的理想意象〉，臺灣大學藝術史研究所博
　　　　士論文，頁325。

〔註120〕乾隆七年十一月十七日唐英奏摺，收錄於鐵源、李國榮，《清宮瓷器檔案全
　　　　集》，卷2，頁147。

〔註121〕乾隆七年十一月二十九日唐英奏摺，收錄於鐵源、李國榮，《清宮瓷器檔案
　　　　全集》，卷2，頁148。

〔註122〕年貢、元旦貢、端陽貢、中秋貢、此類固定於年節時進貢；萬壽貢則為皇帝
　　　　或皇太后生日時的進貢；朝貢則是進京面聖時進貢；而路貢是皇帝出巡時所
　　　　進貢。見鐵源、溪明，《清代官窯瓷器史》，頁336～339。

〔註123〕此稱貢瓷，不包括王公大臣及官員蒐羅或購買，以進貢給皇帝的瓷器，乃指
　　　　督陶官在御窯廠燒造進貢給皇帝的瓷器。貢瓷燒造的經費來源，有督陶官自
　　　　掏腰包，亦有從養廉銀或平餘銀中報銷。見鐵源、溪明，《清代官窯瓷器史》，
　　　　頁332～333。

掏腰包，甚至督陶官自己研發燒造。如乾隆八（1743）年九月十一日，唐英在御窯廠造得新樣，因非仿舊有的形制，故不知是否符合上意，於是燒造新樣的費用「皆奴才自出工本，試造進呈，仰祈鑑定。」〔註124〕大運及傳辦瓷器燒造式樣多由內廷決定，不得任意發揮，且燒造費用有一定規範。相對貢瓷因為督陶官自費燒造，故超脫型制，反而才是富有新意，創造更高價值。

解運

　　由於大運瓷器燒造數量龐大，如何解運至京，亦是歷代御窯廠的重要業務之一。雍正年間，景德鎮御窯廠所生產的大運瓷器，運往北京之前須進行初步的揀選，分出上品及次品，然後於秋、冬二季由水、陸二路運送。〔註125〕年希堯在〈火神廟碑記〉中記有：「予仍長其任，一歲之成，選擇、包匭，由江達淮，咸萃余之使院，轉而貢諸內廷焉。」〔註126〕唐英也在〈遵旨呈報歷年動支錢糧及陶務清冊折〉中表示：「每年所得瓷器，分別上、次各色，亦陸續運送淮安關，聽年希堯裝配匣座，解運進京。」〔註127〕解運路線自雍正四年，因年希堯掌理淮安關監管景德鎮窯務，故江西燒造成的大運瓷器在運送至北京前，需先到淮安關經清點、揀選、裝束等手續，其中上色瓷器由陸運解京；次色則另由水路運送至京。但乾隆四年，唐英任九江關監督以後，自此大運瓷器的揀選及裝運均改由九江關完成，大運瓷器的路線也因此改變，且多以水運入京。

　　至於傳辦瓷器或貢瓷，則多由專人傳送。乾隆二十年四月，此時已非秋、冬大運瓷器時節，唐英於二十六日奉旨：「著唐英照從前燒造過，三子、五子瓶，並今日所進的瓶等樣款燒造五十件，要趕七月初一日送到，賞人用。欽

〔註124〕乾隆八年九月十七日唐英奏摺，收錄於鐵源、李國榮，《清宮瓷器檔案全集》，卷2，頁219。

〔註125〕「廠器陶成，每歲秋、冬二季僱覓船隻夫役，解送圓琢器皿六百餘桶。」見〈陶成記事碑記〉。「現將江西解淮上色瓷器九千三百七十五件，業於正月十二日由陸路運送進呈，尚有次色瓷器而萬一千餘件，奴才攢造冊籍，收拾裝桶，由水路運送。俟水運瓷務一竣，星赴江西辦理窖務。」見乾隆四年正月二十三日，〈遵旨赴景德鎮窯廠專司陶務摺〉，收錄於張發穎主編，《唐英全集》，第4冊，頁1173。

〔註126〕（清）藍浦、鄭廷桂，〈陶說雜編上〉，《景德鎮陶錄》，《陶瓷譜錄十三種》，57卷上，收錄於楊家駱主編，《藝術叢編第一集》，第33冊，頁173。

〔註127〕乾隆六年十一月初七日唐英奏摺，收錄於鐵源、李國榮，《清宮瓷器檔案全集》，卷2，頁61。

此。」〔註128〕七月初七日燒造完成，內務府將「九江關所進的三子、五子瓶等併磁班指（瓷扳指）具著本家家人送至熱河，交總管富貴太監胡全忠，案數查收。俟敬事房人到時交給。欽此。」〔註129〕奏摺中提到的三子、五子瓶乃奉旨傳辦，且式樣為從前燒造過，惟瓷扳指非在傳辦項目中，應為唐英順便進貢，一併與「磁器交坐京家人盧四，赴熱河交訖。」〔註130〕

籌募經費

清代御窯廠燒造瓷器經費來源經歷四次變化。清初動用江西正項錢糧；自雍正五年以後，確立了御窯廠燒造的費用來源。從〈陶成記事碑記〉中所記得知，雍正時期每年之燒造額度為八千兩，由淮安關火耗〔註131〕支出。唐英於乾隆元年奉命管理淮安關，六月奉內務府發圓、琢瓷樣，唐英照式燒造，於是差人赴景德鎮御窯廠著手辦理。唐英真正首次主導大運瓷器的燒造，是為第二年春天，二月初一日開始動工，燒造錢糧併解運瓷器各項費用於火耗項下動支。嗣後火耗銀兩不敷各項之用，唐英奏准，由淮安關盈餘〔註132〕項下每年存留二萬兩，為傳辦公事之用。而窯廠所用銀兩，則由留存銀〔註133〕二萬兩內支領一萬兩應用。〔註134〕乾隆四年之前的經費，依照往例，仍在淮安關支出。

〔註128〕《乾隆二十年各作成做活記清檔》，收錄於鐵源、李國榮，《清宮瓷器檔案全集》，卷4，頁266。

〔註129〕《乾隆二十年各作成做活記清檔》，收錄於鐵源、李國榮，《清宮瓷器檔案全集》，卷4，頁266。

〔註130〕《乾隆二十年各作成做活記清檔》，收錄於鐵源、李國榮，《清宮瓷器檔案全集》，卷4，頁266。

〔註131〕火耗者，加於錢糧正額之外的一種附加稅。清制，額徵錢糧，皆以本色折銀，各省向戶部解交時，一律以五十兩一個元寶交納，所以百姓交納之散碎銀，熔鑄元主寶時不無損耗，謂之火耗。見李鵬年、劉子揚、陳鏘儀編著，《清代六部成語詞典》（天津：人民出版社，1990），頁98。「淮宿每三關每年經徵正項錢糧贏餘銀兩，向來俱收加一火耗，以作解費庫飯添平各項，及江西景德鎮燒造瓷器等用……」見乾隆二年六月初九日唐英奏摺，收錄於鐵源、李國榮，《清宮瓷器檔案全集》，卷1，頁253。

〔註132〕清制，關稅之征收，例分「正稅」及「贏餘」，超出此二項定額者即為溢額，不足則為虧空。並定各關贏餘數，核其溢額、絀額，作為考核功過之例。見李鵬年、劉子揚、陳鏘儀編著，《清代六部成語詞典》，頁108。

〔註133〕留存銀亦稱存留備支銀。清制，各府州縣征收之錢糧，例應盡數解交藩庫存儲，凡各處例應坐支各項用款，照數留庫按款給發，免予解司，謂之存留銀。見李鵬年、劉子揚、陳鏘儀編著，《清代六部成語詞典》，頁107。

〔註134〕「燒造瓷器向係淮安關火耗銀內動支，乾隆二年，經江督納蘇圖會同淮安關唐英具奏，應減除火耗經費不敷，在於盈餘銀內留存二萬兩，以為傳辦公事

乾隆三年（1738）十一月，唐英循例奏請「四年分窯工，仍在淮關辦公銀內動支。」〔註135〕然而，唐英於乾隆四年轉任九江關，故奏請改由九江關贏餘支出。六月，唐英「接到戶部來文行令，嗣後每年於九江關贏餘銀內動支一萬兩，為辦理窯工之用。故四年分不敷窯工銀兩，併五年分各費，均在九江關項下動支。」〔註136〕燒造費用於雍正五年至乾隆三年為淮安關支出，乾隆四年起則改由九江關贏餘支出。直到了清末又產生變化，光緒二十八年（1903）至宣統三年（1911）改由九江關常稅〔註137〕支出。

作為清代督陶官，其任職稅務監督，必須完成征收稅款、確保御窯廠正常生產用度。自宋代的監鎮官、元代的提領和本路總管，即以稅務官員兼管窯務、監造官窯工作，是「有命則供，否則止，稅課而已」。〔註138〕事實上，清代的督陶官吏，大多由掌管關務官員兼管景德鎮御窯廠。內務府官員直接掌控榷關的差缺，原本由戶部掌管的十二個稅關，其中有十處是全部或部分由內務府官員所控制。〔註139〕燒造資金由淮安關及九江關關稅的耗羨盈餘支取，經費來源持續與穩固，且脫離中央及地方財政，這是清代官窯所以能穩定發展的重要因。

經費奏銷

奏銷是指國家的各項收支，均須由主管衙門向皇帝奏報和請銷。由於康熙時御窯廠隸屬工部，故瓷器在燒造完畢之後，監造官員需造具清冊呈報工部，再由工部大臣按項核實後具本奏報皇帝請銷。皇帝准銷之後，由戶部備

之用等。因戶部覆准在案，應將窯廠所用銀兩，每年在於淮安關留存銀二萬兩內支領一萬兩應用。每年將用過銀數目令唐英具摺奏聞，仍造細冊呈送內務府核銷，如有餘剩，留作次年接續燒造之用，如有不敷奏請添支。」乾隆三年十二月初六日海望奏摺，收錄於鐵源、李國榮，《清宮瓷器檔案全集》，卷2，頁61。

〔註135〕乾隆四年正月二十三日唐英奏摺，收錄於鐵源、李國榮，《清宮瓷器檔案全集》，卷1，頁354。

〔註136〕乾隆六年十一月初七日唐英奏摺，收錄於鐵源、李國榮，《清宮瓷器檔案全集》，卷2，頁61～62。

〔註137〕晚清海關開始分成兩個相對獨立的徵稅系統，即常關和洋關。常關所征國內民船（帆船）之稅為常稅，洋關所征洋船（火輪、夾板等船）之稅為洋稅。常、洋兩稅分開徵收，分別核算。見陳勇，〈晚清海關洋稅侵奪常稅析論〉，《中國社會經濟史研究》，第1期，2010，頁30。

〔註138〕（清）藍浦、鄭廷桂，〈景德鎮歷代窯攷〉，《景德鎮陶錄》，《陶瓷譜錄十三種》，57卷上，收錄於楊家駱主編，《藝術叢編第一集》，第33冊，頁117。

〔註139〕何本方，〈清代的榷關與內務府〉，《故宮博物院院刊》，第2期，1985，頁3。

案，再減除江西正額。雍正六年唐英赴景德鎮協理窯務以前，如何奏銷，未見詳細記載，〔註140〕經費核銷制度當時應尚未完善，故唐英在年希堯被革職，初任淮安關監督時，對於御窯廠燒造經費的管理，甚感壓力。

乾隆二年六月唐英上奏表示：「淮、宿、海三關每年經徵正項錢糧贏餘銀兩，向來俱收加一火耗，以作解費、庫飯、添平各項，及江西景德鎮燒造瓷器等用，……」〔註141〕然而火耗收入不敷，且窯務相關費用未造冊核銷，「一年經費養廉僅陸萬餘兩，而燒造瓷器公費之多少、與發給內造辦處南匠工食銀兩，乃督臣所不知，具未造入經費冊內。若將此二項通算在內，每年必需柒萬餘兩……」〔註142〕唐英不但對財務管理感到吃力，對於接掌年希堯辦瓷以來的財務狀況無例可循，亦備感壓力。乾隆三年正月奏曰：「向來淮關承辦事件，俱由內務府傳諭，部中無案可稽，且所用贏餘，部中無從核銷，恐干駁詰。」〔註143〕

依規定，督陶官每年要將燒造御窯所費錢糧造冊，奏報內務府。乾隆皇帝尤其對於管理錢糧支出要求嚴格，加以奏銷制度的發展也日益明確。乾隆六年五月二十四日唐英受到皇帝責備：「不但去年，數年以來所燒者，遠遜雍正年間所燒者，且汝從未奏銷。旨到，可將雍正十一、二、三年等所費幾何，所得幾何，乾隆元年至五年所費幾何，所得幾何，一一查明，造冊奏聞備查，仍繕清單奏聞。」〔註144〕同年十一月初七日，唐英立即將例年動支錢糧及陶務清冊呈報。〔註145〕乾隆十二年唐英訂《燒造瓷器則例章程冊》〔註146〕，此後御窯廠所燒每一器物耗費的銀兩，都能以此依據做出精準的計算。再與呈報的大運、傳辦、次色瓷器的件數核算，則能統計出每年大運、傳辦瓷器的燒造費用，亦能算出次色瓷器的費用及次色變價之後上繳的錢糧數字。

〔註140〕鐵源、溪明，《清代官窯瓷器史》，頁194。唐英當時在景德鎮協理窯務，督陶官為年希堯，奏銷經費應由年希堯負責。
〔註141〕乾隆二年六月初九日唐英奏摺，收錄於鐵源、李國榮，《清宮瓷器檔案全集》，卷1，頁253。
〔註142〕乾隆二年六月初九日唐英奏摺，收錄於鐵源、李國榮，《清宮瓷器檔案全集》，卷1，頁253。
〔註143〕乾隆三年正月二十八日唐英奏摺，收錄於鐵源、李國榮，《清宮瓷器檔案全集》，卷1，頁279。
〔註144〕乾隆六年五月二十四日唐英奏摺，收錄於張發穎主編，《唐英全集》，頁1176。
〔註145〕乾隆六年五月二十四日唐英奏摺，收錄於張發穎主編，《唐英全集》，頁1178。
〔註146〕筆者於第三章中有詳細說明。

　　官窯瓷器製作要求絕美，工藝技術令人讚嘆，經常讓人以為燒造經費上不計成本、所費不皆。然而根據《清宮瓷器檔案全集》所錄清檔簿冊〔註147〕可窺見，瓷器奏銷的分類項目是越來越細。關於瓷器燒造經費的呈報及奏銷，自九江關造送之瓷務清冊〔註148〕例舉以下數種：

表1　《清宮瓷器檔案全集》所錄之清檔簿冊例舉

	清檔簿冊	資料來源
咸豐元年	《九江關造送咸豐元年份燒造琢圓瓷器動用錢糧報銷總冊》	卷33，頁1
	《九江關造送咸豐元年份動用雜項解費銀數報銷冊》	卷33，頁2
	《九江關造送咸豐元年份奉文傳辦琢圓瓷器動用錢糧報銷冊》	卷33，頁6
	《九江關造送咸豐元年份次色琢圓瓷器變價銀數冊》	卷33，頁25
同治九年	《九江關造具同治九年份報銷瓷務總冊》	卷35，頁286
	《九江關造具同治九年份各項錢糧清冊》	卷35，頁287
	《江西九江關造具同治九年份補燒上年大運傳辦內破損併欠數各項瓷器花名件數清冊》	卷35，頁290
	《江西九江關造具同治九年份燒造各項瓷器花名件數清冊》	卷35，頁291
	《江西九江關造具同治九年份燒造各項瓷器備用花名件數清冊》	卷35，頁294
	《九江關造具同治九年份大運琢圓瓷器清冊》	卷35，頁298
	《九年九江關造具同治九年份奉文傳辦琢圓瓷器清冊》	卷35，頁327
	《九江關造具同治九年份琢圓瓷器變價清冊》	卷35，頁340

〔註147〕鐵源、李國榮，《清宮瓷器檔案全集》前言中提到：「清檔簿冊，是本全集中分量最重、涉及面最廣的部分，其中有內務府黃冊、內務府堂清冊、內務府陳設冊、廣儲司簿冊、御茶膳房簿冊、造辦處活計清檔、宮中陳設冊、宮中庫儲檔等。」

〔註148〕《清宮瓷器檔案全集》所錄之清檔簿冊部分，關於瓷器燒造之檔冊紀錄中，有專為「九江關造送」或「九江關造具」之檔冊，例如咸豐年間《九江關造送咸豐元年份燒造琢圓瓷器動用錢糧報銷總冊》；同治年間《九江關造具同治九年份報銷瓷務總冊》；光緒年間《九江關造具光緒元年份瓷務總冊》。

光緒元年	《九江關造具光緒元年份瓷務總冊》	卷37，頁137
	《九江關造具光緒元年份雜項錢糧清冊》	卷37，頁138
	《九江關造具光緒元年份大運琢圓瓷器清冊清冊》	卷37，頁169
	《九江關造具光緒元年份黃單傳辦圓器清冊》	卷37，頁227
	《九江關造具光緒元年份另文傳辦琢圓清冊清冊》	卷37，頁216
	《九江關造具光緒元年份黃單傳辦琢器清冊》	卷37，頁141
	《九江關造具光緒元年份次色變價清冊》	卷37，頁231
光緒二年	《九江關造具光緒二年份瓷務總冊》	卷37，頁286
	《九江關造具光緒二年份雜項錢糧清冊》	卷37，頁308
	《江西九江關造具光緒二年份燒造大運及節次奉文傳辦瓷器花名件數併分裝桶數清冊》	卷37，頁312
	《江西九江關造具光緒二年份燒造大運及節次奉文傳辦備用瓷器花名件數併分裝桶數清冊》	卷37，頁315
	《九江關造具光緒二年份大運琢圓瓷器清冊清冊》	卷37，頁318
	《九江關造具光緒二年份黃單瓷器清冊》	卷37，頁346
	《九江關造具光緒二年份次色變價清冊》	卷37，頁418

資料來源：整理自鐵源、李國榮，《清宮瓷器檔案全集》，卷33、35、37（僅節錄部分簿冊之提要作為討論）。

　　從例舉之九江關於不同清帝時期，所造送燒造瓷器的清檔簿冊來分析，簿冊紀錄奏銷的項目及類別越來越細。除固定每年呈報內務府的「大運及傳辦琢、圓瓷器清冊」，又有為特殊任務而「另文傳辦」、「奉文傳辦」和「黃單傳辦」之燒造清冊。〔註149〕其中，「雜項錢糧清冊」紀錄瓷器運送至京的水路運送經費、辦事人員的工資及祭祀等雜項用銀數。「次色變價清冊」為凡所有傳辦或大運瓷器燒造所產生的次色瓷器，於乾隆七年後固定依原制價銀總數「照例覈減三成」，在景德鎮當地變價後，將變價銀數奏繳。「錢糧報銷總

〔註149〕通常另文傳辦、奉文傳辦及黃單傳辦為有特殊任務需求之燒造，會特別註明需求單位及所燒造之項目與錢糧。

冊」或「瓷務總冊」則記錄一切大運、傳辦所燒造胚胎總數；上色琢圓器件數及次色琢圓器件數；破損琢圓靶器件數與用銀總數、雜項錢糧、次色變價銀等，為呈報內務府的檔冊總彙整。檔案中呈現的奏報資料越詳細，則代表對燒造錢糧的控管越嚴格。

九江關每年進呈各種清冊至內務府，大至一年份燒造所動用的總銀兩數；小至燒造每尺瓷器所用之炭價柴價，〔註150〕每項開銷均核算並記載以呈報，對於燒造錢糧的動用及管理極為詳盡。〔註151〕尤其，透過唐英所制定的《燒造瓷器則例章程冊》，使每一件瓷器燒製的費用均能計算，此對於燒造錢糧的核銷及窯務之經營管理有很大的貢獻。

（三）協造制度

協造制度的由來，乃與督陶官員派任有關。雍正以後督陶官掌權關的職務，由淮安關或九江關務之榷使兼管窯務，由於淮安關或九將關距景德鎮遙遠，故派任協理窯務之協造駐廠管理。「協造」是指長期在御窯廠負責瓷器燒造的官吏，無固定名稱，其名或協造、副協造，或協理、副協理，相當於御窯廠的廠長、副廠長，〔註152〕出任人員的職銜也沒有一定。例如：唐英於雍正六年是以內務府員外郎身分擔任窯務助理；而之後派任協助唐英的六十三（生卒年不詳），首次到廠的身分是藥房筆帖式，之後又以內務府員外郎身分派任赴廠；〔註153〕默爾森額（生卒年不詳）在廠時的職銜則是催總，〔註154〕而老格造原在造辦處亦為催總。〔註155〕協造沒有奏報權，然負責監造的各項具體事務，並常駐窯廠。其職責為，支放錢糧，驗收器物，將用過實數查明造冊並約束工匠等。

〔註150〕「天青釉四方象耳瓶，每件折寬壹寸長拾伍尺貳寸陸分，共造過胚胎陸拾肆件……共折長玖百柒拾陸尺陸寸肆分。每尺用……柴價：銀伍厘貳毫……」見鐵源、李國榮，《清宮瓷器檔案全集》，卷37，頁141。

〔註151〕乾隆二十年，內務府核算唐英奏報十七年分之燒造錢糧時，其中運費內有雇募抬夫一項，僅多用了一兩銀，核銷時內務府要求「著落該監督唐英賠補」、「該監督作速解交造辦處」。見乾隆二十年總管內務府等衙門奏摺，收錄於鐵源、李國榮，《清宮瓷器檔案全集》，卷4，頁230～231。

〔註152〕蔡和璧，〈監督官、協造與乾隆御窯興衰的關係〉，《故宮學術季刊》，第21卷第2期，頁39。

〔註153〕鐵源、李國榮，《清宮瓷器檔案全集》，卷2，頁55。

〔註154〕鐵源、李國榮，《清宮瓷器檔案全集》，卷2，頁55。

〔註155〕鐵源、李國榮，《清宮瓷器檔案全集》，卷2，頁63。

　　協造的任期在乾隆四十二年（1777）之前多為三年一任，由內務府派員。當時在廠協造為廣葆（生卒年不詳），其三年任期將屆，九江關管理全德（生卒年不詳）因「廣葆心地明白，辦事精細，在廠二年有餘，事事留心，於燒造諸務，始能熟諳。若更易生手經理，恐難裕如合無。」〔註156〕於是全德奏請皇帝「准將葆廣仍留窯廠辦事，俟三年後，再行循例，奏請更換。」〔註157〕四十二年十一月初六日全德又奏：

> 內開本年五月初七日奉上諭，全德奏請將協造葆廣仍留窯廠辦事，
> 俟三年後再行更換一摺，著照所請行。並著內務府火速添派協造一
> 員，前往學習廠務。此後該員報滿之期定以五年，屆二年半，即簡
> 員往換先派之人回京。似此參差更換，該廠長有一熟諳之員坐辦，
> 不致驟易生手，於事更屬有益。〔註158〕

協造任期，又因全德的奏請，由原先三年一任改為五年一任。新任者跟隨前任學習廠務，兩年半後，先派之人回京，則再派新員成為學習者，也就是學習協造的制度。協造必須在廠五年，形同設置正、副協造，如此安排可避免窯廠因人事變遷因而使人才無繼，導致混亂，對實際負責御窯廠現場工作的協造而言，實為理想的安排。

　　不過此制因乾隆四十八年（1783）連喜（生卒年不詳）接任正協造，卻於不到一年即因病歿，只好升德純為正協造。然而德純升任不到三個月，及因侵吞公款而自殺。〔註159〕一時景德鎮正、副協造均缺，使得監督官海紹（？～1715）只好「請裁撤將廠務稽查彈壓事宜，交該處同知巡檢就近管理，荷蒙俞允……今廠務既交同知稽核」。〔註160〕乾隆五十二年之後，景德鎮御窯廠便由浮梁縣知縣、巡撫地方官員就近監管，取代由內務府派員協造的制度。

　　御窯乃指皇室專用之窯器。初將民間所製品質及型制優良的瓷器貢獻給

〔註156〕國立故宮博物院圖書文獻處編，《宮中檔乾隆朝奏摺》，第38輯，（臺北：故宮博物院，1982），乾隆四十二年四月十五日全德奏摺，頁351～352。

〔註157〕國立故宮博物院圖書文獻處編，《宮中檔乾隆朝奏摺》，第38輯，乾隆四十二年四月十五日全德奏摺，頁351～352。

〔註158〕國立故宮博物院圖書文獻處編，《宮中檔乾隆朝奏摺》，第38輯，乾隆四十二年十一月初六日全德奏摺，頁670～671。

〔註159〕國立故宮博物院圖書文獻處編，《宮中檔乾隆朝奏摺》，第64輯，乾隆五十二年五月二十四日海紹奏摺，頁640。

〔註160〕國立故宮博物院圖書文獻處編，《宮中檔乾隆朝奏摺》，第64輯，乾隆五十二年五月二十四日海紹奏摺，頁472。

皇室使用，未必有專門燒製的窯廠。到了宋元時期，則開始出現專為燒造宮中所用瓷器的窯廠，而景德鎮為提供御用瓷器的窯廠所在之一。明清皇帝對於專屬用器以彰顯崇高身分的思想，使專門提供御用瓷器的景德鎮御窯廠備受宮廷掌控。不論是燒造數量、經費運用、解運方式及器物形狀顏色等，漸形成一套嚴密的管理制度。清初御窯的燒製，除了滿足宮廷御用之外，也是皇帝政治意念與藝術造詣的展現。故御窯廠的督陶官，則成為實踐御窯發展之重要角色。

第二章　唐英與唐窯

　　唐英不只是一位在督造御窯上成就斐然的督陶官，他還是清代著名的畫家與劇曲家，兼擅書法與篆刻，又致力於文字訓詁之研究。他雖非科舉功名出身，卻孜孜不倦地在許多知識學問上努力，展現了他多樣的才華，將儒家忠君、愛民的思想實踐在他的官宦生涯中。於公，他盡力完成皇帝交付的任務，並在任內奠定窯務制度規範，造就不朽之工藝創作；於私，他則是利用公務餘暇走訪遊歷、體察民生，將見聞呈現於詩文與戲劇之中。英和〔註1〕（1771～1840）在其〈唐俊公榷使詩集序〉中言到：「國家之設官分職若置器然；士大夫之居官任職若器之任物然。良器必適於用；良才必稱其職。若乃其職既稱矣，而又能吟詠山川、陶寫性術，斐然以文著，傑然以才見，則其人既足重矣。」〔註2〕唐英稱其職、以文著、以才見，樸實真摯的性情，不負皇命的忠誠，使其成就陶瓷史上不朽之功業。

〔註1〕英和，字煦齋，索綽絡氏，滿洲正白旗人，乾隆五十八年（1793），成進士，選庶吉士，授編修，累遷侍讀。歷任步軍統領、工部尚書內閣學士，理藩院、工部侍郎、軍機大臣上行走等職。曾任總管內務府大臣，自稱總理造辦處事務後學，作〈唐俊公榷史詩集序〉。

〔註2〕（清）英和，〈唐俊公榷史詩集序〉，收錄於張發穎主編，《唐英全集》，第1冊，頁8～9。

本章主要介紹唐英之生平及討論唐窯在時間上的認定。第一節介紹唐英家世背景、任職歷程與家人的關係。第二節介紹唐英交遊，唐英為人真誠質樸，不慕名利，雖掌管錢糧，替皇帝辦差，但與其親近者，多半是因才華而結交或因職務上得信賴與付託。大致將友人類分為幕友下屬、藝文、高官顯要及其他類。第三節則透過唐英留下的詩文討論唐英之心境及生活。第四節是將前人論述的觀點加以分析比較，確立唐英所成就「唐窯」的時間，以畫分唐英在陶瓷史上的貢獻。

第一節　唐英生平之探究

唐英為包衣出身，十六歲起在內廷服侍，歷經康、雍、乾三位君王，先後在內務府、御窯廠、淮安關、九江關與粵海關任職，一生忠於職守，直到七十五歲去世前才向乾隆請求解職。又教子甚嚴，其二子亦效力朝廷，不負唐英所望。唐英因任職而長年離鄉與親人分散，其詩文中經常流露因職務在身與家人離別的不捨，以及無法守護家人的感嘆與無奈。唐英勤奮好學，多才多藝，留下《陶人心語》、《問奇典注》及《古柏堂傳奇》等著作。

一、家世及生平

唐英，字俊公、雋公、叔子、雋俊；號陶人、古柏；晚號蝸寄居士、蝸寄老人。曾祖為唐應祖（生卒年不詳），正白旗包衣旗鼓人，世居瀋陽。〔註3〕生於康熙二十一年（1682）五月初五日，〔註4〕乾隆二十一年（1756）七月二

〔註3〕鄂爾泰等撰，《八旗滿州氏族通譜》卷78，收錄於《景印文淵閣四庫全書》，第456冊（臺北：臺灣商務，1983），頁372。其他有關唐英旗籍的說法尚有漢軍正白旗、漢軍鑲黃旗、漢軍旗人及漢軍人。李放《八旗畫錄》記漢軍正白旗。竇鎮《國朝書畫家筆錄》記為漢軍鑲黃旗。李玉棻《甌缽羅室書畫過目攷》記漢軍鑲黃旗。乾隆三十三年，唐英次子寅保中進士，唐英特將此事誌之，唐英記到：「三十三名寅保正白旗漢軍書」。見張發穎主編，《唐英全集》，第2冊，頁380。

〔註4〕唐英在《陶人心語》，卷2，〈書懷〉詩中言及：「陶山兼榷水，花甲已逢壬」，此壬乃為壬戌年，為乾隆七年，由此往前推算六十年，則為康熙二十一年。見張發穎主編，《唐英全集》，第1冊，頁27。又《陶人心語》卷3，〈九月十八日和方老催初度自壽原韻〉詩云：「端午日為予誕辰」，見張發穎主編，《唐英全集》，第1冊，頁34。

十九日病逝於（九江關）衙署。〔註5〕唐英六歲喪父，〔註6〕七歲入鄉塾，〔註7〕由於其母董氏「急欲其建功王家，不令卒舉子業，年十六即供奉內廷」。〔註8〕唐英放棄追求科舉功名，自康熙三十六年（1697）始供役於養心殿，二十餘載，曾無一日少懈，還曾三次隨康熙皇帝南下。〔註9〕

雍正元年（1723）唐英四十二歲，「仰蒙高厚殊恩，拔置郎署」〔註10〕開始在內務府造辦處當差。雍正六年，「怡賢親王口喧天語，命英督監江西窯務」，〔註11〕唐英赴景德鎮協助淮安關監督年希堯處理窯務。在此之前，他對於製瓷完全是門外漢。為不負皇恩，於是「用杜門、謝交游，聚精會神、苦心竭力，與工匠同其食息者三年」，〔註12〕終於成就其製瓷的專業知能，可以獨當

〔註5〕前人相關研究中，提到唐英卒年與任職時間不夠精確。王瓊玲在〈「改崑調合絲竹天道人心」──論唐英之戲劇教化觀與其「經典性」思維之建構〉記到：「唐英雖亦曾調任淮安、九江關、粵海關等地，但為期均甚短，且除乾隆十五年至十七年間至粵海關任職外，一直兼領窯務，直到乾隆二十一年左右，始以疾卒於任所。」此外，關於唐英任職粵海關之時間，準確地說並不包括十七年，唐英於乾隆十六年十二月奉命覆調九江關，隔年初三月即重臨九江關廠署，故十七年唐英並未管理粵海關關務。李知宴，〈「陶人」唐英的「知陶」與「業陶」──試論唐英在中國陶瓷史上的地位與貢獻〉記到：「乾隆二十一年七月因病奏請解任，九月後逝世，享年七十五歲。」。張發穎在《唐英全集》序中，也只提到：「乾隆二十一年下半年去世，享年七十五歲。」筆者根據乾隆二十一年江西巡撫胡寶瑔代為奏事：「臣接準翰林院編修寅保呈稱：職父唐英荷蒙皇上天恩，簡畀九江關監督，……不料職父於五月中，染患痰火病症，兩月醫藥周效，今於七月二十九日在署病故。」此資料對於唐英卒的時間有具體的紀錄。收錄於國立故宮博物院圖書文獻處編，《宮中檔乾隆朝奏摺》，第15輯，乾隆二十一年八月初二日胡寶瑔奏摺，頁85。

〔註6〕「先生先世為關東瀋陽人，自其祖從龍人關，隸籍正白旗下。父諱為國，……先生為其叔子、公生六歲而孤。」見（清）沙上鶴，〈瀋陽唐叔子蝸寄先生傳〉，收錄於張發穎主編，《唐英全集》，第4冊，頁1289。

〔註7〕（清）唐英，〈書法指南序〉，收錄於張發穎主編《唐英全集》，第1冊，346頁。

〔註8〕（清）沙上鶴，〈瀋陽唐叔子蝸寄先生傳〉，收錄於張發穎主編，《唐英全集》，第4冊，頁1289。

〔註9〕〈首春重遊西湖梅花嶼題壁〉：「扈蹕曾來三度春，錦衣班裡傍清塵……」詩中小註：「憶昔翠華南幸，曾經三度扈從。」見（清）唐英，〈首春重遊西湖梅花嶼題壁〉，收錄於張發穎主編，《唐英全集》，第1冊，35頁。

〔註10〕（清）唐英，〈書法指南序〉，《陶人心語續選》，收錄於張發穎主編，《唐英全集》，第1冊，346頁。

〔註11〕（清）唐英，〈陶務敘略〉，收錄於張發穎主編，《唐英全集》，第4冊，1161頁。

〔註12〕（清）唐英，〈瓷務事宜示諭薫序〉，《陶人心語》，收錄於張發穎主編，《唐英全集》，第1冊，99頁。

一面，管理御窯廠與一切相關燒造御窯之事項，自此唐英與御窯燒造結下不解之緣。他於雍正十三年完成〈陶務敘略〉與〈陶成記事碑記〉，是為過去八年協理窯務、參與製陶與管理御窯廠之紀錄與總結。

乾隆元年年希堯遭革職，唐英奉命暫行管理淮安關，不久乾隆即令其停止窯工掌管淮安關務。他在〈自題漁濱課子圖小照〉中記到：「乾隆丙辰（1736）為今上龍飛之元年，特奉諭旨量移淮關司榷，時余年五十又五矣」，並憶述過去「胼胝盡職於景德鎮窯廠者九閱寒暑」。〔註13〕

乾隆二年（1737）唐英奉旨復辦窯務，然而淮安關與景德鎮相隔千里，僅能遙領，故其奏請派任協造協理窯務，先後歷經默爾森額、六十三與老格。三年之中，未曾到過御窯廠，「奴才自乾隆元年內離廠管理淮關迄今三載」。〔註14〕乾隆四年正月，唐英遵旨赴景德鎮專司窯務，〔註15〕並奏請於九江關贏餘內每年動支一萬兩作為窯工銀，乾隆因而命其管理九江關，由此改變御窯燒造經費由淮安關支出的舊例。唐英在九江關榷關期間，每年僅春、秋二季親自赴廠督理窯務，〔註16〕不過仍以其對窯務之熟悉及專業，完成次色瓷器變價、及《燒造瓷器則例章程》的制定。使日後繼任之九江關監督，在兼管窯務時，能依循唐英所立之規，不致影響燒造。此外，唐英亦替乾隆所製《陶冶圖》完成圖說編次，將御窯瓷器之燒造分為二十道工序，再依圖述說燒造經過及注意事項。〈陶冶圖說〉乃為「後之治陶政者取法焉」。〔註17〕

乾隆十四年（1749）冬，唐英奉命接掌粵海關，十五年（1750）六月初三

〔註13〕（清）唐英，〈自題漁濱課子圖小照〉，《陶人心語》，收錄於張發穎主編，《唐英全集》，第1冊，115頁。

〔註14〕乾隆四年三月初六日唐英奏摺，收錄於鐵源、李國榮，《清宮瓷器檔案全集》卷1，頁355。

〔註15〕乾隆三年十二月初六日海望奏摺：「唐英奏稱……莫爾參峨管理窯工僅只二年，未能諳練深悉，以致瓷器粗糙數目減少……仰懇天恩，俯令奴才前往窯廠專司窯務，得以親身造辦，庶瓷器可以全美多得」。見鐵源、李國榮，《清宮瓷器檔案全集》，卷1，頁282。

〔註16〕乾隆四年六月二十五日唐英奏摺：「奴才承辦有年，久所熟悉。其最關緊要之時，在春則於二、三兩月，秋則於八、九等月。蓋二、三月間，當開工之始，所有器皿，各樣俱須定准。至調停釉水、配搭顏料，皆於此時料理。其八、九月之候，風日高燥，於坯胎火候均為合宜，正當陶成各器之時。揀選講究，尤在熟諳之人規身經理。」見鐵源、李國榮，《清宮瓷器檔案全集》，卷1，頁357。

〔註17〕〈唐英傳〉，《清史稿》，收錄於張發穎主編《唐英全集》，第4冊，頁1290。

到任接管，〔註18〕在粵一年七個月後再行調回九江關。乾隆十七年（1952）正月十七日自粵海關啟程回潯，三月初三日重抵九江關。〔註19〕「余於己巳冬，奉命由潯榷量移粵海，逾二載歲壬申，復調回潯，於三月初三日蒞任九江。」〔註20〕此時已七十一歲的唐英重蒞廠署，回到自己熟悉的地方。重掌窯務的他雖年事已高，然而見著「闔鎮士民工賈群迓於兩岸……且歡騰鼓舞，頗有故舊還歸之意」，〔註21〕則仍有鬚眉雖老未頹唐的心意。

乾隆二十年（1755）十二月唐英再次受召北歸陛見。乾隆十三年（1748）奉命北上時，唐英對北歸有股近鄉情怯，寫道「風土沾衣形色壯，十年未染帝京塵……槎上歸來雪滿顛，清風與袖喜朝天，鄉音漸熟人爭看，好認當年老漢騫。」〔註22〕而此時的唐英已經七十四歲，皇帝要他進京面聖，〔註23〕並指示掌理窯務之沿續，希望年邁的唐英傳授寅保繼承父職。「聖訓著奴才教導兒子寅保學習瓷務，奴才回關之日，當將諭旨傳於寅保，寅保不勝歡欣感激。奴才現在遵旨教導，將一切燒造事宜，俾寅保用心學習，漸就純熟，以盡奴才父子犬馬報主之試於萬一。」〔註24〕

乾隆二十一年三月，唐英叩請聖訓回到九江，七月底健康狀況日下，他擔心職務繁重無人管理，於是奏請另擇賢員接辦：

> 奴才前在廣東得有咽喉疼痛之症……本年六月中旬因天氣炎熱喉痛復發……至七月初三日忽傷暑暍，以致氣虛痰壅……身體軟弱，步履需人。蓋緣奴才犬馬年齒七十有五，氣血日衰，醫藥不能達效。伏念榷務窯工，關係重大，現在雖有奴才兒子寅保隨任幫助，惟是

〔註18〕國立故宮博物院圖書文獻處編，《宮中檔乾隆朝奏摺》，第1輯，乾隆十六年十二月十七日唐英奏摺，頁226。

〔註19〕國立故宮博物院圖書文獻處編，《宮中檔乾隆朝奏摺》，第2輯，乾隆十七年三月二十一日唐英奏摺，頁481。

〔註20〕（清）唐英，〈重臨鎮廠感賦志事〉，《陶人心語》，收錄於張發穎主編，《唐英全集》，第1冊，64頁。

〔註21〕（清）唐英，〈重臨鎮廠感賦志事〉，《陶人心語》，收錄於張發穎主編，《唐英全集》，第1冊，64頁。

〔註22〕（清）唐英，〈奉命入覲歸路風沙中口占四截〉，《陶人心語續選》，收錄於張發穎主編，《唐英全集》，第1冊，147頁。

〔註23〕「仍接管，汝來陛見，印務令汝子署理」。見國立故宮博物院圖書文獻處編，《宮中檔乾隆朝奏摺》，第12輯，乾隆二十年十一月十五日唐英奏摺，頁631。

〔註24〕國立故宮博物院圖書文獻處編，《宮中檔乾隆朝奏摺》，第11輯，乾隆二十一年三月十七日唐英奏摺，頁884。

寅保究係少年，諸事閱歷未久。奴才自顧病勢淹纏，一時猝難痊癒，

若不及早奏明，設有貽誤，則奴才負罪益深。〔註25〕

之後唐英病況旋即加劇，急轉直下。於七月二十九日在廠署病故，享年七十
五歲。〔註26〕

　　唐英一生宦海漂泊，與家人離散，常於詩中感嘆身世的飄零。史料中可
看到唐英家族的脈絡，根據《八旗滿洲氏族通譜》所載，「唐應祖正白旗包衣
旗鼓人，世居瀋陽地方，來歸年分無考，其曾孫唐英現任員外郎兼佐領，元
孫德格現任八品官，庚保、寅保俱現係舉人，寅年現係生員，四世孫唐景亦
現係生員。」〔註27〕其中德格、庚保、寅保、年保，應為唐英子侄之輩，而
唐景則為孫輩。唐英還有另一侄天保，在《陶人心語》卷二，有〈寄勉六侄天
保〉。〔註28〕唐英父親唐為國，在唐英六歲時過世，唐英上有二兄，〔註29〕他
是第三個兒子，〔註30〕故字叔子。

　　《陶人心語》中有多篇關於兒女親人的作品。〈悼亡〉哀悼兩位已逝的夫
人趙氏與馬氏，「予年二十九喪元配趙淑人，繼以今淑人馬氏相莊十八載」，
「塵夢未完兒女債，鄉書驚判死生天」〔註31〕，唐英四十七歲時馬氏亦逝。
唐英五十九歲，生三子萬寶，「庚申中秋後三日，三子生於江州使署」。〔註32〕
由此推斷唐英之後應有再另娶妻室。

〔註25〕國立故宮博物院圖書文獻處編，《宮中檔乾隆朝奏摺》，第11輯，乾隆二十一
　　　　年七月二十七日唐英奏摺，頁55。

〔註26〕「臣接準翰林院編修寅保呈稱，職父唐英荷蒙皇上天恩，……於本年五月中
　　　　染患痰火病症兩月，醫藥罔效，今於七月二十九日在署病故。」見國立故宮
　　　　博物院圖書文獻處編，《宮中檔乾隆朝奏摺》，第15輯，乾隆二十一年八月初
　　　　二日江西巡撫胡寶瑔奏事，頁85。

〔註27〕（清）鄂爾泰等纂，《八旗滿洲氏族通譜》（北京：黃山書社出版發行），卷78，
　　　　頁892。

〔註28〕（清）唐英，〈寄勉六侄天保〉，《陶人心語》，收錄於張發穎主編，《唐英全集》，
　　　　第1冊，頁23。

〔註29〕唐英於詩中提到「一松仲兄圓堂額也」，可知唐英仲兄名一松。見〈兒女遠來
　　　　天涯團聚遙憶兩兄神飛萬里和淚揮成存歿志痛〉，《陶人心語》，收錄於張發穎
　　　　主編，《唐英全集》，第1冊，頁36。

〔註30〕「父諱為國，隱德弗售，以先生官贈通議大夫。先生為其叔子，生六歲而孤。」
　　　　沙上鶴，〈瀋陽唐叔子蝸寄先生傳〉，《唐英全集》，第4冊，頁1289。

〔註31〕（清）唐英，〈悼亡〉，《陶人心語》，收錄於張發穎主編，《唐英全集》，第1
　　　　冊，頁35。

〔註32〕（清）唐英，〈庚申中秋後三日三子生於江州使署賦以識之〉，《陶人心語續
　　　　選》，收錄於張發穎主編，《唐英全集》，第1冊，頁172。

此外，唐英四十六歲，曾納妾室可姬，「雍正丁未冬也，姬既歸予家……可姬張姓，於箕帚妾也……甲寅七月二十日產子於珠山之易。閱五日，以疾殞，年甫二十有三。曷傳乎？哀有子也。名其子曰珠山，志地靈也。」〔註33〕可姬早逝，珠山不久也夭折，唐英甚感哀痛，為其立傳。有《可姬小傳》，言到：

> 予幼孤且賤，學書學劍卒無一成，泪末車塵馬足間，三十年來身世
> 牴牾，人之無可於予也久矣，予無可而姬復何可？灑掃潔則可之，
> 力作勤則可之，不事妖冶安予恬澹則可之，敏捷可以被使令，服御
> 可以慰寒暄。情性之平可以洽儕伍，巾幗之見可以侔丈夫，身而鬻
> 身可以報其大父，死而遺子可以酬予主人，姬之可者如是，故曰可
> 姬也。〔註34〕

唐英稱讚可姬品行高潔，於字句中表達對可姬的憐愛。可姬雖然出身寒微，唐英卻立《可姬小傳》，於《陶人心語》中是為獨立的一卷。尚有顧棟高（1687～1759）、華西植、徐棟樑、沙上鶴為之序，汪澎、白長康為之跋。顧棟高甚至將唐英與可姬，比作蘇東坡與朝雲，〔註35〕由此可知，可姬在唐英心中的地位與重視。

自從雍正六年唐英離開北京，離鄉背井到景德鎮赴任，因此「全家在京師不遑內顧矣」〔註36〕，數年間，家破人亡，子女離散。「越二年（雍正八年），內人某氏卒，繼以地震，廬舍傾頹，產空人散，租俸所入，又為族之尊屬所攘奪。所餘二子，煢煢幼稚，艱於存活，不得已，遣足往覓老羸僅存之男婦三五輩，攜之南來，實就食耳，豈圖團聚乎？此九年事也」。〔註37〕唐英〈孀女遠來慨成二章〉中記到：予奉差後，長婿夭折次女亦亡。而唐英的長女亦遭逢喪女、喪夫，只好將兒子留於夫家，自己則歸投父親。〔註38〕

〔註33〕（清）唐英，《可姬小傳》，收錄於張發穎主編，《唐英全集》，第1冊，頁155。

〔註34〕（清）唐英，《可姬小傳》，收錄於張發穎主編，《唐英全集》，第1冊，頁158。

〔註35〕「昔坡公有侍妾朝雲，生子遯未幕而後夭，朝雲亦歿，坡公悼之以詩，至今朝雲之名與公集具傳。」（清）顧棟高，〈可姬小傳〉，收錄於張發穎主編，《唐英全集》，第1冊，頁36。

〔註36〕（清）唐英，〈廠署珠山文昌閣碑記〉，《陶人心語續選》，收錄於張發穎主編，《唐英全集》，第1冊（北京：學苑出版社，2008），頁237。

〔註37〕（清）唐英，〈廠署珠山文昌閣碑記〉，《陶人心語續選》，收錄於張發穎主編，《唐英全集》，第1冊，頁237。

〔註38〕（清）唐英，〈孀女遠來慨成二章〉，《陶人心語續選》，收錄於張發穎主編，《唐英全集》，第1冊，頁20～21。

　　唐英尚有一稚女，〈稚女〉：「稚女逐漁濱，相看淚滿巾，六齡五載別，四目一時新，乍見耳中父，還疑路上人，問伊亡母事，知痛未能真。」〔註39〕唐英外任當差，與家人分隔兩地，其於〈稚女〉詩中描述骨肉分離，聚少離多，令人不勝唏噓。

　　雍正十年（1745）「壬子秋庚兒攜眷南來」，〔註40〕一家八口遠來投奔。〔註41〕唐英在〈兒女遠來天涯團聚遙憶兩兄神飛萬里和淚揮成存歿志痛〉中，對於五年之間家遭變故，兒女、兄弟不能相聚，與親人生離死別，表達無奈的哀戚：「艱辛八口天涯聚，雁齒西風思轉深。潦草已完兒女計，纏綿不了弟兄心。五年遺累多家難，百歲相依幾寸陰。猶是一松堂上月，圓虧兩地照沈吟。」〔註42〕卻又對親人終於要相見充滿喜悅，〈文兒攜家遠來客有遇諸途者還告喜賦〉：「南指舟車信已真，初聞失喜忽沾巾，全家跋涉勞因我，半世功名苦累人，兒女早籌團聚樂，夢魂先覺笑言親，糊窗掃地安床席，離合方知最損神。」〔註43〕然而見到親人時，「相逢惟有淚，別久轉無言，面貌互驚眼，心情各斷魂。」〔註44〕久未相見的親人子女，終於在歷經苦難後相聚，然而彼此卻淒然無言，只能付之一歎。

　　若將唐英〈瓷務事宜示諭藁序〉，對照其在景德鎮督陶的經歷，雍正六年到十年，家遭變故時，正是他苦學精進的階段。從一個茫然不曉，日唯諾于工匠意旨，開始「用杜門，謝交遊，聚精會神苦心竭力，與工匠同其時息者三年」〔註45〕，才終於擁有製瓷之專業與管理窯廠的能力。在報效皇恩與照顧親人間，他選擇微末小臣盡力宣勞之職，歷經五年，得始器不苦窳，人不憚勞，終不負皇命。

〔註39〕（清）唐英，〈稚女〉，《陶人心語續選》，收錄於張發穎主編，《唐英全集》，第1冊，頁21。

〔註40〕（清）唐英，《可姬小傳》，收錄於張發穎主編，《唐英全集》，第1冊，頁158。

〔註41〕根據唐英詩文中比對，八口為姪子庚保、長子文保、次子寅保、孀女、稚女、乳媼、妾可姬等。

〔註42〕（清）唐英，〈兒女遠來天涯團聚遙憶兩兄神飛萬里和淚揮成存歿志痛〉，《陶人心語》，收錄於張發穎主編，《唐英全集》，第1冊，頁36。

〔註43〕（清）唐英，〈文兒攜家遠來客有遇諸途者還告喜賦〉，《陶人心語》，收錄於張發穎主編，《唐英全集》，第1冊，頁36。

〔註44〕（清）唐英，〈八口遠來淒然相向萬緒千愁付之一歎始知黯然銷魂江郎不止為別離賦也〉，《陶人心語》，收錄於張發穎主編，《唐英全集》，第1冊，頁21。

〔註45〕（清）唐英，〈瓷務事宜示諭藁序〉，《陶人心語》，收錄於張發穎主編，《唐英全集》，第1冊，頁99。

　　唐英的兩個兒子文保（1714～？）及寅保（1721～1772），年幼時曾遭逢家變，雍正九年，南來投奔唐英時，文保十五歲，寅保才八歲。此時唐英一心於陶，仍不忘幼子之教育，在景德鎮廠署延師設帳，「於珠山西北隅老屋三楹中，使之焚膏繼晷，不見一人，不預一事，不避寒暑者五年」。〔註46〕

　　唐英先奉命掌淮安關，又復理窯務，然直至乾隆四年榷淮任滿，唐英奏請專司窯務，於是唐英才又再回景德鎮陶署，然甫一個月又受命榷掌九江關務。因榷陶之公務，往來奔波期間，唐英回顧到：「屈指數年間，櫛風沐雨，水路舟車，二子未嘗一刻睽隔，亦未嘗一刻令其廢學也。」〔註47〕〈自題漁濱課子圖小照〉也提到：「今上龍飛之元年，諭旨量移淮安司榷，時余年五十又五矣。長子文保年二十二，次子寅保年十四，以失母故相隨宦轍，讀書於淮榷官舍……」。〔註48〕可見唐英對二子的愛護與對學業的要求。

　　乾隆四年，唐英奏請文保進京效力，次子寅保賞隨任幫助，乾隆皇帝因唐英所進瓷器來京，必須有接辦之人，於是准許文保在造辦處當差。〔註49〕唐英曾記到：「蒙恩特賜執事，供奉內廷，從此報酬有階，而呫嗶無暇矣」，〔註50〕「越十有五年，文保繼余舊職，供奉內廷」。〔註51〕文保於內廷任職造辦處，其所經辦事務，與琺瑯燒造、保管，及器物調配、人員管理有關，於造辦處檔案中時有所見。

　　寅保自幼誦讀詩書，「其所為文，每為諸先達獎掖許可」。〔註52〕「寅保於辛酉（乾隆六年）科得預鄉薦，又附戊辰（乾隆十三年）會榜末。」〔註53〕

〔註46〕（清）唐英，〈廠署珠山文昌閣碑記〉，《陶人心語續選》，收錄於張發穎主編，《唐英全集》，第1冊，頁238。

〔註47〕（清）唐英，〈廠署珠山文昌閣碑記〉，《陶人心語續選》，收錄於張發穎主編，《唐英全集》，第1冊，頁238。

〔註48〕（清）唐英，〈自題漁濱課子圖小照〉，《陶人心語》，收錄於張發穎主編，《唐英全集》，第1冊，頁115。

〔註49〕乾隆四年八月十七日海望奏摺，收錄於鐵源、李國榮主編，《清宮瓷器檔案全集》，卷1，頁357。

〔註50〕（清）唐英，〈廠署珠山文昌閣碑記〉，《陶人心語續選》，收錄於張發穎主編，《唐英全集》，第1冊，頁238。

〔註51〕（清）唐英，〈自題漁濱課子圖小照〉，《陶人心語》，收錄於張發穎主編，《唐英全集》，第1冊，頁115。

〔註52〕（清）唐英，〈廠署珠山文昌閣碑記〉，《陶人心語續選》，收錄於張發穎主編，《唐英全集》，第1冊，頁238。

〔註53〕（清）唐英，〈自題漁濱課子圖小照〉，《陶人心語》，收錄於張發穎主編，《唐英全集》，第1冊，頁115。

由於唐英十六歲即供奉內廷，有志未逮，寅保中進士，遂成了唐英未能成就功名之志：「小子何知一出而濫掇科名，以成父志乃爾耶」〔註54〕。乾隆十五年（1750）唐英赴粵海關，因年事已高，乾隆特旨命寅保幫辦關務。〔註55〕二十年（1755）唐英陛見乾隆皇帝，又指示唐英教導寅保瓷務事宜，可惜唐英不久即因病去世，來不及將畢生傳承延續。

二、著作

　　唐英除因督陶而名留史冊，其博學多采在書畫、戲曲、篆刻、詩文等皆有造詣。唐英十六歲即失學而供於內廷，然勤勉好學，「內廷故多賢士大夫，見先生之少而好學，皆折節下交，因而筆墨詩文遂日以進，而聲譽亦日以起。乃先生則抑然自下，未嘗以學問驕人，……事益力，學益勤，雖奔馳勞寘，旅燈客帳，吟哦不輟也。」〔註56〕唐英自稱「資性不敏」〔註57〕，卻一生好學不倦，留下諸多著作。

（一）詩文類——《陶人心語》、《陶人心語續選》

　　《陶人心語》為唐英之幕友顧棟高，為其編選詩文成集，有《陶人心語》六卷、《陶人心語續選》九卷，〔註58〕顧棟高於序中曰：「先生之詩甚夥，於為刪取其精者，得百數十餘首，因督陶於景德鎮，故以陶人心語名其集云。」〔註59〕又唐英一生以陶為志，化身陶人，以陶人之心應之；以陶人之語寫之，故自稱其詩文集稱為《陶人心語》。正如他在〈陶人心語自序〉中言：

　　　陶人有陶人之天地，有陶人之歲序，有陶人之悲歡離合、眼界心情，即一飲一食，衣冠寢興，與夫倪仰登眺交遊之際，無一不以

〔註54〕（清）唐英，〈廠署珠山文昌閣碑記〉，收錄於張發穎主編，《唐英全集》，第1冊，頁238。

〔註55〕「粵海關稅務繁重，唐英年近衰老，恐精力不能周到，總督陳大受仍著協同管理，庶吉士寅保著帶原銜前往廣東，幫助伊父辦理關務。」見中國第一歷史檔案館，《乾隆朝上諭檔》，第2冊，頁443。

〔註56〕（清）沙上鶴，〈瀋陽唐叔子蝸寄先生傳〉，收錄於張發穎主編，《唐英全集》，第4冊，頁1289。

〔註57〕（清）唐英，〈書法指南序〉，《陶人心語續選》，收錄於張發穎主編，《唐英全集》，第1冊，頁346。

〔註58〕張發穎所編《唐英全集》所錄之《陶人心語》，是據遼寧省圖書館藏古柏堂刊本刊印，《陶人心語續選》是據國家圖書館藏乾隆古柏堂刊本刊印。

〔註59〕（清）顧棟高，〈陶人心語序〉，收錄於張發穎主編，《唐英全集》，第1冊，頁6。

陶人之心應之，即無一不以陶人之心，發之於語以寫之也。故有
時守其心而無語，固澹澹漠漠渾然一陶人也。有時藉其語以違其
心，亦似耕而食，鑿而飲，熙熙恰恰一陶人也。或陶人而語陶，
固陶人之本色；即陶人而不語陶，亦未始不本陶人之心，化陶人
之語而出之也。〔註60〕

古人重視科舉功名，而陶人為工匠，清初始廢除匠籍，故匠人地位不高，
然而唐英卻自比陶人，認為陶人之言爽直，發乎於心，而不若世人之修飾矯
情。不論「有時守其心而無語」，亦或「有時藉其語以違其心」，均以陶人之心
而發陶人之語也。乾隆三年顧棟高編成《陶人心語》，為其作序者有高斌（1683
～1755）、李紱（1673～1750）、金德瑛（1701～1762）、顧棟高（1687～1759）、
趙大鯨（1681～1749）等。均為一時顯要或鴻儒，可見唐英交友甚廣且在當時
受人敬重。

《陶人心語》及《陶人心語續選》，內容豐富、體裁多樣，詩文呈現唐英
真摯、樸實、自然的情感，正如「陶人之心，發之於語以寫之也」。〔註61〕內
容除表現唐英思想，並呈現唐英四十七歲左右到七十二歲前後的生活紀錄。
另有《陶人心語手稿》則大約為唐英於乾隆十五年的手書日記。〔註62〕《陶
人心語》所含內容舉凡唐英家世生平，誠摯友情、公務往返、體恤陶工、遊覽
名勝、思慕親人、報效皇恩、訓勉子姪、日常生活等……。唐英雖無功名，但
詩文中則記諸多與淮、潯、粵地方士紳交流、官員互動往來，更描述士人讌
集、看戲、贈詩，飲酒、賞花等活動，可做為研究關於交遊圈及士紳生活方面
的資料。《陶人心語》和《陶人心語續選》將唐英其人其事、其言其行、其思
其慮均予保留，為研究唐英者提供重要之史料。

（二）窯務類——〈陶務敘略〉、〈陶成記事碑記〉、〈瓷務事宜示諭 稿序〉

雍正十三年唐英接管淮安關前，依過去七年窯務經驗寫下〈陶務敘略〉與

〔註60〕（清）唐英，〈陶人心語自序〉，收錄於張發穎主編，《唐英全集》，第1冊，
　　　　頁7～8。

〔註61〕（清）唐英，〈陶人心語自序〉，收錄於張發穎主編，《唐英全集》，第1冊，
　　　　頁7～8。

〔註62〕《陶人心語手稿》據北京國家圖書館藏本刊印。為唐英乾隆十五年前後幾年
　　　　之日記手本，內容豐富，題材廣泛，具有很高的史料價值。見張發穎主編，
　　　　《唐英全集》，第1冊，頁1。

〈陶成記事碑記〉兩篇，作為雍正時期於景德鎮務陶之總結。〈陶務敘略〉中，唐英述及受命皇恩，「雍正二年秋八月，怡賢親王口宣天命，命英監督江西窯務，且有工匠疾苦宜恤、商戶交易宜平之諭，大哉皇言，何其恩之周而慮之深也。」〔註63〕於景德鎮七載監督窯務，因念陶故細務，且陶器為世所必須，且製造亦為後所難免，於是將製造之器皿條目，款釉尺寸、工匠錢糧、賞勤勸惰之大略，紀錄條例，鑴於石，立珠山之陽，「埤後之繼英董理者，之所考稽審慎，共體我皇上恤民勤工之至意，庶無靡費擾眾之弊。」〔註64〕有延續及傳承之意。

〈陶成記事碑記〉則是〈陶務敘略〉中所稱，「鑴石於珠山之陽」的文字，內容大致分兩部分。除記錄雍正時期御窯廠歲例御貢瓷器達五十七種，另交代了唐英在景德鎮協造時，所燒製圓琢、次色瓷器的數量、支出經費及人員概況。其中時價採買毫無當官科派之累，證明雍正時期已行雇役制，不再造成民間製瓷壓力，甚至照顧窯工婚喪、勸賞、醫藥、置產，且記錄支領窯工費之在廠陶工數量為三百人，逐漸趨向官搭民燒形式。由淮安關支出八千兩，顯示御窯燒造經費固定，並自關稅贏餘支出，非用度無節制、支出無上限。〈陶成記事碑記〉可視為唐英在雍正年間窯務成就之總結，其中五十七種上貢御瓷，也可視為雍正時期御窯發展之成就。

〈瓷務事宜示諭藁序〉為唐英受命榷淮以後，「將歷年來事宜示諭諸藁，除散軼外撿其存者彙繕成帙，以志九載辦理之梗概，……使後之董是役者或有所採擇。……至於吾之子孫尤宜什襲藏之，不惟識此胼胝九載之心，且堪備異日，奴耕婢織之問，未可知也。」〔註65〕唐英記錄自己從對窯務從茫然不曉，到能使一切燒造事務「器不苦窳，人不勞憚」的心路歷程。他認為陶務得以有成者，實非偶然，故將歷年來之事宜示諭諸稿彙集，願能保存及流傳。〈瓷務事宜示諭藁序〉收於《陶人心語》卷六，雜著。僅錄序言，未見錄當時所彙繕成帙的內容。

（三）文字學類——《問奇典注》

《問奇典注》為唐英在訓詁學方面之成就，是一本字書。乾隆甲子

〔註63〕 雍正二年應為雍正六年，（清）唐英，〈陶務敘略〉，收錄於張發穎主編，《唐英全集》，第 4 冊，頁 1161。

〔註64〕 （清）唐英，〈陶務敘略〉，收錄於張發穎主編，《唐英全集》，第 4 冊，頁 1161。

〔註65〕 （清）唐英，〈瓷務事宜示諭藁序〉，《陶人心語》，收錄於張發穎主編，《唐英全集》，第 1 冊，頁 99～100。

（1744），唐英奉命権潯陽，得《問奇集》二冊，殘毀闕失，幾無可考。唐英將原著之張本、李輯本，通計二卷，加以增補修訂成六卷。〔註66〕顧錫鬯在〈問奇典注序〉中，區別《問奇典注》與其他流布於市的字書不同處，認為其名「問奇」則專門搜討奇字，加以解註，「凡屬奇字蒐羅殆盡，音切解註，點畫悉辨，瞭如指掌。」〔註67〕此書涵蓋內容豐富，無奇不有：

> 先生為是書也，隨所批閱卷帙，凡駢字之涉於疑似者，即字以審音、即音以辨義、究其原本而典則以昭，別其異同而訛謬以正。其於天文、地理、人事以及鳥獸、草木、蟲魚之屬無所不該。而六經、百子、史乘、雜著諸編，悉經經緯緯以燦著於其間。讀者但覺其光怪陸離如商彝周鼎之不少概見，遂驚而訝之以為奇，而實則何奇之有。〔註68〕

　　唐英好學，公餘之外「徵引典故，備註音釋，令搜奇者一展閱而得所依據」，〔註69〕書中內容包羅萬象，顯見唐英對學問的不懈及熱愛。今張發穎所編《唐英全集》中所錄之《問奇典注》，為遼寧圖書館藏乾隆古柏堂本影印。

（四）戲曲類——《古柏堂傳奇》

　　《古柏堂傳奇》亦為《燈月閑情》，為唐英戲曲之總集，今所傳古柏堂刊印本共十七種：《虞兮夢》、《傭中人》、《轉天心》、《笳騷》為唐英自創；《女彈詞》、《長生殿補闕》、《清忠譜正案》改編自前人傳奇加以增補；《英雄報》、《十字坡》、《三元報》、《梁上眼》、《天緣債》、《巧換緣》、《蘆花絮》、《梅龍鎮》、《麵缸笑》、《雙釘案》則為改編當時流行地方之花部諸腔。唐英

〔註66〕唐英所得一則廣陵李書雲垂鐫，一則明宗伯張位（1534～1610）所輯也。見（清）唐英，〈問奇典註序〉，收錄於張發穎主編，《唐英全集》，第4冊，頁1027。《問奇集》原為明朝張位所著，見 https://archive.org/details/02076867.cn/page/n8/mode/2up，查閱於：2020/5/21。清人李書雲則著有《問奇一覽》，另有《音韻須知》中國哲學書電子化計劃，可見全書翻印之圖檔，網址：https://ctext.org/library.pl?if=gb&res=95663，查閱於：2020/5/21。

〔註67〕（清）顧錫鬯，〈問奇典註序〉，收錄於張發穎主編，《唐英全集》，第4冊，頁1022。

〔註68〕（清）秦勇均，〈問奇典註序〉，收錄於張發穎主編，《唐英全集》，第4冊，頁1019。

〔註69〕（清）開泰，〈問奇典註序〉，收錄於張發穎主編，《唐英全集》，第4冊，頁1018。

在〈張堅夢中緣序〉中記到：

> 余陶榷西江二十年，量德來珠山溢浦間，無民社之責、案牘之勞，
> 故樂與文人學士相晉接詠。……余性嗜音樂，嘗戲編笳騷，轉天心，
> 虞分夢傳奇十數部，每張燈設饌。取諸院本置諸席上，聽伶兒歌之。

唐英利用公務之餘，完成劇作，並與當時著名劇作家密切往來。除羅致張堅（1681～1763）為幕友外，董榕（1711～1760）為《女彈詞》、《傭中人》、《天緣債》、《轉天心》、《清忠譜正案》等作品序；《蘆花絮》由蔣士銓（1725～1785）序之。唐英的劇作除《古柏堂傳奇》所錄之十七首外，恐尚有未錄之遺作，唐英〈予偶製旗亭飲小詞秀州陳山鶴閣而有作回和其原韻〉〔註70〕中提到的《旗亭飲》，與〈中秋日觀演邯鄲夢暨自製野慶諸雜劇〉〔註71〕中提到的《野慶》諸雜劇均不見傳。

吳梅在介紹中國戲曲時，提到清代的劇作家唐英，留下雜劇與傳奇的作品。〔註72〕周妙中在《清代戲曲史》中論及唐英的劇作《十字坡》、《打麵缸》、《釣金龜》、《雙釘記》、《秦雪梅吊孝》、《鞭打蘆花》、《梅龍鎮》等，對於京劇工作者及愛好者而言大約是無人不知。〔註73〕王瓈玲〈「改崑調合絲竹天道人心」──論唐英之戲劇教化觀與其「經典性」思維之建構〉說到：唐英的劇作，保留了「花雅融合」的軌跡。《古柏堂傳奇》所收十七種，體兼傳奇、雜劇，體製自由，長短不一，且頗多短小劇目。相較於傳統劇作，曲詞明顯減少，而說白的部分增加，且語言流暢生動。書名雖題為「傳奇」，但無論從題材、內容，還是藝術形式來看，其呈現出與前代乃至清代其他劇作家不同的風貌。〔註74〕

唐英將地方戲曲翻改劇目，改唱成崑腔，在康乾時期，中國戲曲正面臨花雅之爭，當時士人眼中，花部屬靡靡之聲，無法與崑曲的中正之聲同日而語。唐英固然愛好崑劇，觀劇也寫劇，甚至自蓄家班，於衙署的筵席上演出。然而他久居江西，正為弋陽腔發源處。九江一帶，民間演唱有高腔、石牌腔、

<hr />

〔註70〕（清）唐英，〈予偶製旗亭飲小詞秀州陳山鶴閣而有作回和其原韻〉，收錄於張發穎主編，《唐英全集》，第 1 冊，頁 192。

〔註71〕（清）唐英，〈中秋日觀演邯鄲夢暨自製野慶諸雜劇〉，收錄於張發穎主編，《唐英全集》，第 1 冊，頁 42。

〔註72〕吳梅，《中國戲曲概論》（臺北：廣文書局，1971），頁 109、125。

〔註73〕周妙中，《清代戲曲史》（河南：中州古籍出版社，1987），頁 200。

〔註74〕王瓈玲，〈「改崑調合絲竹天道人心」──論唐英之戲劇教化觀與其「經典性」思維之建構〉，《中國文哲研究集刊》，第 32 期，頁 74、81。

石牌腔、秦腔、梆子腔、亂彈等項名目。〔註75〕適逢花雅爭頌，唐英將劇作做出一些改革，〔註76〕使崑劇漸發展為既可演出也具純閱讀的新形態，在雅俗之間尋得一融合的途徑。

唐英劇作多取材下層人民生活，透過作品呈現教化世人，勸人向善之意。如《蘆花絮》一劇說的是閔子騫遭繼母虐待，用蘆花做冬衣，使他飽受嚴寒之苦，他卻未有一言，後被閔父發現，怒欲休妻，閔子騫卻反為繼母跪地求情，以「母在一子寒，母去二子單，勸爹留母在，保得一家安」〔註77〕，閔父乃將離書扯碎焚燒，最後一家和氣。繼母唱到：「夫君情復好，兒賢孝行高，仔細思量起，蠢拙自家招」。〔註78〕蔣士銓為此劇題辭言：

> 蓋天下無不是底父母，而古人有獨摯之真誠。故操履霜以自哀，庶
> 幾孝子，苟誦蓼莪而不哭，必係忍人。第學士葆爾秉彝，或可涵融
> 自盡，奈愚民勿於天性，必需感發乃堅。此有心世道者，往往即游
> 戲作菩提，藉謳歌為木鐸也。〔註79〕

蔣以為唐英藉謳歌為木鐸，透過此劇感發世人。

唐英創作劇曲，也將己化身劇中角色，以劇中人之言抒發情懷。如《虞兮夢》一劇，「陶成居士」出場時說道：「願學陶人不學仙，不堪傲世不求憐。半生事業詩囊外，一個珠山五色煙」。〔註80〕實為唐英一生為陶為宦之心情寫照。唐英縱不能任高官，居要職，卻仍然將傳統士人胸懷家國、心繫百姓視為己任。故而作品中多顯現人倫綱常、懲奸除惡、勸人向善、天理報應⋯⋯的思想，寓草偃之風、教化之行。

〔註75〕九江一帶，亂彈戲班也十分活躍，石牌腔、秦腔等，時來時去。參見〈乾隆隆四十六年江西巡撫郝碩覆奏遵旨查辦戲劇違礙字句〉，收錄於王利器輯錄，《元明清三代禁毀小說戲曲史料》，頁117。轉引自王瓊玲，〈改崑調合絲竹天道人心〉——論唐英之戲劇教化觀與其「經典性」思維之建構〉，頁77。

〔註76〕吸取了花部戲在情節結構、人物塑造和情感表達上的優點，使他創作的昆劇呈現出了新的面貌。見王永恩，〈接納與俯視——論唐英對花部劇碼的重寫〉，《戲曲藝術》，第3期，2018，頁55。

〔註77〕（清）唐英，〈諫圖〉，《蘆花絮》，收錄於張發穎主編，《唐英全集》，第3冊，頁861。

〔註78〕（清）唐英，〈諫圖〉，《蘆花絮》，收錄於張發穎主編，《唐英全集》，第3冊，頁866。

〔註79〕（清）蔣士銓，〈蘆花絮序〉，收錄於張發穎主編，《唐英全集》，第3冊，頁851。

〔註80〕（清）唐英，〈賞花〉，《虞兮夢》，收錄於張發穎主編，《唐英全集》，第3冊，頁709。

第二節 唐英之交遊

唐英一生交友廣闊,從高官顯要、地方督臣、士紳文人,到鄉野陶工漁人、方丈僧侶等。他常將友人相關的互動記於《陶人心語》中。唐英待人真誠,不分貴賤,清人錢陳群(1690~1774)《香樹齋詩文集》中記到:「先生詩每先成風格豪邁,如其為人,性曠達不羈,寒士喜緩急人於困厄中,幕下士相依者多不忍去。」〔註81〕他慷慨仗義,將任職九江官之俸祿「潤救才士」,自己卻「窮單寒已……公身不充,揮攉至帑落」,〔註82〕清人馮詢(1796~1871)認為,唐英因為自己有才德,故能愛才惜才。於此將唐英交友略分為幕友下屬類、高官顯要類、詩文繪畫類、其他類,述之如後。

一、幕友下屬

此類為唐英在工作上的重要夥伴,顧棟高協助唐英完成詩文之匯集,吳堯圃與老格更輔佐唐英完成窯務的使命。唐英雖為主官,與僚屬互動卻經常展現珍重信賴,亦不吝讚賞與提攜。

(一)顧棟高

顧棟高(1679~1759)字復初、震滄、復祁、晚號左畬、無錫人。康熙六十年(1721)進士,授內閣中書。雍正年間修《河南省志》、《江南通志》。乾隆四年,課九江大孤山堂,七年又掌教淮陰書院,十一年撰修《淮安府志》,十四年因潛心經學受薦,然年事已高,不能供職,受國子監司業銜。乾隆二十二年(1757)遊幸江南時,賜書「傳經耆碩」,死後列清史儒林傳。〔註83〕

顧氏尤長《春秋》,另有《大儒粹語》、《春秋大事表》、《毛詩類釋》、《尚書質疑》、《萬卷樓文集》、《萬卷樓筆記》等著。顧棟高是唐英在九江的幕僚之一,〔註84〕乾隆三年,替唐英搜編詩文成集,唐英自題為《陶人心語》,計

〔註81〕 (清)錢陳群,〈跋唐俊公榷使自相吟卷子後〉,《香樹齋詩文集》續鈔,卷2,清乾隆刻本,頁852。取自北京愛如生數字化研究中心,《中國基本古籍庫》。

〔註82〕 (清)馮詢,〈觀蝸寄老人唐公唐英隸書遺墨〉,《子良詩存》,卷21,清刻本,頁340。取自北京愛如生數字化研究中心,《中國基本古籍庫》。

〔註83〕 康凱淋,〈顧棟高《春秋大事表》春秋學研究〉,輔仁大學中文系碩士論文,2006,頁10~11。

〔註84〕 「乾隆歲戊午,余客淮關榷使唐公幕」,見(清)顧棟高,〈可姬小傳顧序〉,收錄於張發穎主編,《唐英全集》,第1冊,頁117。

六卷。復又因「賦物遊山，集尋常應酬之作，俱蕭疎跌宕，出入畦廷之外，殘膏賸馥，不忍委棄，回復錄而傳之。」〔註85〕於是再將不忍委棄之詩文編成《陶人心語續選》九卷。顧氏為清初著名理學家李紱門人，故《陶人心語》書成詩，李紱亦為唐英作序。〔註86〕

（二）吳堯圃

吳堯圃（1691～1773），為唐英幕友，擅於繪畫，蔣仕銓〈吳堯圃傳〉中記到：

> 吳麐，字粟原，號堯圃，歙人也。美鬚眉，沖和謙，謹于書畫銅玉
> 法物，精鑒賞，尤邃于畫法，深厚蒼鬱，兼南宗荊、董各家之妙。
> 為嚴（年）希堯、唐英上客，海內論畫者咸推服。〔註87〕

唐英也曾讚許吳堯圃畫松：「吳生繪事稱神妙，造化落腕參靈奧」。〔註88〕唐英對吳堯圃十分倚重，雍正六年，唐英初赴景德鎮，對窯務茫然不曉。隔年，為研究古瓷鈞窯的燒製，派吳堯圃去均州查訪：

> 丈夫出門各有道，已知情深在懷抱，此行陶冶賴成功，鐘鼎尊罍關
> 國寶，瑰翡翠儔流傳，搜物探書尋故老。君不見善遊昔日太史公，
> 名山大川牧胸中。陶鎔一發天地秘，神功鬼斧驚才雄。〔註89〕

唐英對此行抱有很大的期許，故「倚閭白髮顒顒望」，企盼能尋得仿古之法。所幸吳堯圃不負所望，找到宋瓷鈞窯的殘片。乾隆六年，復製鈞窯有成，十二月唐英作〈瓷鹿告成喜成四絕句〉：

> 珍重宜春苑，銅牌已勒名。嘉賓詩載詠，頭角出陶成。
> 頭角出陶成，春遊瓊島東。繡衣隨玉輦，鳴已兆秋風。
> 鳴已兆秋風，青山久養茸。巀然頭角上，堯圃豢斑龍。

〔註85〕（清）顧棟高，〈陶人心語續選序〉，收錄於張發穎主編，《唐英全集》，第 1 冊，頁 127。

〔註86〕「公暇不廢翰墨，詩文盈帙，余門人顧震滄為選錄成集」見（清）李紱，〈陶人心語序〉，收錄於張發穎主編，《唐英全集》，第 1 冊，頁 4。

〔註87〕閔爾昌，《碑傳集補》，收錄於周駿富輯，《清代傳記叢刊》，（臺北：明文書局1986）。

〔註88〕（清）唐英，〈吳堯圃畫松戲題長歌〉，《陶人心語》，收錄於張發穎主編，《唐英全集》，第 1 冊，頁 15。

〔註89〕（清）唐英，〈春暮送吳堯圃之均州〉，《陶人心語》，收錄於張發穎主編，《唐英全集》，第 1 冊，頁 14。

　　　堯圃豢斑龍，雍時率舞逢。白雲泉外侶，應自羨陶熔。〔註90〕

詩中以瓷鹿比斑龍，瓷鹿形象俊美，連真鹿也羨之，讚譽吳堯圃對於鈞窯製成的貢獻。唐英身為御窯廠管理者，對於下屬真摯坦誠，不爭其功，以詩誌此，適成就陶瓷史上吳堯圃之貢獻。

（三）協造老格

　　老格是唐英督陶官任內最得力的助手，也是清代管理御窯廠最久的協造，蔡和璧認為，唐英因為有老格這個好助理，協助管理窯務，才造就精美無比的瓷器產生。〔註91〕老格其實不是唐英唯一的協造，在乾隆六年老格到廠之前，尚有催總默爾森額與員外郎六十三。〔註92〕不過乾隆五年（1740），默爾森額因抱病，無法監督，故使瓷器燒造粗糙，令唐英被責，〔註93〕之後內務府派員外郎六十三來接任。

　　六十三從前任藥房筆帖式，曾於年希堯任督陶官時期，與唐英在廠共同協辦窯務三年，對窯務頗為熟稔。〔註94〕但卻因往赴江西途中，令家人腰插

〔註90〕（清）唐英，〈瓷鹿告成喜成四絕句〉，《陶人心語續選》，收錄於張發穎主編，《唐英全集》，第1冊，頁212。

〔註91〕蔡和璧，〈監督官、協造與乾隆御窯興衰的關係〉，《故宮學術季刊》，第21卷第2期，頁42。

〔註92〕蔡和璧，〈監督官、協造與乾隆御窯興衰的關係〉，《故宮學術季刊》，第21卷第2期，頁43。

〔註93〕「自乾隆二年，催總默爾森額到廠之後，於二月初一日始開大工」見乾隆六年五月二十四日唐英奏摺。「默爾森額管理窯工僅止二年（乾隆二年二月至乾隆三年十二月），未能諳練深慮，以致瓷器糙粗數目減少」見乾隆三年十二月初六日海望奏摺，收錄於鐵源、李國榮，《清宮瓷器檔案全集》，卷1，頁282。「伏查上年（五年）秋間，正值監造催總默爾森額抱病之時，奴才又距廠三百餘里，不能逐件指點，以致所得瓷器，不無粗糙……」見乾隆六年五月二十四日唐英奏摺，收錄於鐵源、李國榮，《清宮瓷器檔案全集》，卷2，頁56。由以上奏摺可知，默爾森額為乾隆二年至五年御窯廠的協造。

〔註94〕乾隆五年，默爾森額因病無法協理窯務，十一月唐英奏請派員，於是內務府派任，由藥房筆帖式洊陞為員外郎的六十三負任接掌協造。「員外郎六十三，向日曾隨年希堯燒造瓷器三年，量能熟習」。見乾隆六年五月十九日海望奏摺。收錄於鐵源、李國榮，《清宮瓷器檔案全集》，卷2，頁53。又「今奉差協造之內務府員外郎六十三，從前由藥房筆帖式，同奴才在廠協辦三年，頗為熟諳。昨到九江，奴才又與彼細加講究……」見乾隆六年五月二十四日唐英奏摺。收錄於鐵源、李國榮，《清宮瓷器檔案全集》，卷2，頁55。由此可知，六十三在接替默爾森額之前，任筆帖式，曾於年希堯時期，與唐英一同協助處理御窯廠有關「買辦物料並錢糧出入之事」，並無燒造之責，實際協造者是唐英，所以之前不曾任唐英的協造，而共同協辦三年，亦未明日是哪三

白旗，書寫欽差等事，被遣令回京，到廠時間短暫。之後內務府「選得造辦處催總老格，人謹慎、活計諳練……，勤謹辦事明白，伊等雖未經燒造過瓷器，但在造辦處行走多年，造辦事務尚屬熟習，若唐英在彼指授，量一半年間，即能協辦燒造。」〔註95〕

　　老格於乾隆六年十二月十一日到廠任事，開啟唐英配老格的乾隆御窯最輝煌時期。過去因為宮中檔史料未輯出，故前人研究中，有些未能精確判斷老格之前的協造。例如蔡和璧認為：乾隆元年時，唐英升職，便由任職藥房筆帖式的六十三任監造，三年任滿，另派內務府的默爾森額繼任。也就是說，蔡以為乾隆元年到三年的協造是六十三，之後為默爾森額，默爾森額三年任期滿後，又調原來的六十三再度來廠辦理燒造。經過半年，第二度任職御窯廠的六十三是否為暫代？為什麼只任半年就換了老格，不得而知。〔註96〕

　　而余佩瑾則認為，蔡和璧視六十三是在默爾森額之前，和唐英一起駐廠工作三年的筆帖式之觀點，顯然需重新加以修正。對此余佩瑾提出：「乾隆二年、五年，唐英的助手都是默爾森額，乾隆六年的助手則為六十三和老格。」〔註97〕並未交代其中人事替換演變的脈絡。張德山雖指出，六十三曾經在雍正年間任筆帖式，協助過唐英督陶三年。但卻以為六十三不能勝任協造一職，他不久即被調回的原因，是六十三僅為負責主管帳目的筆帖式，而非熟悉燒造事務的協造，故而不能勝任。〔註98〕此亦對六十三遣調回京之事，未能辨明。

　　唐英因為大多時間身在九江關衙署，故對協造十分倚仗，查閱宮中檔可發現，乾隆六年以前，唐英曾多次因距離窯廠太遠，無法顧及御窯燒造數量與品質而被乾隆指責。〔註99〕老格到廠後，唐英旋即與老格協力，乾隆七年

年。而乾隆六年五月，受命擔任協造的六十三到廠，但因其「甫行在途，即爾不安本分，妄稱欽差，實屬愚昧」、「該員沿途不自檢束，招搖逗留」被安徽巡撫陳大受參奏，於文到日即遣令回京，八月十九日到京，故在廠時間極短。見乾隆六年五月十九日、乾隆六年十月十五日海望奏摺。收錄於鐵源、李國榮，《清宮瓷器檔案全集》，卷2，頁54、59。

〔註95〕乾隆六年七月二十一日海望奏摺。收錄於鐵源、李國榮，《清宮瓷器檔案全集》，卷2，頁58。

〔註96〕蔡和璧，〈監督官、協造與乾隆御窯興衰的關係〉，《故宮學術季刊》，第21卷第2期，頁42。

〔註97〕余佩瑾，〈乾隆官窯研究：做為聖王的理想意象〉，臺灣大學藝術史研究所博士論文，頁121。

〔註98〕張德山，《督陶官唐英》（北京：中國社會出版社，2007），頁242。

〔註99〕《乾隆二年各作成做活計清檔》中記到：「花瓶嘴子甚粗」、「釉水不清楚」等

（1742）十一月接獲御製詩，燒造成六對轎瓶，當時得到乾隆的稱許說：「所辦甚好。」〔註100〕同時，唐英也提到，「與監造之催總老格指點講究……近日在廠擬造之新樣各器，敬謹齎京恭呈。」〔註101〕

老格在唐英心中，定有相當分量，唐應將此次任務記載於〈恭記御製詩碑後敬賦小詩識事〉：「英，一微末小臣，承乏陶務，以一器之微，荷蒙睿製稱嘉……固不獨臣英、臣老格，敬銘夙夜，以圖報稱。」〔註102〕唐英不獨顯功勞，總是提攜老格。並又提到自己與老格，除將節次奉發與紙樣、木樣的傳辦物件燒造外，兩人齊力研發製造出了新樣。

乾隆七年以後唐英在奏摺中，多次提及與老格共同完成製造，「與催總老格，詳細講究，囑其如式辦理。」〔註103〕「與協造之催總老格，謹遵核減各條內指駁之處，一概小心更改。」〔註104〕「與協造之催總老格，敬謹製造，現得掛瓶四對……」〔註105〕直到乾隆十年二月，老格在廠期滿三年，唐英奏請老格留任。說明老格從初到窯廠，未諳燒造，唐英春秋二季視察窯廠時，均與老格細加講究，「老格亦留心學習，頗能領會，迄今三年漸就熟諳，故奴

字。收錄於鐵源、李國榮主編，《清宮瓷器檔案全集》，卷1，頁264。乾隆三年九月初十日總管內務府奏摺中提到，唐英燒造奉先殿祭祀所用瓷器，其中撿出瓷器「釉水不全」、「不堪應用相應退回」，於是要求唐英「照數賠補」。收錄於鐵源、李國榮主編，《清宮瓷器檔案全集》，卷1，頁281。乾隆六年五月二十日，唐英接獲怡親王諭字：「唐英燒造上色瓷器甚糙，釉水不好，瓷器內亦有破的……」，唐英雖解釋是因默爾森額抱病，加上唐英距廠三百餘里，無法親自逐漸指點。但乾隆卻更加指責他「不但去年，數年以來所燒者，遠遜雍正年間。」甚至要他將雍正十年至十三年，及乾隆元年至五年的燒造錢糧及解運數量，一一查明造冊奏聞。見乾隆六年五月二十四日唐英奏摺。見收錄於鐵源、李國榮主編，《清宮瓷器檔案全集》，卷2，頁55。

〔註100〕乾隆七年十一月十七日唐英奏摺。收錄於鐵源、李國榮主編，《清宮瓷器檔案全集》，卷2，頁148。

〔註101〕乾隆七年十一月十七日唐英奏摺。收錄於鐵源、李國榮主編，《清宮瓷器檔案全集》，卷2，頁148。

〔註102〕（清）唐英，〈恭記御製詩碑後敬賦小詩識事〉，《陶人心語》，收錄於張發穎主編，《唐英全集》，第1冊，頁104。

〔註103〕乾隆八年閏四月二十一日唐英奏摺。收錄於鐵源、李國榮主編，《清宮瓷器檔案全集》，卷2，頁211。

〔註104〕乾隆八年九月十七日唐英奏摺。收錄於鐵源、李國榮主編，《清宮瓷器檔案全集》，卷2，頁218。

〔註105〕乾隆八年九月十七日唐英奏摺。收錄於鐵源、李國榮主編，《清宮瓷器檔案全集》，卷2，頁219。

才雖不能常在窯廠，而近年瓷務亦得稍免歧誤。」〔註106〕

唐英認為，老格「為人安靜，辦事謹飭，不但燒造錢糧經手無誤，而於造作事宜亦漸致嫻熟，在窯廠實有裨益。」〔註107〕於是老格獲准再留三年。老格在唐英的調教下，可以獨力完成督燒窯器的使命，即使唐英於乾隆十五年調離九江關，改由惠色（？～1806）接管御窯燒造，老格依然「敬謹辦理，於錢量並無貽誤，即在廠工作不一，匠役眾多，亦皆駕御有方，俾各愛戴慴服。」〔註108〕此後，老格每三年任期屆滿，督陶官均請旨留任之，唐英死後老格仍繼續在廠協造。

除唐英外，老格先後歷經多位督陶官在任：惠色、尤拔世（？～1762）、舒善（生卒年不詳）、海福（生卒年不詳）及伊齡阿（？～1795）。直到乾隆三十三年（1768），老格六十五歲，因染患瘋痰病症，且精神語言俱屬恍惚，無法處理錢糧與督率工匠，於是伊齡阿奏請讓老格回旗調整。〔註109〕老格擁有高度的專業能力，在唐英的指導和自己的勤勉下，兩人可謂合作無間，相輔相成。老格也成為多位督陶官員仰賴的得力助手，是清代陶瓷史上歷任最久的協造，對乾隆時期御窯的成製，有相當的重要性。

二、藝文類

唐英的藝術才華除表現在製瓷外，其繪畫之成就亦斐然。他自稱師承王原祁，在造辦處當差時，負責畫樣，曾受到雍正賞識。此外，唐英擅長音律，不但觀劇也寫劇，其《古柏堂傳奇》雅俗共賞，唐英在江西任官近二十年，與當時在江西地區的劇作家張堅、董榕、蔣士銓等有所交流往來。

（一）王原祁

王原祁（1642～1715）、字茂京，號麓臺，太倉人。康熙庚戌（1670）進士，〔註110〕為王時敏（1592～1680）孫。繪畫師承家法，習五代、宋、元名

〔註106〕乾隆十年二月二十五日唐英奏摺。收錄於鐵源、李國榮主編，《清宮瓷器檔案全集》，卷2，頁357。

〔註107〕乾隆十年二月二十五日唐英奏摺。收錄於鐵源、李國榮主編，《清宮瓷器檔案全集》，卷2，頁357。

〔註108〕乾隆十六年七月十八日惠色奏摺，收錄於《宮中檔硃批奏摺》，第1輯，頁186。

〔註109〕乾隆三十三年十二月十八日九江關監督伊齡阿奏摺，收錄於鐵源、李國榮，《清宮瓷器檔案全集》，卷9，頁242。

〔註110〕（清）馮金伯，《國朝畫識》，卷5，清道光刻本，頁53。取自北京愛如生數字化研究中心，《中國基本古籍庫》。

家，于黃公望尤深。與王時敏、王鑑（1598～1677）、王翬（1632～1717）並稱清初「四王」，擅畫山水。其畫深得康熙皇帝的喜愛，供奉內廷，鑒定古今名人書畫，奉詔主持編纂《佩文齋書畫譜》和繪製《萬壽盛典圖》，官至戶部侍郎，故稱王司農。

唐英〈題羅梅仙畫山水小跋〉言到，康熙四十四年歲次乙酉（1705），唐英二十四歲，曾與王麓臺在海湧峰下同舟相遇，聽其論畫云：

> 意托於畫，畫所以寫意。意之雅俗，而畫之好醜，形之非苟焉已也。有志斯道者，當於筆外求筆，墨外用墨，丘壑探之冰雪襟懷，結構煉之爐冶造化。趣味在有意無意之間，彩澤含若隱若顯之際。虛定賓主，位置陰陽，務須從性分意見中流出……。作畫時如萬物皆備，置筆後一物不著，乃為身世在壺中跳出圈外，此則品高道勝也。〔註111〕

唐英當時侍奉內廷，是康熙的侍從，極有可能因而接觸受康熙賞識的王原祁，使日後唐英在畫作上有出色的表現。多年後，唐英憶述當年王原祁對畫作之評析，並自認師承於王。而唐英除陶藝之成就，在繪畫上亦留名青史，《清畫家詩史》云：唐英「工山水人物，畫法宋人。」〔註112〕《八旗畫錄》亦載：「歷代畫史彙傳云，工宋人山水、人物，能書。」〔註113〕

（二）張堅

張堅（1681～1763）字齊元，號漱石，別署洞庭山人、三崧先生，江蘇江寧人。由於鄉舉屢試不中，與仕宦無緣，於是四處遊任幕僚，曾於唐英門下。唐英在張堅《夢中緣》的序文中，記述他們相識結緣的經過。唐英在江西時，聽聞江西一秀才張堅，同為喜好劇曲，於是想以禮羅致，卻因張堅遊幕四方久不得見。己巳年（乾隆十四年），得知張堅在浙江，唐英於是派人前往迎之，張堅欣然來潯。兩人互相契合一同切磋，「公餘之下，分韻譙吟，殆無虛日。」〔註114〕

〔註111〕（清）唐英，〈題羅梅仙畫山水小跋〉，收錄於張發穎主編，《唐英全集》，第1冊，頁90。

〔註112〕（清）李濬之，《清畫家詩史》卷20，收錄於周駿富，《清代傳記叢刊》，頁707。

〔註113〕（清）李放，《八旗畫錄》卷6，收錄於周駿富，《清代傳記叢刊》，頁445。

〔註114〕（清）唐英，〈夢中緣序〉，收錄於張發穎主編，《唐英全集》，第3冊，頁700。

　　唐英將所編劇曲，與張堅分享，「編《笳騷》、《轉天心》、《虞兮夢》傳奇十數部，每張燈設饌，取諸院本置諸席上，聽伶兒歌之，先生擊節劇賞。」〔註115〕而張堅也將自己的作品《夢中緣》、《梅花簪》、《懷沙記》與《玉獅墜》四種，〔註116〕與唐英一起觀賞。唐英說：時人好張堅之作，張堅「著作頗富，而不自收拾，攜以出遊，時人得其片語隻字，遂裝而珍之，曰江南一秀才稿，而夢中緣尤膾炙人口。」〔註117〕唐英遂「欲代為開雕公諸同好，以垂不朽。」〔註118〕後來唐英調往粵海關，張堅則憚於路途遙遠而未一起前往，後應惠色之聘，留在九江。唐英在張堅《夢中緣》序中，讚許張堅之作：「其書將不久於輼櫝，而清萍結緣之藏，終必勝輝於文明之世也。」〔註119〕

（三）董榕

　　董榕（1711～1760）字念青、恆巖，號定巖，豐潤（於今河北）人。雍正十三年拔貢，廷試第一。官江西贛寧道。著有《庚洋集》、《庚溪集》、《詩意集》。〔註120〕

　　乾隆二十五年，母喪歸，泊舟滕王閣下，扶櫬返鄉，竟失足夜墮水死。〔註121〕董榕善詩文，著有傳奇《芝龕記》，內容以明末女將秦良玉（1574～1648）與沈雲英（1624～1660）勦賊故事為主線，雜采諸家薈說，貫串萬曆、天啟、崇禎三朝及明亡之始末。王瓊玲以為《芝龕記》是一部「以曲為史」的作品。〔註122〕唐英評《芝龕記》：「雖為傳奇，卻是一段有聲有色明史。」〔註123〕董

〔註115〕（清）唐英，〈夢中緣序〉，收錄於張發穎主編，《唐英全集》，第 3 冊，頁700。

〔註116〕張堅著有傳奇《夢中緣》、《梅花簪》、《懷沙記》、《玉獅墜》，合稱《玉燕堂四種曲》

〔註117〕（清）唐英，〈夢中緣序〉，收錄於張發穎主編，《唐英全集》，第 3 冊，頁700。

〔註118〕（清）唐英，〈夢中緣序〉，收錄於張發穎主編，《唐英全集》，第 3 冊，頁700。

〔註119〕（清）唐英，〈夢中緣序〉，收錄於張發穎主編，《唐英全集》，第 3 冊，頁700。

〔註120〕（清）陶樑《國朝畿輔詩傳》，據清道光十九年紅豆樹館刻本，卷33，頁488。取自北京愛如生數字化研究中心，《中國基本古籍庫》。

〔註121〕徐世昌，《晚晴簃詩匯》，卷68，民國退耕堂刻本，頁1456。取自北京愛如生數字化研究中心，《中國基本古籍庫》。

〔註122〕王瓊玲，〈「雖名傳奇，卻實是一段有聲有色明史」──論董榕《芝龕記》傳奇中之演史、評史與詮史〉，《戲曲研究》，第十三期，2014，頁63。

〔註123〕轉引自王瓊玲，〈「雖名傳奇，卻實是一段有聲有色明史」──論董榕《芝龕

榕作品尚有《庚洋集》、《庚溪集》、《詩意集》、《繁露樓集》、《周子全書》及《溟洋詩集》等。〔註124〕

　　董榕在任職之處施行惠政，〔註125〕公餘之時延禮名士，提倡風雅，當時則與尚未登進士的蔣士銓讌游，情誼尤深。〔註126〕由於董榕曾任於江西昌南（景德鎮所在）及九江，與唐英往來有地利之便，又有職務上的接觸，〔註127〕兩人在劇作上互相切磋。唐英《古柏堂傳奇》中，收錄董榕為其《女彈詞》、《傭中人》、《天緣債》、《轉天心》、《清忠譜正案》等作品所作序。

（四）蔣仕銓

　　蔣仕銓（1725～1784），字心餘、苕生，號藏園、清容居士、晚號定甫，江西鉛山人。《清史稿》記：

　　　　家故貧，四歲，母鍾氏授書，斷竹籤為點畫，攢簇成字教之。既長，工為文，喜吟詠。由舉人官中書。乾隆二十二年，成進士，授編修。文名藉甚，裘日修、彭元瑞〔註128〕並薦其才。旋乞病歸。帝屢從元

<hr>

〔註124〕 記》傳奇中之演史、評史與詮史〉，《戲曲研究》，頁61。

〔註124〕 王瓊玲，〈「雖名傳奇，卻實是一段有聲有色明史」——「雖名傳奇，卻實是一段有聲有色明史」——「雖名傳奇，卻實是一段有聲有色明史」——論董榕《芝龕記》傳奇中之演史、評史與詮史〉，《戲曲研究》，頁64～65。

〔註125〕 董榕所施惠政，例如：在新野時，遇到蟲災，人民以樹葉、水草充飢，董榕涕泣不忍目視，遂派人募賑。又賣家產，捐俸祿，施粥數月，救活許多百姓。在許州時，遇水決之患，董榕巡行勘查，搶救災民，不遺餘力。在九江時，將濂溪書院從低窪之夏家河側，遷移到蓮花洞山麓，開河引水入江，並修訂邑乘，禁止有損人倫及社會善良風氣之民俗。在金華任知府時，嚴禁溺女惡俗，令生女人家報官，贈穀三石。在江西時，刊印《廣生錄》對百姓宣導勸化，禁薄俗事八條，違者載入《莠民冊》，使無數女嬰免遭毒手，收到移風易俗的效果。轉引自周妙中，《清代戲曲史》，（河南：中州古籍出版社，1987），頁222～223。

〔註126〕 （清）陶樑《國朝畿輔詩傳》，據清道光十九年紅豆樹館刻本，卷33，頁488。取自北京愛如生數字化研究中心，《中國基本古籍庫》。

〔註127〕 乾隆二十一年唐英病逝時，董榕任九江知府，寅保將官印暫交予董榕，稱「乾隆十三年職父進京陛見時，所有九江官印務係交九江知府就近代管。」見國立故宮博物院圖書文獻處編，《宮中檔乾隆朝奏摺》，第15輯，頁85。此外，唐英每年春、秋二季赴御窯廠監督窯務，期間奏請將官印交由九江知府，日後形成循例。見乾隆四年六月二十五日唐英奏摺，收錄於張發穎主編，《唐英全集》，第4冊，頁1174。任九江知府的董榕，因職務關係，定增加與唐英彼此往來互動的會。

〔註128〕 裘日修（1712～1773）、彭元瑞（1731～1803）。

瑞詢之，元瑞之士銓母老對。帝賜詩元瑞，有「江西兩名士」之句。
士銓感恩眷，力疾起補官，記名以御史用。未幾，仍以病乞休，遂
卒，年六十二。〔註129〕

　　蔣仕銓少時曾受到金德瑛賞識，視為「孤鳳凰」，又與汪軔（1736～1792）、
楊垕（1736～1792）、趙由儀（1725～1747）稱譽「江西四才子」。〔註130〕乾
隆二十二年中進士，授翰林院編修。乾隆二十九年（1764）辭官南歸，曾講學
於浙江蕺山、廣東崇文、江蘇安定三處書院。

　　乾隆曾賜詩彭元瑞（1731～1803），詩中稱蔣士銓與彭元瑞兩人為「江右
兩名士」〔註131〕，士銓精通戲曲，工詩古文，與袁枚（1716～1797）、趙翼
（1727～1814）有三家之稱。〔註132〕著有《忠雅堂文集》、《忠雅堂詩集》、
《銅絃詞》、《藏園九種曲》等，其雜劇、傳奇戲曲作品不少，是清代著名劇作
家，其中《藏園九種曲》，被視為代表作。

　　唐英與蔣士銓結識時，唐英六十七歲，蔣士銓二十二歲，才剛中舉人。
〈和蔣孝廉見贈原韻其一〉中，唐英說自己「花甲週餘七度春」，〔註133〕此
時遇見蔣士銓，兩人雖有年齡、地位差距，然而彼此志趣相投，一見如故。唐
英識士銓為知音，詩中記到：「風塵隊裡多相識，雅韻之音子無外」。〔註134〕
兩人切磋作品，唐英並將自己的《蘆花絮》請蔣士銓序之。

　　乾隆十三年唐英入覲返回時，兩人曾在舟中朝夕相處，互相唱和。唐英
作〈提蔣苕生孝廉歸舟酒醒圖四截句〉〔註135〕，而蔣士銓留下〈琵琶亭別唐
蝸寄使君〉：「小立疏林落葉屯，白頭扶杖倚雙孫，僧無俗韻邀同坐，秋在漁

〔註129〕趙爾巽，《清史稿》，列傳272，民國十七年清史館本，頁21。取自北京愛如
　　　　生數字化研究中心，《中國基本古籍庫》。
〔註130〕（清）李成謀，《石鐘山志》，卷5，清光緒九年聽濤眺雨軒刻本，頁57。取
　　　　自北京愛如生數字化研究中心，《中國基本古籍庫》。
〔註131〕（清）錢林，《文獻徵存錄》，卷6，清咸豐八年有嘉樹軒刻本，頁300。取
　　　　自北京愛如生數字化研究中心，《中國基本古籍庫》。
〔註132〕（清）劉錦藻，《清續文獻通考》，卷277，經籍考21，民國景十通本，頁
　　　　4675。取自北京愛如生數字化研究中心，《中國基本古籍庫》。
〔註133〕（清）唐英，〈和蔣孝廉見贈原韻〉，《陶人心語》，收錄於張發穎主編，《唐
　　　　英全集》，第1冊，頁55。
〔註134〕（清）唐英，〈和蔣孝廉見贈原韻〉，《陶人心語》，收錄於張發穎主編，《唐
　　　　英全集》，第1冊，頁55，
〔註135〕（清）唐英，〈提蔣苕生孝廉歸舟酒醒圖四截句〉，《陶人心語手稿》，《唐英
　　　　全集》，第2冊，頁561。

舟喚到門，老樹四圍虛閣隱，晴嵐一終大江吞，青衫我亦多情者，不向東流落淚痕。」〔註136〕詩中陳述偕遊的情景，並對離別感到依依不捨。

三、高官顯要類

唐英友人眾多，亦不乏與高官顯要、地方督府往來，唯高斌與唐英友誼綿長。兩人年少共事，相知相惜，即便高斌後來成為乾隆的肱骨大臣，身居要職，然而兩人情誼仍然單純而真摯。

高斌（1683～1755年），字右文，號東軒，高佳氏，滿洲鑲黃旗人，乾隆皇帝慧賢貴妃之父。歷任內務府主事、蘇州織造、廣東布政使、浙江布政使、江蘇布政使、河南布政使、江甯織造、江南河道總督，官至吏部尚書、直隸總督、文淵閣大學士等職務，有《固哉草亭詩文集》。唐英與高斌同梓里，兩人少時同侍內廷，互為知交，同為內務府出身，晚年際遇迥不相同。唐英一直在內務府為皇帝當差，晚年授奉宸苑卿，〔註137〕高斌則治理河道有功，深受乾隆重器重。乾隆二十年，高斌七十二歲，在治河任上去世，諡號文定。

高斌在為唐英〈陶人心語序〉中說道：「唐俊公先生自少與予同侍內廷，長予一歲，而面貌相似，有初識予兩人者每誤認錯呼之……相與同殿侍直者幾十年。」〔註138〕唐英則在替高斌作〈固哉草亭詩序〉中說，高斌德業為天下聞望，如今兩人身分雲泥判隔。高斌卻不在乎兩人身分懸殊，仍將詩文寄于唐英，屬為之序。並曰：「我（高斌）兩人相知久，今鬢髮皤然老矣，而情交如舊，為我做序當與偶然契合泛泛做鋪張語者不同。」〔註139〕在高斌心中，唐英為深交舊識，不同於其他泛泛之交。

高斌讀唐英詩文有感道：

〔註136〕（清）蔣士銓，〈琵琶亭別唐蝸寄使君〉，《忠雅堂文集》卷1，嘉慶3年重刊本。

〔註137〕奉宸苑，清代內務府三院之一，掌苑囿事務，設兼管事務內大臣，無定員，卿二人，正三品，一由侍衛補授，一由內務府司官補授。見（清）黃本驥，《歷代職官表》，頁83。唐英任奉宸苑卿雖為正三品官，但僅是加恩賞銜，並非實官。

〔註138〕（清）高斌，〈陶人心語序〉，收錄於張發穎主編，《唐英全集》，第1冊，頁3。

〔註139〕（清）唐英，〈固哉草亭詩序〉，《陶人心語》，收錄於張發穎主編，《唐英全集》，第1冊，頁100。

先生（唐英）之心語吾深知之，其心忠厚惻怛之心也，故其詩與文則皆
忠厚惻怛之語……，予兩人今日雖暫相別，在歷二十餘年予亦幸得與先生年
俱臻耄耋，將復把晤歡聚於梓里。同樂康衢擊掌之歌，以悠遊於堯天舜日之
中，不亦共相愉快也乎。〔註140〕

高斌雖身居高官顯要，〔註141〕卻對兩人自年少相識，今仍相與，相約共老的
友情格外珍重。

　　唐英也在《陶人心語》中，留下與多篇與高斌有關的詩文。〔註142〕乾隆
元年，唐英奉命榷淮安關，高斌時任江南河道總督，故交重逢，互訴舊情。乾
隆三年，唐英奉調景德鎮將要離淮安關，臨行與作〈效古離別行一首贈高東
軒〉，當時因協造默爾森額抱病，致使御窯燒造粗糙，唐英被乾隆督責，於是
唐英請求回御窯廠專司窯務。此時的唐英或許對前途未知感到不安，向老友
言到：「君不見冷雪連朝迷古道，望失青青原上草。徬徨歧路歎亡羊，何堪驪
唱驚人老……」〔註143〕不料這一別再見竟是十年。乾隆十三年唐英入覲北上
回潯，途中道經淮陰，作〈秋日過淮陰留別高東軒相公〉：「忘分交情白髮新，
行神離合寸心真，又安赤子當丁卯（乾隆三年），在錫玄圭紀戊辰（乾隆十三
年）……」；〔註144〕又作〈留別高東軒相公之二〉，「淮市重來感舊遊，故人簪
盍恰深秋，互憐黃耈頻年別，怕聽驪歌三日留……」。〔註145〕久別重逢的老
友相見，不久又將離別。唐英於詩中註提到，黯然留連三日，然後悽愴分袂。
離別時，高斌以素心蘭見遺，而唐英則於舟中回寄予菊花，尤見兩人情誼真
切，質樸無華。

〔註140〕（清）高斌，〈陶人心語序〉，收錄於張發穎主編，《唐英全集》，第1冊，頁
　　　　3。

〔註141〕乾隆戊午（乾隆三年）高斌為唐英《陶人心語》作序時，任職江南河道總督，
　　　　且身為外戚。唐英則在淮安關榷關，兩人身分地位已懸殊。

〔註142〕〈效古離別行一首贈高東軒〉、〈戊午秋祀天妃后陪高東軒先生閱工〉、〈秋日
　　　　過淮陰留別高東軒相公〉、〈留別高東軒相公之二〉、〈高東軒相公以素心蘭見
　　　　遺賦此答謝〉、〈舟次維揚回寄高東軒相公菊花兼伴以詩〉、〈固哉草亭詩序〉、
　　　　〈積翠軒詩集序〉等。

〔註143〕（清）唐英，〈效古離別行一首贈高東軒〉，《陶人心語》，收錄於張發穎主編，
　　　　《唐英全集》，第1冊，頁16。

〔註144〕（清）唐英，〈秋日過淮陰留別高東軒相公〉，《陶人心語手稿》，收錄於張發
　　　　穎主編，《唐英全集》，第2冊，頁578。

〔註145〕（清）唐英，〈留別高東軒相公之二〉，《陶人心語手稿》，收錄於張發穎主編，
　　　　《唐英全集》，第2冊，頁582。

四、其他類

　　唐英的著作中所顯示其交遊者常跟地緣有關。詩文中記錄於景德鎮、江西及粵時期，與當地地方官員、秀才貢生等文人雅士之互動。此外也有不少僧人、方丈等塵俗之外的宗教人士，甚或鄉野漁樵、陶人等。例如他曾為布衣武寧劉子做《劉氏宗譜序》〔註146〕；屠者李文彬以紙乞書時，唐英也願意「戲成一截，書以付之」〔註147〕。〈送花吟〉有小序提到鄰叟送花：「自花朝迄今，才三日，送花者接踵四五至。位置蝸廬丈室中，盈幾累案，綠艷紅香，交加差錯，掩映偏反，幾使僊主人無坐臥處。」〔註148〕

　　〈送菊〉則記一位黃姓農民，於重陽日「以菊數叢見贈」，而唐英率賦小詩八首以答之。〔註149〕如此質樸坦率，不像百姓與官員間的關係，反倒像鄰居、朋友間的互動。在〈丙寅小陽月昌江泛舟其三〉中記載：「漁樵相習渾相識，笑指陶山榷水官」。〔註150〕由於唐英對人民親切，沒有官架子，又體恤窯工、熱心地方事務，於是與百姓有深厚的感情聯繫。唐英從粵海關再次回到景德鎮時，在〈重臨鎮廠感賦志事〉中記載著：「抵鎮日，渡昌江，闔鎮士民工賈群迓於兩岸，靡不咨嗟指點，嘆餘之龍鍾老憊者。且歡騰鼓舞，頗有故舊遠歸之意。」〔註151〕鎮民迎接唐英，就像見著久未重逢的老友一般，忠實而懇切地流露關懷與情感。

第三節　唐英詩文中的心境與生活

　　前人有關唐英之研究，常以陶瓷史出發，或探尋他戲曲創作的成就，但

〔註146〕「今劉子以布衣獨能盡心乎，尊祖敬宗之道兢兢於宗譜之修。」見（清）唐英，〈劉氏宗譜序〉，《陶人心語續選》，收錄於張發穎主編，《唐英全集》，第1冊，頁240。

〔註147〕（清）唐英，〈屠者李文彬以紙乞書戲成一截書以付之〉，《陶人心語續選》，收錄於張發穎主編，《唐英全集》，第1冊，頁323。

〔註148〕（清）唐英，〈送花吟〉，《陶人心語續選》，收錄於張發穎主編，《唐英全集》，第1冊，頁335。

〔註149〕（清）唐英，〈送菊〉，《陶人心語續選》，收錄於張發穎主編，《唐英全集》，第1冊，頁217。

〔註150〕（清）唐英，〈丙寅小陽月昌江泛舟其三〉，《陶人心語》，收錄於張發穎主編，《唐英全集》，第1冊，頁76。

〔註151〕（清）唐英，〈重臨鎮廠感賦志事〉，《陶人心語》，收錄於張發穎主編，《唐英全集》，第1冊，頁64。

甚少研究唐英之思想及生活。研究唐英詩文的學者不多，童光俠認為，唐英
在景德鎮時期留下不少吟詠風景、感嘆人生的詩。〔註152〕唐英藉遊山歷水，
感受自然風光、啟發藝術靈感、激發創造熱情。再透過詩歌流露對人生、社
會及官場的感悟，並展現其對陶業的執著。余鋒將唐英詩歌內容分為：感激
聖恩、力圖報效；陶瓷記事、勵精圖治；淡泊高遠、自戒自律；關心民生、士
庶擁戴；交友誠摯、情深誼厚；思家念親、歡欣團聚；精通諸藝、碩果累累。
再將其詩歌藝術特色歸為：善於寫景、精於畫物；情景理趣、統一融合；題材
豐富、見情見性；效果顯著、異彩紛呈；諸多體式、手法豐富。〔註153〕

　　唐英所留下詩文甚夥，所作詩文尤其重視發乎性情，他在《固哉草亭詩
序》中說：「詩何以傳，傳其性情之真而已，……以詩名家者不更僕數，如元
白之身督卿相而詩傳；郊島之屈抑下僚轗軻淪落而詩亦傳，雖有豐腴寒瘦之
不同，要皆不失性情之真」。〔註154〕唐英詩文著重「性情之真」，故其本人之
詩作想必亦然。本文試圖從唐英所著詩文，探悉其生平的重要精神思想與價
值觀，並呈現唐英的生活樣貌。

一、陶山榷水，遊訪名勝

　　《陶人心語》所輯詩文，大約始於唐英四十七歲，即其離開內廷，開始
在景德鎮督陶時期。唐英奉旨協理窯務，投身於陶瓷事業，也遠離宮廷政治
中心，及北方的家鄉。督陶榷關之餘，寄情山水、到訪名勝，藉緬懷古人寄託
胸中。他在〈偶得尋陽訪古圖並提幅末〉中曾言：「榷關初駐節，名勝慰生平」
〔註155〕對於一個大半輩子侍奉內廷的內務府包衣，被付予「工匠疾苦宜恤，
商戶交易宜平」〔註156〕的任務派到南方就職。

　　此後，依唐英詩文所記，除乾隆十三年及二十年曾入覲北上外，後半生

〔註152〕童光俠，〈唐英和他在景德鎮的詩歌創作〉，《景德鎮陶瓷》，第 10 卷第 1 期
　　　　（總第 87 期），2000 年，頁 33。
〔註153〕余鋒〈心正語清長歌行──淺論唐英詩歌〉，《景德鎮高專學報》，第 13 卷，
　　　　第 1 期，1993，頁 7～14。上述文章與余鋒、方文龍，〈論唐英詩歌〉，《江西
　　　　師範大學學報》，第 36 卷第 5 期，2003，頁 48～53，內容相同。
〔註154〕（清）唐英，〈固哉草亭詩序〉，《陶人心語》，收錄於張發穎主編，《唐英全
　　　　集》，第 1 冊，頁 100。
〔註155〕（清）唐英，〈偶得尋陽訪古圖並提幅末〉，《陶人心語》，收錄於張發穎主編，
　　　　《唐英全集》，第 1 冊，頁 24。
〔註156〕（清）唐英，〈陶務敘略〉，收錄於張發穎主編，《唐英全集》，第 4 冊，頁
　　　　1161。

涯，大都待在榷關及督陶的職務上。而南方山水景物，成為療慰他心靈的重要依靠。他曾在〈白雲山即事抒懷二首〉中記到：「醫俗甚於醫病急；愛山還比愛官濃。」〔註157〕李紱為《陶人心語》序曰：「內務府唐公少負奇質，工詩文書畫，……珠山、昌水見之筆墨為多。」〔註158〕

珠山是景德鎮御窯廠廠署所在，昌江流經浮梁，是為唐英春、秋二季，走水運從九江到御窯廠視陶所經之途徑。公務之餘，唐英走訪鄰近名勝，古蹟、寺廟、亭閣等處，多不勝數。筆者列數條僅為參之：〈仲春日登觀音閣〉〔註159〕、〈中秋日昌水泛舟文昌庵題辟〉〔註160〕、〈過劉伶臺〉〔註161〕、〈秋日瘦樓懷古〉〔註162〕〈雨遊白鹿洞〉〔註163〕、〈過周濂溪先生墓〉〔註164〕、〈已未首春將去淮陰過韓侯釣臺漂母祠〉〔註165〕、〈暮秋登任城太白樓〉〔註166〕等。所記因公往返，或偕友臨登，藉遊覽探舊懷古，留連塵世之外，半隱半仕，正如〈華寺峰望鄱陽湖匡廬即景有作〉中所言：「到此忘身世，胸塵萬斛清」。〔註167〕唐英走訪古蹟，時而激發劇作之靈感，訪閔子祠，作〈過閔子祠和壁上原韻〉，稱頌閔子騫：「孝哉兼德行，閔氏直傳今，一子全三子，兒心

〔註157〕（清）唐英，〈白雲山即事抒懷二首〉，《陶人心語》，收錄於張發穎主編，《唐英全集》，第1冊，頁61。

〔註158〕（清）李紱，〈陶人心語序〉，《陶人心語》，收錄於張發穎主編，《唐英全集》，第1冊，頁4。

〔註159〕（清）唐英，〈仲春日登觀音閣〉，《陶人心語》，收錄於張發穎主編，《唐英全集》，第1冊，頁19。

〔註160〕（清）唐英，〈中秋日昌水泛舟文昌庵題辟〉，《陶人心語》，收錄於張發穎主編，《唐英全集》，第1冊，頁19。

〔註161〕（清）唐英，〈過劉伶臺〉，《陶人心語》，收錄於張發穎主編，《唐英全集》，第1冊，頁22。

〔註162〕（清）唐英，〈秋日瘦樓懷古〉，《陶人心語》，收錄於張發穎主編，《唐英全集》，第1冊，頁24。

〔註163〕（清）唐英，〈雨遊白鹿洞〉，《陶人心語》，收錄於張發穎主編，《唐英全集》，第1冊，頁24。

〔註164〕（清）唐英，〈過周濂溪先生墓〉，《陶人心語》，收錄於張發穎主編，《唐英全集》，第1冊，頁24

〔註165〕（清）唐英，〈已未首春將去淮陰過韓侯釣臺漂母祠〉，《陶人心語》，收錄於張發穎主編，《唐英全集》，第1冊，頁23。

〔註166〕（清）唐英，〈暮秋登任城太白樓〉，《陶人心語》，收錄於張發穎主編，《唐英全集》，第1冊，頁57。

〔註167〕（清）唐英，〈華寺峰望鄱陽湖匡廬即景有作〉，《陶人心語》，收錄於張發穎主編，《唐英全集》，第1冊，頁30。

格母心」〔註168〕，並於《古柏堂傳奇》中寫下《蘆花絮》一劇。

〈山行喜晴〉記道：「仕隱渾忘我，徜徉興不窮」〔註169〕，即便只是從雲中透出的陽光；從林子裡吹拂的風；亦或孤村冒出的新綠；茅店開出的野花，都讓這自稱冷官閑署的督陶權使徜徉其間渾然忘我。甚至「由孤山至秀峰凡七十里山路欹險」，仍「遊興不辭遠，宵征捉晚程」〔註170〕，就算路途遙遠艱險，從午後出發，子夜才到，仍然興致盎然。有回唐英遊棲賢寺，遭遇風雨仍不減遊興，在〈冒雨遊棲賢寺〉中，唐英嘆道，從前賢人都能棲於此，而自己連要一覩都艱難。他還謙卑的挖苦自己：「賢不賢可知，或非棲者伍」。〔註171〕

唐英遍遊古剎佛寺，留詩如〈遊萬杉庵〉：「昨宿開仙寺，今朝又萬杉」。〔註172〕〈秀峰方丈假宿夜坐口占〉：「偶來山寺宿，幽境喜能探，……萬籟僧同定，閒雲護龍龕。」〔註173〕清幽的佛寺，僧人同修的超脫入定，或許是洗淨塵俗，忘卻煩憂的好去處。因此唐英也結識不少方丈、上人，例如：獅子庵的務中上人、九峰寺的近如上人、高旻寺的禪悅上人、贈唐英白蓮的雲籽上人、已經九十八歲的默默上人等。〈光孝寺僧圓德過訪彈琴口占二截句贈之〉〔註174〕記到：僧人圓德來訪，兩人於榷舍中彈琴，得來半日閒情。

由於唐英經常透過河運往返公務，文中亦記有關河運之事。乾隆十五年唐英奉命榷粵海關，〈南雄早發口占識事〉記唐英從江西赴廣東，沿途從南安府出發，度瘐嶺抵廣東之南雄府。先由湞水復接珠江，湞水發源地嶺峻源高，水勢涓潺不踰尺，故往來行於灘溪中。三百餘里，經始興縣則進入韶州府（今

〔註168〕（清）唐英，〈過閔子祠和壁上原韻〉，《陶人心語》，收錄於張發穎主編，《唐英全集》，第 1 冊，頁 29。
〔註169〕（清）唐英，〈山行喜晴〉，《陶人心語》，收錄於張發穎主編，《唐英全集》，第 1 冊，頁 25。
〔註170〕（清）唐英，〈遊孤山至秀峰凡七十里山路欹險且以午後發行於子夜方到口占志事〉，《陶人心語》，收錄於張發穎主編，《唐英全集》，第 1 冊，頁 27。
〔註171〕（清）唐英，〈冒雨遊棲賢寺〉，《陶人心語》，收錄於張發穎主編，《唐英全集》，第 1 冊，頁 11。
〔註172〕（清）唐英，〈遊萬杉庵〉，《陶人心語》，收錄於張發穎主編，《唐英全集》，第 1 冊，頁 24。
〔註173〕（清）唐英，〈秀峰方丈假宿夜坐口占〉，《陶人心語》，收錄於張發穎主編，《唐英全集》，第 1 冊，頁 27。
〔註174〕（清）唐英，〈光孝寺僧圓德過訪彈琴口占二截句贈之〉，《陶人心語》，收錄於張發穎主編，《唐英全集》，第 1 冊，頁 82。

廣東省韶關市），進入珠江船才可揚帆而行，直達會城。然而因為欠雨水涸，唐英原本擔心駁載維艱，無法順利成行，卻在登船前一日忽爾山雨滂沱，灘溪驟漲，所以船行順流直下，唐英頗感幸之，故記到：「天地有情憐客況，天波時雨順流風」。〔註175〕唐英記所到處，包含地名、地理位置、當地時節氣候等，除透過詩文表明情感、抒發心志，亦可作為地理學、或古代河運相關研究之參考資料。

二、文人讌集、觀劇、繪畫、作詩

　　唐英於詩文中經常提到與士紳、僚友舉行讌集，其中會有觀劇、飲酒、作詩、賞花等活動。不但與友人觀劇也寫劇，《古柏堂傳奇》即為他戲曲作品的集子。不僅如此，唐英還將劇作搬演，訓練家僮，〔註176〕蓄有家班。《陶人心語》及《陶人心語續選》中有許多詩文提及相關讌集的活動。現以其中數及有關者為例：

　　《陶人心語》卷三，〈月夜環翠亭納涼聽幕中諸友度曲有作〉、〈甲子重陽後一日，招友看菊優飲，翌日有賦詩投謝者，各賦七律一首覆答第三首〉小註中還記載當日在座者有：當時的淮寧令德化孝廉何孟摤與其侄何師堯及縣學諸生，而演出曲目「是日演文姬歸夏，十八拍曲一闋」。〔註177〕《陶人心語續選》卷二，有〈觀劇二截〉、〈戊午重陽前一日雨窗觀劇，急管繁弦，頗亂心曲，因正襟凝思，續潘邠老「滿城風雨」之句，默成七截八首，亦動中習靜之一法也〉、卷六〈立夏後二夜，雨窗觀劇，偶演予笳騷填詞，座上有擊節歎息

〔註175〕（清）唐英，〈南雄早發口占識事〉，《陶人心語》，收錄於張發穎主編，《唐英全集》，第1冊，頁80～81。

〔註176〕張發穎《唐英全集》中，收錄商盤詩十一首，其詩中言及唐英有家部：「公有家部，能歌自製樂府，《人寒》、《旗亭》諸曲，向曾聞之。」然而張發穎卻說：「蔣仕銓《忠雅堂集》中亦言唐英有家樂，但整個《唐英全集》未見唐氏自言及此。」見張發穎編，《唐英全集》，第4冊，頁1291。事實上，筆者爬梳唐英詩文，於《唐英全集》中所錄《陶人心語補遺》〈小筑園即事〉中記到：「歌教玉兒聲尚澀」，其下有小註：「家僮玉兒七齡能度曲」。《陶人心語續選》卷八，〈丙寅小陽月昌江泛舟即事十二首〉有：「雪兒低唱牡丹亭」，其下小註：「適家僮歌玉茗堂尋夢曲」。由資料中推斷，唐英訓練家中的童伎玉兒及雪兒，能習字書寫，並會審音度曲。

〔註177〕（清）唐英，〈月夜環翠亭納涼聽幕中諸友度曲有作〉、〈甲子重陽後一日，招友看菊優飲，翌日有賦詩投謝者，各賦七律一首覆答第三首〉分別收錄於《唐英全集》，第1冊，頁34、47。

形之吟詠者，率和原韻示之〉、卷七〈立夏日珠山邸署，觀劇頗佳，漫賦以贈〉、卷九〈丁卯中秋後一日，觀土梨園演雜劇，衝口成句，聊以解嘲〉〔註178〕等。

　　唐英經常於詩文中記載讌集或觀劇。透過唐英所記之詩文，發現與友人聚會、交流是公務生活以外很重要的一個部分。自明末以來，士人間蔚為風尚的戲曲活動，在唐英所處的江南士人文化圈中依然盛行，且樂此不疲。

　　繪畫亦是唐英經常於詩文中記錄的活動。雍正六年以前唐英在內務府當差，曾經負責畫樣〔註179〕，尤擅畫人物。〔註180〕因善繪，故而唐英在詩文中常記到有人向他求畫，或唐英也會作畫自娛。繪製蓮花〈題自畫墨蓮花〉〔註181〕、梅花、菊花，畫景〈自題畫山雨圖〉以「兼志生平遊覽中一清境也」〔註182〕道出，遊中繪下雨中山林的清境地。〈自題畫菊贈湖口舊令尹郭錦純〉，以圖贈友，還於圖中自題詩句，以寄離別之情。

　　當時唐英的畫應該頗有名氣，唐英將離淮安關去九江關時，新任的將軍向他索圖，或許是不甚熟稔的關係，唐英謙辭之，最後不敵盛情，記下「辛未嘉平月，余恭承量移潯榷之旨，將挂帆之前，署前新督將軍，索余著筆甚力，辭之不能，爰寫梅花一枝，並綴小詩應命。」〔註183〕

　　遊琵琶亭，或於琵琶亭題詩、會友，亦於詩文中常見。唐英曾出資重修琵琶亭，並記：「琵琶亭，唐白香山遺跡也，在九江榷署之左，相距不里許，

〔註178〕（清）唐英，〈觀劇二截〉、〈戊午重陽前一日雨窗觀劇，急管繁弦，頗亂心曲，因正襟凝思，續潘邠老「滿城風雨」之句，默成七截八首，亦動中習靜之一法也〉、〈立夏後二夜，雨窗觀劇，偶演予笳騷填詞，座上有擊節歎息形之吟詠者，率和原韻示之〉、〈立夏日珠山邸署，觀劇頗佳，漫賦以贈〉、〈丁卯中秋後一日，觀土梨園演雜劇，衝口成句，聊以解嘲〉分別收錄於，《唐英全集》，第1冊，頁147、148、252、282、349。

〔註179〕雍正元年二月六日記到：「本日怡親王諭，硝子石小碟玉尺，交唐英畫樣。」其餘尚有數條唐英畫樣資料，筆者暫列舉其一。見《清宮內務府造辦處檔案總彙》中之唐英〉，收錄於《唐英全集》，第4冊，頁1207。

〔註180〕雍正元年十一月初二日記到：「九洲清宴上先樓……美人畫一幅奉旨：畫的款式甚好，爾仍著唐英畫美人……」其餘尚有數條唐英畫樣資料，筆者暫列舉其一。見《清宮內務府造辦處檔案總彙》中之唐英〉，收錄於《唐英全集》，第4冊，頁1208。

〔註181〕（清）唐英，〈題自畫墨蓮花〉，《陶人心語》，收錄於張發穎主編，《唐英全集》，第1冊，頁80。

〔註182〕（清）唐英，〈自題畫山雨圖〉，《陶人心語》，收錄於張發穎主編，《唐英全集》，第1冊，頁77。

〔註183〕（清）唐英，〈自題畫菊贈湖口舊令尹郭錦純〉，《陶人心語》，收錄於張發穎主編，《唐英全集》，第1冊，頁80。

歷久傾圮。間有古今題詠碑碣，半淪沒於寒煙蔓草中……。於司榷江州，數至其地，不忍古蹟荒落，因捐俸新其亭。」〔註184〕唐英出資修葺琵琶亭，並作〈重修琵琶亭自記〉言及：「不忍名勝淪落，於是量節匕箸，經營葺補……，庶留先賢之遺韻，供後賢之遊觀。」〔註185〕之後唐英輯琵琶亭詩，促成文人雅士間以詩文唱和應酬，琵琶亭讌集因而成為當地美談。

嘉慶年間《熙朝新語》記：

> 琵琶亭在江西九江府潯陽江畔，題詠甚多。乾隆間，唐蝸寄英司榷九江，置紙筆於亭上，賈客能詩者輒令賦詩，開列姓名，交關吏投進。唐讀其詩，分高下以酬之。投贈無虛日，坐是虧累，變產以償，怡然絕不介意。去官後，過客思之，為建白太傅祠，肖唐公像於旁，至今尚存。〔註186〕

唐英榷九江時，琵琶亭讌集曾為騷人墨客發表作品、紓發情懷的平台。〈琵琶亭拙句二章、有神交三四友，自會城和寄者，因疊二韻復謝〉中，唐英回復詩友云：「神交呼吸皆知己，花想春風月想秋」。〔註187〕〈和葉幼清夏日遊琵琶亭六絕句原韻〉：「太傅詩情敢唱酬，我來撫檻問江流……」。〔註188〕

清人袁枚《隨園詩話》記到：「唐公號蝸寄老人，司九江關，懸紙墨筆硯于琵琶亭，客過有題詩者，命關吏開列姓名，以進公。讀其詩分高下，以酬贈之。」〔註189〕唐英可能透過詩傳，與當地更多文人相互結識。至少促成文人騷客間傳送詩文之雅好，唐英所作以琵琶亭為名的詩文也有不少。唐英在〈寄琵琶亭詩〉中記：「琵琶亭上近如何，聞道遊人逐漸多……」；另又記：「琵琶亭自葺補迄竣工於茲八載，惟今夏高軒大雅，墨客騷人絡繹相接，且佳篇名句珠玉琳琅，輝暎壁間洵勝事也，爰成里言以志，一時唱酬投贈之

〔註184〕（清）唐英，〈春遊琵琶新亭唱和草〉，《陶人心語》，收錄於張發穎主編，《唐英全集》，第1冊，頁44。

〔註185〕（清）唐英，〈重修琵琶亭自記〉，《陶人心語續選》，收錄於張發穎主編，《唐英全集》，第1冊（北京：學苑出版社，2008），頁308～309。

〔註186〕（清）余金，《熙朝新語》卷15，中國哲學書電子計畫，https://ctext.org/wiki.pl?if=gb&chapter=920035，查閱於：2020/5/25。

〔註187〕（清）唐英，〈琵琶亭拙句二章、有神交三四友，自會城和寄者，因疊二韻復謝〉，《陶人心語續選》，收錄於張發穎主編，《唐英全集》，第1冊，頁334。

〔註188〕（清）唐英，〈和葉幼清夏日遊琵琶亭六絕句原韻〉，《陶人心語續選》，收錄於張發穎主編，《唐英全集》，第1冊，頁342。

〔註189〕（清）袁枚，《隨園詩話》，卷3，清乾隆十四年刻本，頁46。取自北京愛如生數字化研究中心，《中國基本古籍庫》。

盛。」〔註 190〕可見當時有不少文人投詩唱和，而琵琶亭唱酬也成為士人展現風雅的平台。

三、壯志未酬、聖恩難報的思想

唐英出身包衣，早年即入宮述職，未進仕途，日後刻苦勵學，然仍不免抱憾，故其教子勤勉，求取功名，完成他的心願。所幸二子不負所望，〈自題漁濱課子圖小照〉中記到：唐英六十九歲時，長子文保繼承唐英舊職，供奉內廷；次子寅保先中鄉試，又中進士。唐英教子有方，兩子各有所成，他自以為幸，遂有感言：「天地君親之大恩，生生世世不能仰報於萬一。」並期勉二子「他日課子，當思汝父（指唐英自己）也。」〔註 191〕也在〈語文兒〉中要兒子記住：「從龍家訓在，忠孝外無傳」。〔註 192〕除了自己一輩子，連他的兩個兒子都蒙受皇恩，於是詩文中不斷反覆出現報效君恩的思想。

對於唐英來說，侍奉君王是為本分，在〈和答李仙蟠監司琵琶亭抒懷之作〉中，唐英自述：

> 馬足車塵五十年，磨涅未損性中天，東西朔南足跡遍，華翠豹尾隨盤旋。恩沐陶鑄三朝重，廿載西江五色煙，蕭騷白髮垂肩背，活活潑潑童心堅，童心活潑何妨老，分量志行自探討……〔註 193〕

身為包衣的他，侍奉君王歷經三朝五十多載。或許因心中曾有著雄心壯志，然而沒有科舉功名，僅能做個五品員外郎，做的是瓦缶的工作。

他曾自我解嘲著說：「閒鷗野鷺同悠悠，頭童齒豁不知倦，書山墨海恣遨遊，隨地隨緣隨分足。」〔註 194〕「白髮青衫陶榷吏，羞將瓦缶學雷鳴。」〔註 195〕他必須獲得皇帝的信賴，依靠皇帝的恩寵才能供養眾多家眷。於是又嘆

〔註 190〕（清）唐英，〈寄琵琶亭詩〉，《陶人心語續選》，收錄於張發穎主編，《唐英全集》，第 1 冊，頁 342。

〔註 191〕（清）唐英，〈自題漁濱課子圖小照〉，《陶人心語》，收錄於張發穎主編，《唐英全集》，第 1 冊，頁 115。

〔註 192〕（清）唐英，〈語文兒〉，《陶人心語》，收錄於張發穎主編，《唐英全集》，第 1 冊，頁 23。

〔註 193〕（清）唐英，〈和答李仙蟠監司琵琶亭抒懷之作〉，《陶人心語》，收錄於張發穎主編，《唐英全集》，第 1 冊，頁 18。

〔註 194〕（清）唐英，〈和答李仙蟠監司琵琶亭抒懷之作〉，《陶人心語》，收錄於張發穎主編，《唐英全集》，第 1 冊，頁 18。

〔註 195〕（清）唐英，〈盧秀才過訪兼贈以詩和其原韻答之〉，《陶人心語》，收錄於張發穎主編，《唐英全集》，第 1 冊，頁 66。

道：「耕牛無力甘蝸牛，蝸角有國鬥蠻觸，我厭煩囂但留殼，循墻書辟逐方圓，未能免俗聊隨俗」，〔註196〕並自稱蝸寄老人。

李紱為《陶人心語》作序，提到：「讀起蛟行見公憂國愛民之心；讀除夕憶禁中值宿詩，見公不忘君恩之心⋯⋯讀崔節孝詩施貞孝贊，見公重節孝端風化之心。」〔註197〕唐英縱然有濟民救世之志，身為皇帝的家奴，為皇帝效命就是他的職責。乾隆五年唐英替高斌詩集作序，當時唐英任職九江關監督兼理窯務，而高斌早已出掌過布政使，也兼管織造與鹽政，並管理河政，任江南河道總督。唐英言到自己與高斌均為內務府包衣，出身相同，而今高斌德業聞望，為天下共信，兩人的身分境遇有如「雲泥判隔」。〔註198〕唐英心中或許不免有些遺憾吧，所以在〈秋日書懷〉中感嘆「非分功名望已過，陶煙榷水鬢婆娑。」〔註199〕

上三旗包衣具備特殊才能而受聖眷，正如《曹寅與康熙》中史景遷提到，他們掌理重要職務，賦予特殊差事。〔註200〕曹寅與唐英正巧存在不少相似之處。於私，兩人均好詩文，具美學品味，與南方的仕紳文人往來密切；於公，他們同為皇帝的私家臣屬，被外放到地方掌管重要財稅職務，皇帝透過他們掌控財政大權，甚至安排子孫接替其原本的職務。〔註201〕至於唐英是否如史景遷研究的曹寅，成為皇帝的耳目，私底下蒐集情報？由於目前沒有具體史料而未能確知，但是唐英能歷經侍奉三朝，又掌重要稅關與錢糧，皇帝對其考察定不輕忽。所以他一定是要時時表現出忠誠，不斷提醒皇帝，自己是戰戰兢兢不忘皇恩的。

於是，他將自己寄託詩、書，寄情山水，把心力投注於燒製瓷器，成就御窯的發展。或許是他在無法求取功名以實踐儒家濟世思想之下，又能避開

〔註196〕 （清）唐英，〈和答李仙蟠監司琵琶亭抒懷之作〉，《陶人心語》，收錄於張發穎主編，《唐英全集》，第 1 冊，頁 18。

〔註197〕 （清）李紱，〈陶人心語序〉，收錄於張發穎主編，《唐英全集》，第 1 冊，頁 4。

〔註198〕 （清）唐英，〈固哉草亭詩序〉，《陶人心語》，收錄於張發穎主編，《唐英全集》，第 1 冊，頁 100。

〔註199〕 （清）唐英，〈秋日書懷其二〉，《陶人心語》，收錄於張發穎主編，《唐英全集》，第 1 冊，頁 45。

〔註200〕 史景遷（Jonathan D. Spence）著，溫洽溢譯，《曹寅與康熙》，（臺北：時報文化，2012），頁 23～24。

〔註201〕 康熙皇帝曾諭令曹頫過繼給曹寅當兒子，並承襲嗣父的官職。轉引自史景遷（Jonathan D. Spence）著，溫洽溢譯，《曹寅與康熙》，頁 237。

官場險惡的解脫之道。現列舉唐英不同年齡階段之詩文，呈現唐英自我期許及對皇恩的感念。

雍正六年，唐英初蒞景德鎮廠署，剛開始接觸御窯燒造，在〈戊申除夕偕幕中諸友守歲即席一首〉中說道：「四十七番鬚髮改，五千里外道途賒，官閒署冷窮方稱，不必奴星縛柳車。」〔註202〕似乎有點覺得自己被派到五千里外，做的官是遠離皇城佐理年希堯，管個御窯廠的閒冷之職。

乾隆元年，年希堯遭革職後，唐英接掌淮安關，榷淮三年，在〈即事〉中說自己「三年權使一身輕，束帶纓冠學送迎，冷熱面前陪色笑，馬牛風裡話生平。」〔註203〕學著官場送迎，適應宦情冷暖。如此「總為恩深難報稱」。然而鏡中鬚眉已老，連自己也感心驚。這年唐英五十七歲，權關的工作對唐英來說，比督陶複雜，時刻的戰戰兢兢更讓唐英自覺衰老。

〈書懷〉：「庸碌無他技，遭逢分已過，心田培雨露，宦海靜風波，花甲年如此，生成報若何，陶煙與榷水，白髮任婆娑。」〔註204〕唐英自述年已花甲卻無其他才能，要以何報君恩呢？應該就是督陶與權關了。他在另一首〈書懷〉記到：「陶山兼榷水，花甲已逢壬，心為情緣執，家隨宦況貧，無休自外事，有幾箇中人，矍鑠寧忘老，生成報未伸」〔註205〕時唐英六十一歲，寫下他願不顧自己的衰老，以伸未報之皇恩。

乾隆十三年，唐英六十七歲，奉命入京覲見，寫下〈奉命入覲途中恭賦二章〉：「成恩格外愁難報，犬馬心堅矢不磨」。〔註206〕〈冬夜雨窗四首其三〉又說到：「榷陶銜命駐江干，……宦情澹為酬恩熱，書癖忙因悟道難，檢點身名堪媿幸，不衫不履老郎官。」〔註207〕此時唐英年近七旬，為官心境澹然，為報酬君恩的意念卻是熱忱。

〔註202〕（清）唐英，〈戊申除夕偕幕中諸友守歲即席一首〉，《陶人心語》，收錄於張發穎主編，《唐英全集》，第 1 冊，頁 34。

〔註203〕（清）唐英，〈即事〉，《陶人心語》，收錄於張發穎主編，《唐英全集》，第 1 冊，頁 38。

〔註204〕（清）唐英，〈書懷〉，《陶人心語》，收錄於張發穎主編，《唐英全集》，第 1 冊，頁 26。

〔註205〕（清）唐英，〈書懷〉，《陶人心語》，收錄於張發穎主編，《唐英全集》，第 1 冊，頁 27。

〔註206〕（清）唐英，〈奉命入覲途中恭賦二章〉，《陶人心語》，收錄於張發穎主編，《唐英全集》，第 1 冊，頁 39

〔註207〕（清）唐英，〈冬夜雨窗四首其三〉，《陶人心語》，收錄於張發穎主編，《唐英全集》，第 1 冊，頁 52～53。

　　乾隆十六年端午節，正是唐英生辰，他於〈辛未端陽七旬初度口占〉寫道：「人生七十古來少，笑我懵騰七十年，隨分隨緣兒女債，半濃半淡利名天，身霑雨露同蒲艾，面染風塵久變遷，問水守株酬報職，敢因得失忘蹄筌。」〔註208〕對過往七十年的生涯，唐英又在詩文中自我解嘲，說到自己半醉半醒，神智不清的過了七十年。不為名利，只為兒女情債，在外就職多年早已面染風塵，榷關在他人眼中是為肥缺，唐英權僅視為謀求生計的方式或手段，不會為了得失而失去自我。

　　乾隆十八年（1753）唐英七十二歲，大半世羈棲榷陶，於此深有所感，認為自己事業上的成就並不高，侍奉君王時時謹慎惶恐，如履薄冰。〈癸酉元旦書懷〉記到：「榷陶年老大，身世境微茫，事業憑人笑，行藏只自商，深淵臨戰慄，冰薄履徬徨。」〔註209〕至於物質的需求，不是他的目標，只求依靠他的百口的家眷，能得溫飽，為償兒女債，而必須「唯諾應酬方」。

　　唐英質樸淡然的性格，在複雜爾虞的官場顯得「志苦生成根，情癡冷淡場，無營清自福，寡欲介為剛」。〔註210〕於是唐英半宦半隱，飲酒作詩，好與「真面目」的漁樵、陶人、方丈、僧人往來，而厭惡官員之間的虛假鋒芒，無怪乎唐英自詡為陶人，就是將其作為自我投射。

　　晚年唐英對自己的境遇，似乎也不再像五、六十歲，還冀望有機會闖蕩一番，此時唐英認為：「塞翁非重馬，列子豈亡羊」。〔註211〕的確他在仕途並未顯耀，不過卻在官場以外的場域，開闢了另一番輝煌成就。正如他自己謂到：「終始全人道，窮通守大防，勞臣七十二，抖擻作康強」。〔註212〕他不管官場權位，謹守本分、即使已經七十二歲，仍振作抖擻，不稍懈怠。

　　唐英掌御窯與榷關，任內務府員外郎，官職僅五品，不是甚麼重臣。乾隆二十年奉命入覲，受奉宸苑卿，雖為正三品官，但僅是加恩賞銜，並非實官。

〔註208〕（清）唐英，〈辛未端陽七旬初度口占〉，《陶人心語》，收錄於張發穎主編，《唐英全集》，第 1 冊，頁 61。

〔註209〕（清）唐英，〈癸酉元旦書懷〉，《陶人心語》，收錄於張發穎主編，《唐英全集》，第 1 冊，頁 33～34。

〔註210〕（清）唐英，〈癸酉元旦書懷〉，《陶人心語》，收錄於張發穎主編，《唐英全集》，第 1 冊，頁 33～34。

〔註211〕（清）唐英，〈癸酉元旦書懷〉，《陶人心語》，收錄於張發穎主編，《唐英全集》，第 1 冊，頁 33～34。

〔註212〕（清）唐英，〈癸酉元旦書懷〉，《陶人心語》，收錄於張發穎主編，《唐英全集》，第 1 冊，頁 33～34。

在臣子與家奴之間，沒有實權而享財富與皇寵，故一心報效皇恩。唐英於清代御窯發展的成就，也在他與皇帝之間，既能承和上意，又能務實地實踐中達成。

第四節　唐窯的時間問題

清代景德鎮所燒造之御窯，不同於明代以年號稱窯，〔註213〕而以督陶官之姓氏來命名，例如臧窯、〔註214〕郎窯、〔註215〕年窯〔註216〕及唐窯。《清史稿》：「英所造者，世稱『唐窯』。」〔註217〕《清史稿》中對於唐英督陶表現評價是：「任事最久，講求陶法，於泥土、釉料、坯胎，火候，具有心得，躬

〔註213〕明代官窯以年號為別，著名官窯例如：洪武窯（1369～1402）、永樂窯（1403～1424）、宣德窯（1426～1435）、成化窯（1465～1487）、弘治窯（1488～1505）、正德窯（1506～1521）、嘉靖窯（1522～1566）、隆慶窯（1567～1572）、萬曆窯（1573～1620）等。

〔註214〕臧窯代表康熙早期景德鎮之窯做，康熙二十二年（1681）工部虞衡司郎中臧應選奉命督造御窯，至康熙二十七年（1688）。據《景德鎮陶錄》載：「康熙年臧窯，廠器也。為督理官臧應選所造，土坯膩，質瑩薄，諸色兼備。有蛇皮綠、鱔魚黃、吉翠、黃斑點四種尤佳。其燒黃、燒紫、燒綠、吹紅、吹青者亦美，怠後之唐窯猶仿其釉色。」見（清）藍浦、鄭廷桂，〈國朝〉，《景德鎮陶錄》，《陶瓷譜錄十三種》，57 卷上，收錄於楊家駱主編，《藝術叢編第一集》，第 33 冊，頁 127。

〔註215〕康熙四十四年（1705 年）到五十一年（1712 年），江西任巡撫郎廷極主持御窯廠所燒製的瓷器，習慣上稱郎窯。與郎廷極同時期的許謹齋在〈郎窯行戲呈紫衡中丞〉詩中也敘述了郎廷極督造瓷器的情況：「宣成陶器誇前朝，……邇來傑出推郎窯，……郎窯本以中丞名，……敏手居然稱國器，比視成宣欲亂真，乾坤萬象歸陶甄，雨過天青紅琢玉，貢之廊廟光鴻均。」轉引自鐵源、李國榮，《清宮瓷器檔案全集》，卷 1，頁 91。郎窯所燒最具代表稱做「郎窯紅」，郎窯可視為康熙晚期景德鎮燒製窯器的代表。

〔註216〕關於「年窯」是指，內務府總管年希堯任督陶官時期（雍正四年至十三年）所製之御窯。雍正四年，內務府總管年希堯奉命管理淮安板閘關，兼管景德鎮御窯廠窯務。雍正六年，內務府員外郎唐英奉命駐廠協理，年希堯則在淮安關透過每月兩次，由窯廠送樣呈覽，並透過管理淮安關稅之盈餘提供燒窯經費，御燒成之後，先至淮安關經年希堯確認數量及品質，再經運河解運至京，屬遠端監控及督導的負責人。《景德鎮陶錄》記載年窯：「選料奉造極其精雅，駐廠協理官每月於初二、十六兩期，解送色樣至關呈請，歲領關幣。琢器多卵色，圓類瑩素如銀，皆兼青彩或描錐暗花玲瓏，諸巧樣仿古創新實基於此。」見（清）藍浦、鄭廷桂，〈國朝〉，《景德鎮陶錄》，《陶瓷譜錄十三種》，57 卷上，收錄於楊家駱主編，《藝術叢編第一集》，第 33 冊，頁 127～128。

〔註217〕《清史稿》卷 510〈唐英傳〉，收錄於張發穎編，《唐英全集》，第 4 冊，頁 1290。

自指揮，又能卹工慎幣。」〔註218〕關於燒造技術、管理御窯廠及處理燒造錢糧成效方面，唐英在陶瓷史上之成就是受到肯定的。

由於唐英初赴景德鎮窯廠辦理窯務是在雍正六年，有些學者認為，唐英到景德鎮之後成為實際管理燒造御窯的人，〔註219〕更有學者將年窯的成就，視為唐英所為。〔註220〕筆者以為，釐清年希堯與唐英在景德鎮管理之關係，能將「年窯」及「唐窯」做明確劃分，亦說明清代御窯歷史的發展脈絡。

雍正四年，內務府總管年希堯奉命管理淮安關稅務，並兼管景德鎮御窯燒造。〔註221〕此時唐英並未在景德鎮，未參與甚至還不懂燒造御窯。於是觀察年希堯此時的作為，即能凸顯出年希堯是否對「年窯」的燒造有作出貢獻。

首先，年希堯於雍正四年八月十七日到達淮安關，旋即處理關稅查核，直到隔年正月初七才親赴窯廠查看瓷器燒造。然而雍正四年四月二十三日，於活計檔中出現「交江西燒造瓷器處燒造」〔註222〕的紀載，這表示年希堯到

〔註218〕《清史稿》卷510〈唐英傳〉，收錄於張發穎編，《唐英全集》，第4冊，頁1290。

〔註219〕宋伯胤討論唐英在瓷器燒造方面的成就時，是以雍正六年至乾隆二十一年的二十八年間為畫分。見宋伯胤，〈「陶人」唐英的「知陶」與「業陶」──試論唐英在中國陶瓷史上的地位與貢獻〉，《宋伯胤說瓷》，頁125。大陸學者趙宏認為：「雍正六年八月，即在唐英47歲的時候，他奉命到景德鎮佐理陶務、擔任駐御器廠的協理官。雖然這時候景德鎮御器廠窯務名義上由年希堯兼管，實際上一切具體燒造事宜都由唐英一人負責。」見趙宏，《中國古代仿古瓷》（北京：北京圖書館出版社，1997），頁70。余珮瑾：「談唐英監造的瓷器，年代理應涵蓋清雍正六年至乾隆二十一年。」見，〈唐英與雍乾之際官窯的關係─以清宮琺瑯彩瓷的繪製與燒造為例〉，《故宮學術季刊》，頁2。葉佩蘭：「雍正時期是唐英督陶之初，年希堯為督陶官，遙領瓷務，唐英充任駐禦窯廠協理官，協理窯務。那時年堯希不駐景德鎮，只在每年春秋到窯廠巡視兩次，所以景德鎮禦窯廠的一切工作都由唐英主持，全面負責官窯瓷器的燒造事宜。」見葉佩蘭，〈唐英及其助手的瓷成就〉，《中國古陶瓷研究》（北京：紫禁城出版社，2004），第10輯，頁203。

〔註220〕「雍正年間的御窯稱之為『年窯』，實際是唐英督造的，所以雍正六年以後的『年窯』，也可稱為『早期唐窯』。」見童書業、史學通，《中國瓷器史論叢》，頁79。

〔註221〕雍正四年十二月二十三日，年希堯奏：「臣蒙皇上天恩，命管淮安關務，於本年八月十七日到任……臣擬於次年正月初七日，由臣淮安權署啟行，前赴江西景德鎮，查看燒造瓷器……」見鐵源、李國榮，《清宮瓷器檔案全集》，卷1頁41。

〔註222〕《雍正四年各作成做活記清檔》，收錄於鐵源、李國榮，《清宮瓷器檔案全集》，卷1，頁48。年希堯於奏摺中提到，趙元四年到鎮鳩集工匠，但是天候正值冬寒水凍，只能蓋造坯房至辦器用，春天來時又無日不雨，坯胎未乾燥與窯

淮安關就職並兼管御窯廠窯務之前，御窯的燒製一直運作著。此「江西燒造瓷器處」在御窯廠未能恢復燒製前，即在江西以官搭民燒形式負責瓷器燒造，屬於業務管理單位，未必是瓷器燒造的場所。年希堯抵景德鎮後，清查康熙十九至二十五年燒造錢糧，俾除康熙年間由地方官府公捐及窯戶幫貼的陋習，並嚴飭郎中趙元執行一切窯工物料照時發給的規定。〔註223〕雍正指示「所辦未完事物，可著趙元接辦。一切圖樣從前所辦的□□皆留與趙元，一免重復，可明白知會伊等奉行。」〔註224〕說明協助關稅監督年希堯的是協理趙元。此後形成協理在景德鎮，而督陶官在掌管關務之下遙領窯務的形式。

年希堯赴淮安關掌管關務前，任內務府總管，其於雍正四年八月始到任淮安關，並兼管景德鎮窯務，然從《雍正四年各作成做活記清檔》來看，年希堯處理御窯之燒造，在赴景德鎮前即有相關紀錄。雍正四年五月十一日記到：「據圓明園來帖內稱，內務府總管年希堯傳旨，著畫燒瓷器樣子。欽此。」〔註225〕當時年希堯是以內務府總管身分，處理雍正御用所需，向造辦處傳達雍正皇帝對御用瓷器燒造的樣式。

此後則多有年希堯負責掌理燒造事務之紀錄。六月十一日記載：「……奉旨，此瓶顏色釉水雖好，稱不得上好，爾（員外郎海望）傳與年希堯再燒造時，比此顏色，釉水做精細著，款式亦更改些。再造辦處亦照此顏色、釉水合配著看。欽此。」〔註226〕七月、八月直至年希堯到任淮安關前，陸續有雍正交辦的燒造任務，可見年希堯於雍正四年八月赴淮關兼管窯務以前，即有負責御窯燒造的經驗，對御窯燒造已經有相當程度的執行成果。乾隆年間查禮（1716～1783）的〈年窯墨注歌〉，〔註227〕和阮葵生（1727～1789）的《茶餘

　　　　座潮濕的狀態不利燒造瓷器。而此處所記四年四月「交江西燒造瓷器處燒造」
　　　　的是官窯缸，極有可能此時在趙元的督理之下，御窯廠已能進行燒造，執行
　　　　雍正指示要燒製的瓷，然而當時年希堯尚未離開內務府到淮安關任職。
〔註223〕《雍正四年各作成做活記清檔》，收錄於鐵源、李國榮，《清宮瓷器檔案全集》，
　　　　卷1，頁63。
〔註224〕《雍正四年各作成做活記清檔》，收錄於鐵源、李國榮，《清宮瓷器檔案全集》，
　　　　卷1，頁64。
〔註225〕《雍正四年各作成做活記清檔》，收錄於鐵源、李國榮，《清宮瓷器檔案全集》，
　　　　卷1，頁49。
〔註226〕《雍正四年各作成做活記清檔》，收錄於鐵源、李國榮，《清宮瓷器檔案全集》，
　　　　卷1，頁50。
〔註227〕「國朝陶瓷美無匹，爾來年窯稱第一。不讓汝定官歌均，何況永樂之坯宣德
　　　　質。」見（清）查禮，〈年窯墨注歌〉，《銅鼓書堂遺稿》卷1，清乾隆查淳刻

客話》中已稱「年窯」，〔註228〕可見「年窯」之名是很早就有的。

　　若論唐英與年希堯之間，管理御窯的關係，可從年希堯〈重修烽火神廟碑記〉中得知。雍正六年「員外郎唐侯來，偕董其事」〔註229〕，也正是《景德鎮陶錄》中所言，唐英「佐年著美」〔註230〕，而偕、佐均有從旁協助的意思。固然年希堯未親自在御窯廠督理窯務，然而所有燒造的旨令均指名交與年希堯完成，此情形一直持續至雍正朝結束。這段時間因唐英來協理，年希堯提到：使「工益舉，而制日精」〔註231〕。此時，年希堯自稱其主要工作為「選擇包甌，由江達淮，咸革予之使院，轉而貢諸內廷焉。」〔註232〕

　　事實上，初到景德鎮的唐英並非立即對窯務上手，他在〈瓷務事宜示諭藁序〉中陳述其茫然不曉製陶之事，及惴惴不安辱命務公的心情：「陶固細事，但為有生所未經見，而物料火候與五行丹汞同其功，兼之摹古酌今，倣奔崇庫之式，茫然不曉，日為諾于工匠之意旨。惴惴焉惟辱命，誤公之是懼。」〔註233〕

　　由於製陶工藝複雜且專精，因懼無法達成聖命，固「用杜門、謝交游，聚精會神、苦心竭力，與工匠同其食息者三年。」〔註234〕用了三年時間與工匠們同息共食以學習，才言「物料、火候生剋變化之理，不敢謂全知……頗有得于抽添變通之道」。〔註235〕過去必須「唯諾于工匠意旨者，今可出其意旨，以為諾夫工匠矣。」〔註236〕這三年的付出，已使唐英對燒製陶器的專業

　　　　　　本，頁 7～8。取自北京愛如生數字化研究中心，《中國基本古籍庫》。

〔註228〕「近則年窯、唐窯。皆入賞鑒。」見（清）阮葵生，《茶餘客話》，卷 20〈磁器〉，（北京：中華書局，1959），頁 587。

〔註229〕（清）藍浦、鄭廷桂，〈陶說雜編（上）〉，《景德鎮陶錄》，《陶瓷譜錄十三種》，57 卷上，收錄於楊家駱主編，《藝術叢編第一集》，第 33 冊，頁 173。

〔註230〕（清）藍浦、鄭廷桂，〈景德鎮歷代窯攷〉，《景德鎮陶錄》，《陶瓷譜錄十三種》，57 卷上，收錄於楊家駱主編，《藝術叢編第一集》，第 33 冊，頁 128。

〔註231〕（清）藍浦、鄭廷桂，〈陶說雜編（上）〉，《景德鎮陶錄》，《陶瓷譜錄十三種》，57 卷上，收錄於楊家駱主編，《藝術叢編第一集》，第 33 冊，頁 173。

〔註232〕（清）藍浦、鄭廷桂，〈陶說雜編（上）〉，《景德鎮陶錄》，《陶瓷譜錄十三種》，57 卷上，收錄於楊家駱主編，《藝術叢編第一集》，第 33 冊，頁 173。

〔註233〕（清）唐英，〈瓷務事宜示諭藁序〉，《陶人心語》，收錄於張發穎編，《唐英全集》，第 1 冊，頁 99。

〔註234〕（清）唐英，〈瓷務事宜示諭藁序〉，《陶人心語》，收錄於張發穎編，《唐英全集》，第 1 冊，頁 99。

〔註235〕（清）唐英，〈瓷務事宜示諭藁序〉，《陶人心語》，收錄於張發穎編，《唐英全集》，第 1 冊，頁 99。

〔註236〕（清）唐英，〈瓷務事宜示諭藁序〉，《陶人心語》，收錄於張發穎編，《唐英

技術與知能上獨當一面，「因於泥土、釉料、胚胎、窯火諸務，研究探討往往得心應手。」〔註237〕不僅是管理燒造事務，其親身參與並從事設計及製作，這也是他日後成為督陶官，與過往及之後的督陶官員最大的差異。

雍正九年至十三年，唐英對製陶已有相當程度的把握，對於物料、火候的掌控與抽添變通的原則，雖不敢說全然通曉，但過往需要聽從工匠們旨意，如今自己提出的主張足以讓工匠們順服。此時唐英始漸展現其對御窯的影響力，不但在器物製造上擁有專業，能夠指揮工匠，在人事管理上亦盡到「賞勤儆怠、矜老恤孤」、「醫藥棺槨、拯災濟患」，以覆皇命「寓賑貸于造作中」，最終達到「器不苦窳，人不憚勞」的使命。〔註238〕故要論唐英真正在景德鎮御窯廠的成就，筆者以為最早只能從雍正九年以後算起。

筆者根據《清宮瓷器檔案全集》中所錄，年希堯管理淮安關兼管御窯廠期間，亦即雍正四年至十三年，皇帝對於江西造辦處或年希堯經辦瓷器燒造的之意見。期間多半為交代燒造的器型款式或釉水顏色等事項，且會從內務府交出瓷樣，有時鏇製木樣、繪製紙樣，經年希堯家人持去，要求必須照樣燒造。

較特別的是，有幾次雍正對御窯的燒造提出評論：如雍正四年十二月十三日，雍正表示江西燒造瓷器處進來的兩件茶圓，「釉水顏色俱好，但落款胎骨還糙。」〔註239〕除要求之後燒造胎骨要精細些，雍正還將聽聞「瓷器胎骨過三年以後燒造更好」〔註240〕的訊息傳達予年希堯。又如雍正八年十月二十六日提到，內務府總管年希堯燒來的仿鈞窯磁爐燒造得甚好，並要求年希堯照此樣再多燒幾件。〔註241〕

由於瓷器的燒造，均依照雍正皇帝的旨意，而旨意的傳達都為「交年希

全集》，第 1 冊，頁 99。

〔註237〕（清）唐英，〈瓷務事宜示諭藁序〉，《陶人心語》，收錄於張發穎編，《唐英全集》，第 1 冊，頁 99。

〔註238〕（清）唐英，〈瓷務事宜示諭藁序〉，《陶人心語》卷 6，《唐英全集》，第 1 冊，頁 99。

〔註239〕《雍正四年各作成做活記清檔》，收錄於鐵源、李國榮，《清宮瓷器檔案全集》，卷 1，頁 57。

〔註240〕《雍正四年各作成做活記清檔》，收錄於鐵源、李國榮，《清宮瓷器檔案全集》，卷 1，頁 57。

〔註241〕《雍正四年各作成做活記清檔》，收錄於鐵源、李國榮，《清宮瓷器檔案全集》，卷 1，頁 140。

堯燒造」，即便雍正六年後唐英已在景德鎮，甚至之後唐英對燒造及管理已有相當能力，然御窯燒造的主管負責人仍是年希堯，唐英算是得力的「協造」。就如日後乾隆時期唐英任督陶官所督造之御窯稱之「唐窯」，唐英本人除每年春、秋兩次親赴窯廠外，大多是在九江關管理關務，而由協造老格在景德鎮御窯廠負責處理燒造事務。

老格於乾隆六年十二月任職景德鎮御窯廠協造，共經歷唐英、惠色、尤拔世、舒善、海福及伊齡阿等九江關監督，直至乾隆三十三年（1768），老格「染患瘋痰，病症初時猶能照料公事，今則精神言語俱屬恍惚，步履維艱。」〔註242〕伊齡阿奏請老格回旗調養。乾隆三十四年（1769），六十六歲的老格離開御窯廠，總計擔任協造近二十九年，是清朝任最久的協造。

老格擔任協造的能力眾所皆知，不但受到歷任長官的信任，甚至依賴他以至不斷奏請留任，使原應三年一任的任期，竟被留任長達近三十年。雖然他輔佐多位督陶官之中，僅有唐英有能力製瓷，但繼「唐窯」之後，固然老格擔任協造成就卓越，仍未因此而以老格之名稱之。是以唐英擔任年希堯的協造時，御窯燒造成就還是屬於年希堯。

綜上所述，筆者認為「年窯」是雍正四年至雍正十三年，內務府總管年希堯管理淮安關務期間，兼管江西燒造處時所造之御窯。這時期協助年希堯的協造有趙元及唐英。唐英在雍正六年赴廠協理，經過三年努力，成為能夠獨當一面的協造，並展現燒造及管理的才能，協助年希堯以達成雍正在御窯燒造方面的指示，成就了雍正時期的藝術風格。而「唐窯」則是乾隆時期唐英管理淮安關及九江關關務，並兼管御窯廠窯務時所成就之瓷器燒製與藝術。〔註243〕此不僅是器物本身呈現之工藝技術；亦是乾隆皇帝的審美價值與窯治事業的實踐，象徵一個盛世時期帝王思想的實現成果。也就是說，「唐窯」一詞，不僅意味唐英督造御窯時期所造之器，其所呈現者，不同於康熙之臧窯與雍正之年窯，是包含乾隆皇帝與督陶官唐英之間互動交融出的風格與意象。

唐英於乾隆二十一年（1746）七月二十九日在署病故，尚有十九年至二

〔註242〕乾隆三十三年十二月十八日九江關監督伊齡阿奏摺，收錄於鐵源、李國榮，《清宮瓷器檔案全集》，卷9，頁242。

〔註243〕自乾隆元年元月唐英接替年希堯管理淮安關兼管窯務，至乾隆二十一年七月唐英卒，除乾隆十五年六月至十七年一月被派至粵海關不再兼管御窯外，其無論是掌理淮安關或九江關期間，均兼管景德鎮窯務。唐英掌理御窯廠任督陶官近二十年。

十一年次色瓷器未完成變價，由於其子寅保自乾隆四年八月，即獲准隨父在任協助窯務，〔註244〕故唐英死後，寅保替唐英完成最後變價銀兩的解交。〔註245〕往後寅保被調往其他職務，九江關與窯務由尤拔世接任，御窯廠則由唐英時期協造老格繼續協理，尚能維持一定的水準，直至乾隆三十四年以後，老格因病辭去，可說是唐英時期的完全結束。

〔註244〕乾隆四年八月十七日海望奏摺，收錄於鐵源、李國榮，《清宮瓷器檔案全集》，卷1，頁357。

〔註245〕乾隆二十一年十二月初十日總館內務府奏摺，收錄於鐵源、李國榮，《清宮瓷器檔案全集》，卷4，頁301。

第三章　陶為志榷為業

　　唐英在歷史上為著名的督陶官，於雍、乾時期燒造御窯聞名，其無論對御窯器物之仿古與創新，或對窯務制度的確立，以及提升燒造錢糧之管理效能等，均有重要的貢獻。然而督陶僅是兼任的業務，從唐英奏摺中自稱的職銜為「內務府員外郎管理淮安關務」、「內務府員外郎管理九江關務」即可窺見。督造御窯對於唐英而言是實際才華能力的展現，不過管理關務及收掌關稅卻為正職。榷、陶二字，可說是身為內務府包衣的唐英，肩負皇命之體現。

　　本章說明唐英在窯務及榷關之表現。第一節針對唐英對清代御窯制度的確立，及如何經營與推行加以說明。第二節是介紹唐英在御用瓷器燒造上的仿古與創新，並達成皇帝對御用瓷器的要求及品味。另外乾隆皇帝要求唐英替《陶冶圖》編寫圖說，以成就其達到對窯業要求的完美。第三節以唐英在督陶及榷關的職務上，以陶為志，榷為業，屢次任職重要稅關關差掌控錢糧，替皇帝辦差。除了通過嚴格的考核，使御用瓷器燒造之錢糧得以確保，並完成次色瓷器變價與其他相關內務府交辦的業務。清代稅關監督通常一年一任，唐英長時間在任的情況，突顯乾隆皇帝對其重視及信任。

第一節　唐英對窯務制度的經營與推行

　　清代御窯廠能穩定經營與發展，並造就許多工藝輝煌的瓷器作品，此與其擁有固定燒造經費的來源，及較進步的管理方式有關。雍正六年唐英從內務府造辦處郎中調任景德鎮，協理年希堯處理窯務。乾隆元年（1736），年希堯因在淮關「苛刻商民且縱容僕役恣肆妄行」〔註1〕獲罪，由唐英接管淮安關

〔註1〕中國第一歷史檔案館，《乾隆朝上諭檔》，第1冊，頁1。

關務兼掌御窯廠為督陶官。除曾有短暫兩年調任粵海關管理關稅外，直到乾隆二十一年（1756）唐英皆掌理窯務，對於清代的陶政有重要的影響。

一、盡搭民燒與時價採買

景德鎮御窯廠搭燒民窯的情況，在明代後期，因為匠籍制度的逐漸瓦解，與燒造數量增加，御器廠應付「部限」瓷器的燒造，而將額外指派的「欽限」瓷器於民窯內搭燒。清初延續明以來，將御用瓷器搭燒於民窯，一方面由於順治二年（1645）廢除匠籍制度，〔註2〕不但改變匠人身分，且官匠的數量也大為減少。另一方面，御窯廠曾於康熙十三年（1674）三藩之亂時遭毀，直到康熙十九（1680）年九月景德鎮才又恢復燒造。

二十年（1681）二月，派廣儲司郎中徐廷弼、主事李延禧，工部虞衡司郎中臧應選、筆帖式車爾德，駐廠督造，所製之器，均「實估價值，陸續進呈，凡工匠物料動支正項錢糧，按項給發，至於運費等項，毫不遺累地方，官民稱便。」〔註3〕資料中雖未說明當時御用瓷器是否在御窯廠內進行燒造，然而卻可見工匠工食、燒造所需物料、及運費，皆從正項錢糧中發給，不遺累地方。

明末以來，官搭民燒的實行，使工匠與窯戶得到應有報償，窯工因而發揮更高工作效能，此外御窯廠本身也免去建造修葺，節省經費支出。雍正年間，唐英在景德鎮時，即採行官搭民燒的形式，此雖非清代最早實行，然對御窯燒造的經營管理，產生正向且積極的影響。

唐英在〈陶成紀事碑記〉中記提到當時：「一應工價飯食、泥土釉料，俱照民間時價公平采買，毫無當官科派之累。」〔註4〕御窯的燒造不但完全無科派遺累於民，還對匠人照顧體恤：「眾工婚喪、勸賞以及醫藥、置產之用，並在於內」。〔註5〕歲於淮安板閘關錢糧八千兩中支用。陶匠均感念唐英督陶之

〔註2〕順治二年（1645）廢除匠籍：「前明之例，民以籍分，故有官籍、民籍、軍籍、醫、匠、驛、灶籍，皆世其業，以應差役，至是除之。其後民籍之外，惟灶丁為世業。」見鄭天挺，《清史》（臺北：雲龍出版社，2003），頁446。

〔註3〕錫惠、石景芬，〈地輿志3‧土產〉，《江西省饒州府志》，據清同治十一年刊本影印，《中國方志叢書華中地方》，第255號，頁528。

〔註4〕（清）唐英，〈陶成記事碑記〉，收錄於張發穎主編，《唐英全集》，第4冊，頁1162。

〔註5〕（清）唐英，〈陶成記事碑記〉，收錄於張發穎主編，《唐英全集》，第4冊，頁1162。

仁政，於〈唐公仁壽碑記〉中記到：「大人臨鎮以來，年年豐熟，大眾採買物料，在在公平……是以我等感仁感諭。」〔註6〕唐英提到當時「在廠工匠、辦事人役支領工值食用者，歲有三百餘名。」〔註7〕也就是說，唐英在雍正十三年（1735）寫成〈陶成紀事碑記〉，紀錄御窯廠內，固定支領工食的辦事人員及工匠，每年約有三百多人。

　　雍正年間，御窯廠燒造御窯即是以官搭民燒行之，一切費用均是從淮安關正項錢糧中支出，御窯廠已然從匠役制度演變為雇役制。乾隆八年（1743）唐英奉旨作〈陶冶圖說〉，其圖十五〈成坯入窯〉中，唐英描述說到：「瓷坯既成，裝以匣缽，送至窯戶家。」〔註8〕可見燒製御窯的程序，到了乾隆時期主要是在民窯中搭燒。官搭民燒制度到乾隆、嘉慶時，更為完善，在御窯廠的工匠及人役數量大大減少，幾乎盡搭民燒，《景德鎮陶錄》記載：

> 廠給工食人役：九江關總管專一名、內檔房書辦二名、選瓷房總頭目一名、副總頭一名、頭目七名、玉作二名、帖寫一名、畫樣一名、圓器頭一名、雕削頭一名、青花頭一名、滿窯一名、守坯房一名、挑夫一名、聽差一名、買辦一名、把門二名。以上二十八名。記工給食，其餘工作頭目，雇請俱給工價，於九江關道款內開報。〔註9〕

由上可知廠中支領工食的人役僅二十八名，搭燒民窯降低了御窯廠中人員需求的數量，也代表燒造任務的人事運作更具效能。而唐英沿襲將御器燒造搭燒民窯的形式，並體恤工匠，使工匠感懷其仁政，成為有效人事管理的督陶官典範。

　　此種盡搭民燒的形式，不但取代過往匠籍制度下剝削百姓勞力，使民苦不堪言的現象，且燒造所需物料，亦依時價公平採買，毫不遺累地方。因此，《陶說》序中說到，清代的御窯：「慎簡朝官，給糧與市肆，等且加厚焉，民

〔註6〕〈唐公仁壽碑記〉，此碑在為御器廠舊址，今景德鎮市政府。碑高180釐米，寬87釐米。為雍正十三年五月端節。敬祝唐英仁誕而立。碑文收錄於熊寥、熊微主編，《中國陶瓷古籍集成》（南昌：江西科學技術出版社，2000），第3卷，頁137。

〔註7〕（清）唐英，〈陶成記事碑記〉，收錄於張發穎主編，《唐英全集》，第4冊，頁1162。

〔註8〕〈陶冶圖編次〉又稱〈陶冶圖說〉。（清）唐英，〈陶冶圖編次〉，收錄於張發穎主編，《唐英全集》，第4冊，頁1168。

〔註9〕（清）藍浦、鄭廷桂，〈國朝御廠恭記〉，《景德鎮陶錄》，《陶瓷譜錄十三種》，57卷上，收錄於楊家駱主編，《藝術叢編第一集》，第33冊，頁65。

樂趨之。仰給於窯者，日數千人，窯戶率以此致富。以故不靳工、不惜費，所燒造每變而日上，較前代所艷稱，與金玉同珍者，有其過之無不及也。」〔註10〕不但因官搭民燒使數千窯民能得到較一般民窯行情更為豐厚的代價，且被搭燒的窯戶也因而致富。陶工在有報償的條件下工作，甚至收入高於民窯，自然願意貢獻心力，配合燒造，故使清代御窯作品之成就超越以往，如同金玉。

二、改變解運路線

　　本文第二章中曾提到，雍正時期，每年大運瓷器，均自江西景德鎮完成燒造之後送往淮安關，經淮安關監督〔註11〕年希堯篩選、裝匣後，解運至京。燒造經費亦自雍正五年（1727）始「歲用淮安板閘關錢糧八千兩」。〔註12〕而唐英對乾隆皇帝提出建言，改變了原本解運之路線及錢糧的支出。

　　淮安府〔註13〕居南北大運河之要地，黃河、淮河、運河，交匯於其西北之清口地方，河湖交錯，水運發達，乃江南一大都會。〔註14〕又明、清以來漕運總督〔註15〕駐紮於此，亦是鹽關重鎮。淮安關因其水上交通便利，為運河之要衝，又為漕運及河道管理行政中心〔註16〕，所以清初成為御窯

〔註10〕（清）朱琰，〈序〉，《陶說》，《陶瓷譜錄十三種》，57卷上，收錄於楊家駱主編，《藝術叢編第一集》，第33冊，頁53。

〔註11〕清代榷關的主要管理者可分為兩類，一是專差，如各關監督；二是兼差，如督撫兼管、福州將軍兼管等。專差官員一般又稱「監督」，是清朝中央政府駐各地的收稅官員。見祁美琴，〈關於清代榷關：「差官」問題的考察〉，《清史研究》，第4期，2003年11月，頁44。

〔註12〕（清）唐英，〈陶成記事碑記〉，收錄於張發穎主編，《唐英全集》，第4冊，頁1162。

〔註13〕位於今江蘇省淮安市淮安區。

〔註14〕何本方，〈淮安榷官簡論〉，《淮北煤師院學報》，第2、3期合刊，頁28。

〔註15〕漕運總督，是總管漕運之官，駐紮淮安。凡僉選運弁，修一到造漕船，徵收漕糧，兌運開幫，過淮盤掣，催儹重運，抵通稽核，查驗回空，核勘漂沒，督追漕欠及隨漕輕齎行月等項錢糧，由漕督總攬政令。凡直隸、山東、河南、江南、江西、浙江、湖廣等省經理漕務的文武官員，都受他的管轄節制。見李文治，江太新，《清代漕運》（北京：中華書局，1995），頁187。

〔註16〕清代的河道總督分為北河總督、東河總督和南河總督。其中北河總督和東河總督都是兼任，唯有南河總督是專任，這南河總督就是江南河道總督，駐淮安。河道總督的職責，主要是監督沿河文武官員，挑浚淤淺，修築堤岸，保護運道，同時負有催儹漕船輓運之責。見李文治，江太新，《清代漕運》，頁187。

瓷器運輸路線之轉運站。

　　乾隆元年（1736），唐英奉旨赴淮安關接替年希堯任淮安關監督，兼管窯務，一切燒造事宜仍延續雍正以來的規定。至乾隆四年正月二十日，唐英奉旨「燒造瓷器事務，令唐英專司」，〔註17〕故由淮安關轉赴景德鎮專管窯務。唐英為簡化窯務管理，提出應變策略。他上奏乾隆皇帝，說明從前「動用淮關銀兩，緣江西所造瓷器，先運至淮關署內配成匣座，轉運至京，所以動用淮關銀兩，庶覺便易。」〔註18〕

　　唐英替年希堯經辦窯務期間，已對配匣、解運之事甚為熟稔，自言：「自雍正六年出差窯廠，兩三年到淮一次，面與年希堯講究配座、解運諸事，是以乾隆元、二、三等三年，奴才在淮料理匣座、收拾解運不致有誤。」〔註19〕乾隆元年至三年，唐英任淮安關監督時即能獨當一面，處理一切有關匣座與解運之事。如今轉赴景德鎮專管窯務，早已是經驗豐富，胸有成竹，故請皇帝放心，唐英藉此奏請，燒造銀兩不必定由淮安關支出：

> 既不在淮配座解運，似不必專需淮關銀兩。現淮關去江西二千餘里，從前淮關解銀到廠，俱咨明兩江總督臣沿江撥兵護送，夜則寄貯地方官庫，未免文案聲揚。且恐傳造器多，每年一萬兩不敷所用，奏准之後，再移淮請領，往返動經數月，匠作人等不能停工以待。且今再用淮關銀兩，不無遠不及濟之虞。〔註20〕

　　唐英以一切燒造及解運事宜，為自己在景德鎮操辦，並希望就近改由九江關〔註21〕支出，以免錢糧撥送由淮繞道，耽延時日，又需撥兵護送，文案聲揚，同日奏折奏到：

> 奴才思江西有九江一關，附近窯廠二百四七里，移取甚便，或於九江關贏餘內每年動支一萬兩，如不敷用，再行奏請添支，年滿報銷。淮安、九江兩關均屬贏餘錢糧，一轉移之間，不獨於公事有濟，且

〔註17〕乾隆四年正月二十三日唐英奏摺，收錄於鐵源、李國榮，《清宮瓷器檔案全集》，卷1，頁353。

〔註18〕乾隆四年正月二十三日唐英奏摺，收錄於鐵源、李國榮，《清宮瓷器檔案全集》，卷1，頁354。

〔註19〕乾隆四年正月二十三日奏摺，收錄於鐵源、李國榮，《清宮瓷器檔案全集》，卷1，頁354。

〔註20〕乾隆四年正月二十三日唐英奏摺，收錄於鐵源、李國榮，《清宮瓷器檔案全集》，卷1，頁354。

〔註21〕九江，簡稱潯，位於今江西省九江市潯陽區。

免護送聲場之繁。〔註22〕

乾隆皇帝對於唐英的上奏請甚表認同，望唐英照此奏辦理，同時並命唐英管理九江關稅。〔註23〕

雍正年間，年希堯任淮安關監督，負責管理淮安關稅務，兼管窯務。然淮安關距離景德鎮兩千多里之遙，故無法直接赴廠監督窯務，年希堯負責撥發銀兩、傳遞燒造瓷樣、揀選上色瓷器及完成解運至京，實際燒造任務為唐英負責。唐英於乾隆四年奉命回到景德鎮專管瓷器，一切燒造事宜均親自包辦，在江西辦理妥當。若能自九江即直接運往京城，實沒有再取道淮關的必要。於是唐英主動奏請將燒造錢糧改由九江關支出，亦獲乾隆皇帝認同。

唐英專於窯務，忠於職責，固然冒昧瀆陳，然而因公籌畫，獲得朝廷同意，改變了清朝大運傳辦瓷器的路線。又因燒造錢糧就近由九江關支出，致使九江關監督亦成了兼管窯務之督陶官，此制也一直延續到清末。

三、次色瓷器的處理

窯廠燒造御用瓷器，除破損廢棄者外，燒成之器，挑選完好的為「上色」，落選的則稱為「次色」（亦稱腳貨次色腳貨）。唐英在〈陶冶圖編次〉第十九頁，束草裝桶的步驟中提到：「瓷器出窯，每分類揀選，以別上色、二色、三色、腳貨等名次，定價值高下，所有三色、腳貨即在本地貨賣。」〔註24〕官窯瓷器燒成之後，依品質分等次處理，上色瓷器解運進京供御用，其中品質較差的次色，即行在本地變價出售。按件估價，聽由商民購買，銷售所得的銀兩與公款無異，必須解交內務府造辦處，稱為次色變價。

有關清代官窯器次色的處理，可參考乾隆八年（1743）二月二十日唐英的奏摺：

> 奴才於雍正六年奉差江西，監造瓷器，自十月內到廠，即查得有次色腳貨一項，係選落之件。從前監造之員，以此項瓷器向無解交之例，隨散貯廠署，聽人匠使用，破損遺失……隨呈商總管年

〔註22〕乾隆四年正月二十三日唐英奏摺，收錄於鐵源、李國榮，《清宮瓷器檔案全集》，卷1，頁354。

〔註23〕「有旨命汝管理九將關稅務，至此即照此奏辦理可也。」見乾隆四年正月二十三日唐英奏摺，收錄於鐵源、李國榮，《清宮瓷器檔案全集》，卷1，頁355。

〔註24〕（清）唐英，〈陶冶圖編次〉，收錄於張發穎主編，《唐英全集》，第4冊，頁1168。

> 希堯將次色腳貨，按件酌估價值，造成黃冊，於每年大運之時一
> 併呈進，交貯內府。有可變價者，即在京變價，有可供賞賜者，
> 即留備賞用。〔註25〕

唐英在雍正六年，初次赴景德鎮，協助年希堯掌理窯務時，發現有關次色瓷器的處理方式沒有適當的準則，散落廠署，任人隨意使用。甚至「破損遺失，至燒成之器皿與原造之坯胎，所有數目具無從查核。」〔註26〕之後與年希堯商議，將次色瓷器按件估價，造成黃冊後，隨每年大運時，一併呈交內務府。若有變價，則在京變價，或當作賞賜、備用器皿的制度。此唐英赴廠監造後所建立的制度，自雍正七年（1729）持續執行至乾隆七年（1742）未曾改變。

乾隆七年十二月十二日，唐英接到養心殿造辦處來文，對於腳貨，有了新的處理方式：「嗣後腳貨，不必來京，即在本處（九江關）變價。欽此。……」〔註27〕於此，唐英提出必須遵體制、防藝越的理由：「今若將每年之次色腳貨於本地變價，則有力之窯戶，皆得借端影造，……而廠內選落之器，轉致壅滯，而不能變價，……至於黃器及五爪龍等件，尤為無可假借之器，似未變以次色變價，致本處窯戶偽造僭越，以紊定制。」〔註28〕希望「將此選落之黃器、五爪龍等件照舊酌估價值，以備查核，仍附運進京。……至如餘外選落之款釉花樣等件，……不許民窯書款仿造。」〔註29〕然而最終皇帝以「黃器如所請行。五爪龍者，外邊常有」，〔註30〕故仍照原議行。也就是說，自乾隆七年起，次色瓷器即必須在原地變價。

唐英所擔心的問題其實是變價不易的現實：「今若將每年之次色腳貨於本地變價，則有力之窯戶，皆得借端影造，無從查禁，恐一二年間，不但次色腳

〔註25〕　（清）唐英，乾隆八年二月二十七日〈請定次色瓷器變價之例以杜民謠冒濫摺〉，收錄於張發穎主編，《唐英全集》，第4冊，頁1182。

〔註26〕　（清）唐英，乾隆八年二月二十七日〈請定次色瓷器變價之例以杜民謠冒濫摺〉，收錄於張發穎主編，《唐英全集》，第4冊，頁1182。

〔註27〕　（清）唐英，乾隆八年二月二十七日〈請定次色瓷器變價之例以杜民謠冒濫摺〉，收錄於張發穎主編，《唐英全集》，第4冊，頁1182～1183。

〔註28〕　（清）唐英，乾隆八年二月二十七日〈請定次色瓷器變價之例以杜民謠冒濫摺〉，收錄於張發穎主編，《唐英全集》，第4冊，頁1182～1183。

〔註29〕　（清）唐英，乾隆八年二月二十七日〈請定次色瓷器變價之例以杜民謠冒濫摺〉，收錄於張發穎主編，《唐英全集》，第4冊，頁1183。

〔註30〕　（清）唐英，乾隆八年二月二十七日〈請定次色瓷器變價之例以杜民謠冒濫摺〉，收錄於張發穎主編，《唐英全集》，第4冊，頁1183。

貨一項其影造之，全美者亦得托名御器以射利。」〔註31〕就地變價有可能讓當地窯戶仿造，而仿造之器卻假借御器之名以牟利，甚至影響官窯次色瓷器的銷路。此外，若「俾偽造之廠器充盈海內，無論官器日就濫殤，而廠內選落之器轉致壅滯，而不能變價，則每年之次色約計價值不下二、三千兩，更恐難按年變交。」〔註32〕

次色變價的困難運作，及變價費用無法每年順利報銷，恐怕是唐英最大的擔心。自乾隆七年施行次色瓷變價銷售以來，唐英除卻乾隆十五（1750）、十六年（1751）調任廣東粵海關監督外，十餘年間一直在九江關兼管瓷器，然而直至乾隆二十一年（1756）唐英臨終前，才將前一任管理窯務，七年至十四年的變價銀兩償清。〔註33〕期間唐英在乾隆十二年（1747），還曾被被飭令「將應變價之次色瓷器作速變價解交造辦處查收」，〔註34〕次色變價之銀無法年清年償，亦成為唐英莫大的壓力。

乾隆二十一年五月，唐英再次因變價不易而奏請皇帝皇上教導，當時唐英又積欠了由粵海關復調九江關之後，乾隆十七年至二十一年的變價銀。〔註35〕唐英死後尚積欠十九至二十一年之變價銀，由次子寅保奉旨給限二年變售完解交內務府，〔註36〕可見次色變價行銷之艱難。〔註37〕

〔註31〕（清）唐英，乾隆八年二月二十七日〈請定次色瓷器變價之例以杜民謠冒濫摺〉，收錄於張發穎主編，《唐英全集》，第4冊，頁1183。

〔註32〕（清）唐英，乾隆八年二月二十七日〈請定次色瓷器變價之例以杜民謠冒濫摺〉，收錄於張發穎主編，《唐英全集》，第4冊，頁1183。

〔註33〕今查奴才前一任管理燒造瓷器，動用錢糧，以乾隆年分為始，於乾隆十一年經內務府奏定則例章程，著令永遠遵行。計自乾隆七年分起，至十四年止，節年動支錢糧，均各照例奏銷完案。應行變價之次色亦已按例估計，各年變價銀兩亦經清交養心殿造辦處，總收完訖。（清）唐英，乾隆二十一年七月初七日〈恭繳次色黃器及次色祭器摺〉，收錄於張發穎主編，《唐英全集》，第4冊，頁1200。

〔註34〕乾隆十二年十月初七日總管內務府奏摺，收錄於鐵源、李國榮，《清宮瓷器檔案全集》，卷3，頁70。

〔註35〕乾隆二十一年六月二十一日總管內務府奏摺，收錄於鐵源、李國榮，《清宮瓷器檔案全集》，卷4，頁296～297。

〔註36〕乾隆二十一年六月二十一日總管內務府奏摺，收錄於鐵源、李國榮，《清宮瓷器檔案全集》，卷4，頁301。

〔註37〕在乾隆十五、十六年惠色接替唐英出任景德鎮御窯廠監督，期間應行變價的次色價銀為2410兩。惠色同樣無法立即將次色變價銀核銷，乃於乾隆十八年時，才將帳目清交完畢。見（清）惠色，乾隆二十年三月二十七日〈奏為恭繳嬌黃次色瓷器摺〉，收錄於鐵源、李國榮，《清宮瓷器檔案全集》，卷4，

　　次色瓷器的銷售價格，應該是影響變價是否順利完成的最重要因素。由於次色仍屬官窯瓷器，其燒造成本較高，〔註 38〕若依民窯的價格銷售，勢必造成虧損。而次色瓷器之變價，應以多少成數虧折為依據？

　　乾隆十二年（1747）十月初七日，內務府上奏提到，次色變價虧折比例，為原制價銀之五成，破損瓷器為三成。〔註 39〕同一奏摺中，內務府依照唐英監造乾隆六年官窯所支出費用（乾隆六年的燒造錢糧，唐英於乾隆十二年才奏銷），與所燒得瓷器數量作為計算基準，〔註 40〕訂定次色和破損瓷器折價的成數。要求「嗣後次色瓷器變價虧折原製價定以三成，破損瓷器定以兩成，倘浮於此數，即著落唐英補賠，如此酌定核之實，在變價破損之數尚留有餘，該監督不致難於辦理。」〔註 41〕此後，次色瓷器的變價價格，則依照原製價銀的三成虧折計算，而瓷器若在製作或運送中破損，則以兩成製價銀的虧折比例計算。

　　如此的變革與制定的規範，顯示出乾隆皇帝對於官窯有更嚴格而精確的要求。即便過往不是很重視，甚至就地銷毀或流落在外的次色瓷器，都必須

　　　　頁 222。對於次色變價的不易，唐英在乾隆二十一年四月，曾上奏〈次色瓷器變價銷售不能年清年款摺〉當中提到，雖是落選之次色瓷器，仍屬官窯瓷器，其燒造成本「釉料既高，工價亦倍，非比民間常用器皿易於銷售。」見張發穎主編，《唐英全集》，第 4 冊，頁 1200。

〔註 38〕「至次色一項，原於火中取物，不能概登上選。其坯胎以迄入窯，所有工價、物價，原與上色一體費用。」見乾隆八年九月十七日唐英奏摺，收錄於鐵源、李國榮，《清宮瓷器檔案全集》，卷 2，頁 218。「官窯器皿，下以之貢獻於上，上以之賞賜於下，故同一顏色式樣之物，官窯必頗貴於客貨者半倍，或且倍蓰之。」見（清）寂園叟，《陶雅》，《陶瓷譜錄十三種》，57 卷下，收錄於楊家駱主編《藝術叢編第一集》，第 34 冊，卷上，頁 3。

〔註 39〕臣等查得九江關監督堂英報銷燒造瓷器一案，前經和碩怡親王弘曉果毅公，訥親內大臣海望奏准，次色器皿一項，變價數目虧折原製價不過五成，破損瓷器不過三成，均應免議。見乾隆十二年十月初七日內務府奏摺，收錄於鐵源、李國榮，《清宮瓷器檔案全集》，卷 3，頁 70。

〔註 40〕「今臣等查得乾隆六年分，共燒造過瓷器坯胎四萬兩千七百五十七件，共用過銀九千八百八十八兩四錢四分八釐四毫二絲。至變價次色瓷器，查得報銷冊內用過製價銀二千六百九十一兩六錢八分二釐八毫八絲。今估變價銀二千一百五十八兩一錢五分九釐，較對虧折僅止二成。破損瓷器六千八百七十一件，亦不至二成之數。」見乾隆十二年十月初七日總管內務府奏摺，收錄於鐵源、李國榮，《清宮瓷器檔案全集》，卷 3，頁 70。

〔註 41〕乾隆十二年十月初七日總管內務府奏摺，收錄於鐵源、李國榮，《清宮瓷器檔案全集》，卷 3，頁 70。

掌控。由控制錢糧，從而要求燒造品質，而唐英勢必在管理窯務方面，面臨更高的挑戰。

四、《燒造瓷器則例章程》的制定

為配合次色與破損瓷器的折價計算，實際製價銀的訂定將會是重要依據。於是唐英於乾隆十二年十月，「將圓琢瓷器所需泥土、釉料、工飯等項銀兩，按造法尺寸分別貴賤高次，逐一詳查，核造製價則例章程冊，呈送核定，奏明永遠遵行。」〔註42〕編訂《燒造瓷器則例章程冊》，於乾隆十二年呈交朝廷。則例章程冊詳細記錄了燒造各種圓、琢瓷器制價的方法和標準，使每一名款的瓷器依據此章程，都能夠計算出它的燒造成本。

第一部分為則例條目。分列出 25 項燒造瓷器所需物料與工序：泥土一項；各種器皿釉料一項；各種器皿做粗坯工飯一項；各種器皿做細工飯一項；雜用人夫一項；柴價一項；雜項器具傢伙一項；鑲方一項；印器工飯剞削工飯二項；錐拱一項；雕鏤一項；雕鏤玲瓏一項；畫青花一條；顏料一項；畫彩畫填二項；吹色一項；錐錦地一項；澆填爐工工飯一項；澆燒爐工工飯一項；燒爐工飯一項；炭價一項；細小琢器一項；論件一項。

第二部分為圓、琢兩項制價則例。依照寬壹寸，長壹尺，應用泥土、釉料、做坯、做細……等項銀兩，逐一分析。因燒造圓、琢瓷器物料工序有別，故制價則例大致是依 25 項則例條目（圓、琢器依其燒造需求，未必都是 25 項），再分別列出燒造各種瓷器的制價標準。例如：泥土一項。一霽青圓器，每尺泥土銀壹釐陸；一魚子紋汝釉圓器每尺泥土銀四釐，同為圓器，因不同樣款，所需泥土一項的物料價錢則有不同。而圓器與琢器工價、物料又所有差異，例如：燒爐工飯。一成窯五彩圓器每尺燒爐工飯銀玖釐；一成窯五彩琢器每尺燒爐工飯銀一分一釐。此外，也可從同一項則例條目中，比較出不同型制樣款的瓷器製價亦有所差異。例如：釉料。一霽青圓器每尺釉料銀柒釐；一魚子紋汝釉圓器每尺釉料銀六釐六毫；一霽紅圓器每尺釉料銀三釐。

〔註42〕（清）唐英，〈奏詳訂章程永遠遵行摺〉，收錄於鐵源、李國榮，《清宮瓷器檔案全集》，卷3，頁71。

表 2　唐英《燒造瓷器則例章程冊》

制價則例條目二十五項	圓、琢兩項制價則例 （圓、琢器依其燒造需求，未必都是 25 項）	
	圓器制價則例	琢器制價則例
1. 泥土一項	每尺泥土銀一厘六毫	每尺泥土銀二厘七毫
2. 各種器皿釉料一項	每尺釉料銀二厘七毫	每尺釉料銀三厘三毫；
3. 各種器皿做粗坯工飯一項		各種琢器每尺做坯工飯銀七厘二毫
4. 各種器皿做細工飯一項	每尺做細工飯銀五厘七毫	各種琢器每尺做細工飯銀三分二厘四毫
5. 雜用人夫一項	每尺雜用人夫工飯銀四厘一毫	各種琢器每尺雜用人夫工飯銀一分七厘毫
6. 柴價一項	每尺柴價銀二厘五毫	每尺柴價銀五厘二毫
7. 雜項器具家伙一項	每尺雜項器具家伙銀九毫	各種琢器每尺雜項器具家伙銀二厘一毫
8. 鑲方一項		各種琢器每尺鑲方工飯銀二分八厘
9. 印器工飯一項		各種琢器每尺印器工飯銀一分六厘二毫
10. 剜削工飯一項	每尺剜削工飯銀二分三厘	各種琢器每尺剜削工飯銀二分三厘
11. 錐拱一項	每尺錐拱工飯銀二分四厘	各種琢器每尺上等錐拱工飯銀二分四厘 各種琢器每尺次等錐拱工飯銀一分
12. 鏤雕一項		各種琢器每尺雕鏤工飯銀四分九厘
13. 鏤雕玲瓏一項		各種琢器每尺雕鏤玲瓏工飯銀八分
14. 畫青花一項	每尺畫青花工飯銀二分六厘五毫	
15. 顏料一項	每尺顏料銀三分	每尺顏料銀
16. 畫彩畫一項	每尺畫彩工飯銀五分	每尺畫彩工飯銀九分
17. 畫彩填一項		每尺畫填工飯銀一錢二分

18. 吹色一項	每尺吹色工飯銀二分五厘	每尺吹色工飯銀二分五厘
19. 錐錦地一項		每尺錐錦地工飯銀一錢零八厘
20. 澆填爐工工飯一項	嬌各色圓器每尺澆填爐工工飯銀二分	嬌各色琢器每尺澆填爐工工飯銀二分
21. 澆燒爐工工飯一項	嬌各色圓器每尺澆燒爐工工飯銀八厘	嬌各色琢器每尺澆爐工工飯銀八厘
22. 燒爐工飯一項	每尺燒爐工飯銀九厘	每尺貳次燒爐工飯銀二分二厘
23. 炭價一項	每尺炭價銀一分六厘	每尺貳次炭價銀四分
24. 細小琢器一項		
25. 論件一項	各種圓器每件款字銀五厘	各種琢器每件款字銀五厘 各種琢器每件彩款字工飯銀六分 各種琢器每件印接面雙環耳、雙喜耳等各式印接配飾工料銀一錢 各種琢器每件印接樽瓶口、壺嘴靶等各種印接配飾工料銀五分 各種洋彩琢器摹彩御寶工飯銀二錢四分

資料來源：（清）唐英，〈奏詳訂章程永遠遵行摺〉，《清宮瓷器檔案全集》，卷 3，頁 71～83。

內務府官員核算的方式，首先將奏報清冊上所報瓷器進行實地丈量折算，對照是否與清冊上所計數據相符，再將每一名款瓷器折算後之尺寸，依據《燒造瓷器則例章程冊》所定各項每尺計價銀為基準，加以相乘並加總，計算出的錢糧總數，再比對清冊中所呈報的錢糧數據。〔註43〕透過《燒造瓷器則例章程冊》的標準，依據每年督陶官所奏報共燒造圓、琢瓷器總件數，進呈上色圓、琢瓷器件數、次色嬌黃、次色圓、琢瓷器件數及破損圓琢瓷器件數，則能精準的估算出，共用過製價銀的錢糧總數，與變價次色瓷器用過制價銀的總數。再依原定燒造瓷器破損不過二成，次色變價銀兩與原燒造制價虧折不過三成之例，則能比對出奏銷錢糧數量是否與定例相符。

〔註43〕傅育紅，〈燒造瓷器章程制定後御窯燒造經費的核銷〉，《故宮博物院院刊》，第 6 期，2006 年，頁 77。

　　唐英能夠制訂出詳實而精確的《燒造瓷器則例章程冊》，顯示他在製瓷方面，歷經多年的實戰經驗，和管理的嚴謹態度。此章程成為內務府核銷燒造瓷器費用的依據，除代表皇帝對瓷器燒造經費的嚴格控管，也呼應先前所提到，燒造物料在時價採買上的精準確實。此成為唐英及繼任的督陶官，必須嚴格遵守的定例，可說是清代統治者對景德鎮官窯燒造經費管理的重要手段，同時也是對督陶官職能管理的有效措施。〔註44〕而唐英則為此燒造則例之制定起了關鍵作用。〔註45〕

第二節　唐英督造御窯之成就

　　唐英督造御窯之成就為世人肯定，所留下傳世物件為後人讚嘆，「唐窯」一詞馳名中外。其督造瓷器無論釉色、造型、彩繪、質地，均達前所未有的高度。因自幼行走內庭，多有機會接觸內務府造辦處器物，受之薰染。加以自身素養，又能體察上意，於乾隆時期多次提出創新，並受到皇帝的認同。仿古部分包括：仿製宋明時期官窯、各地方名窯，還仿西洋及東洋器皿，可謂陶瓷史上集大成者。

一、燒造工藝仿古與創新

　　唐英於乾隆元年作〈陶成紀事碑記〉，整理紀錄過去曾燒造之多達五十七種以上的各式器物。因其之後即奉命接掌淮安關，故〈陶成紀事碑記〉堪稱唐英在雍正年間，任職於景德鎮時製瓷成就之總結。

　　廠內所造各種釉水、款項甚多，不能備載。今舉其仿古、采今，宜於大小盤、杯、盅、碟、瓶、罍、尊、彝，歲例貢御者五十七種，開列於後，以志大概：

> 　　一、仿鐵骨大觀釉，有月白、粉青、大綠等三種，俱仿內發宋器色
> 　　　　澤。

[註44] 根據傅育紅例舉一則檔案，說明查核之精細及嚴格：唐英報銷乾隆七年
　　　　（1742）燒造錢糧時，「有修葺作坊、做盛瓷器桶盤、裝裱樣冊、修理棋牌並
　　　　雇載瓷器巴鬥船隻等六項，所用銀兩較前多用銀三十七兩八錢五分……著落
　　　　唐英賠補。」見傅育紅，〈燒造瓷器章程制定後御窯燒造經費的核銷〉，《故宮
　　　　博物院院刊》，頁77。
[註45] 傅育紅，〈燒造瓷器章程制定後御窯燒造經費的核銷〉，《故宮博物院院刊》，
　　　　頁79～80。

一、仿銅骨無紋汝釉，仿宋器貓食盤，人面洗色澤。

一、仿銅骨魚子紋汝釉，仿內發宋器色澤。

一、仿白定釉，止仿粉定一種，其上定未仿。

一、均釉，仿內發舊器，梅桂紫（玫瑰紫）海棠紅、茄花紫、梅子
　　青、騾肝馬肺五種外，新得新紫、米色、天藍、窯變四種。

一、仿宣窯霽紅，有鮮紅、寶石紅二種。

一、仿宣窯霽青，色澤泛紅，有橘皮棕眼。

一、仿廠官窯，有鱔魚黃、蛇皮綠、黃斑點三種。

一、仿龍泉釉，有淺深二種。

一、仿東青釉，有淺深二種。

一、仿米色宋釉，係從景德鎮東二十里外，地名湘湖，有故宋窯址，
　　覓得瓦礫，因仿其色澤款式。粉青色宋釉，其款式色澤同米色
　　宋釉，一處覓得。

一、仿油綠釉，係內發變舊器，色如碧雲，光彩中斑駁古雅。

一、爐鈞釉，色在廣東窯與宜興挂釉之間，而花紋流淌過之。

一、歐釉，仿舊歐姓釉，有紅、藍紋二種。

一、青點釉，仿內發廣窯舊器色澤。

一、月白釉，色微類大觀釉，白泥胎無紋，有淺深二種。

一、仿宣窯寶燒，有三魚、三果、三芝、五福四種。

一、仿龍泉寶燒，本朝新製，有三魚、三果、三芝、五福四種。

一、翡翠釉，仿內發素翠、青點、金點三種。

一、吹紅釉。

一、吹青釉。

一、仿永樂窯脫胎、素白、錐拱等器皿。

一、仿萬曆正德窯五彩器皿。

一、仿成化窯五彩器皿。

一、仿青花黃地章器皿。

一、新製法青釉，係新試配之釉，較霽青泛紅深翠，無橘皮棕眼。

一、仿西洋雕鑄像生器皿，五供、盤碟、瓶、合等項，畫之渲染，
　　亦仿西洋筆意。

一、仿澆黃燒綠錐花器皿。

一、仿澆黃器皿，有素地、錐花二種。

一、仿澆紫器皿，有素地、錐花二種。

一、錐花器皿，各種釉水俱有。

一、堆花器皿，各種袖水俱有。

一、抹紅器皿，仿舊。

一、彩紅器皿，仿舊。

一、西洋黃色器皿。

一、新製西洋紫色器皿。

一、新製抹銀器皿。

一、新製彩水墨器皿。

一、新製山水、人物、花卉、翎毛、仿筆墨濃淡之意。

一、仿宣窯填白器皿，有厚薄大小不等。

一、仿嘉窯青花。

一、仿成化窯淡描青花。

一、米色釉，與宋米色釉不同，有淺深二種。

一、釉里紅器皿，有通用紅釉繪畫者，有青葉紅花者。

一、仿紫金釉，有紅、黃二種。

二、澆黃五彩器皿，此種係新試所得。

一、仿澆綠器皿，有素地、錐花二種。

一、洋彩器皿，新仿西洋法瑯畫法，人物、山水、花卉、翎毛，無
　　不精細入神。

一、供花器皿，各種釉水俱有。

一、西洋紅色器皿。

一、新製仿烏金釉，黑地白花、黑地描金二種。

一、西洋綠色器皿。

一、新製西洋烏金器皿心。

一、新製抹金器皿。

一、仿東洋抹金器皿。

一、仿東洋抹銀器皿。〔註46〕

〔註46〕（清）唐英，《陶成紀事碑記》，收錄於張發穎主編，《唐英全集》，第4冊，
　　頁1162。

上述其仿古創新之作,於《清史稿》〈唐英傳〉亦有記到:「備載經費、工匠解額,臚列諸色瓷釉,仿古採今,凡五十七種。」〔註47〕唐英模仿古代官窯及著名窯器、亦仿製西洋、東洋等外國瓷器:「自宋大觀,明永樂、宣德、成化、嘉靖、萬曆諸官窯,及哥窯、定窯、均窯、龍泉窯、宜興窯,西洋、東洋諸器,皆有仿製。」〔註48〕在釉色上亦呈現各式豐富變化:

> 其釉色,有白粉青、大綠、米色、玫瑰紫、海棠紅、茄花紫、梅子青、騾肝、馬肺、天藍、霽紅、霽青、鱔魚黃、蛇皮綠、由綠、歐紅、歐藍、月白、翡翠、烏金、紫金諸種、又有澆黃、澆紫、澆綠、填白、描金、青花、水墨、五彩、錐花、拱花、抹金、抹銀諸名。〔註49〕

雍正六年唐英赴景德鎮窯廠後,即對仿古瓷器的製作尤為重視,隔年即派廠署幕友吳堯圃去調查鈞窯〔註50〕釉料的配置方法,並賦《春暮送吳堯圃之均州》一詩,紀錄對此行之充滿期許:

> 此行陶冶賴成功,鐘鼎尊罍關國寶。玫瑰翡翠倘流傳,搜物探書尋故老。君不見善遊昔日太史公,名山大川收胸中。陶鎔一發天地秘,神工鬼斧驚才雄。文章制度雖各別,以今仿古將毋同。不惜驪駒三迭唱,內顧無憂行色壯。〔註51〕

詩中透露吳堯圃透過搜物、探書、尋故老,欲探究恢復國寶製成之法,並讚

〔註47〕 趙爾巽,〈藝術四〉,《清史稿》,卷550,列傳292,收錄於周駿富,《清代傳記資料叢刊》,頁13926〜13927。〈唐英傳〉,《清史稿》卷510,收錄於張發穎主編,《唐英全集》,第4冊,頁1290。

〔註48〕 〈唐英傳〉,《清史稿》卷510,收錄於張發穎主編,《唐英全集》,第4冊,頁1290。2009年余珮瑾主持國科會研究計畫,提出〈匠作之外——從唐英〈陶成記事碑〉來看清雍正官窯的燒造〉,具體討論唐英所記錄的五十七種釉色,並與台北國立故宮博物院、北京故宮博物院以及南京博物院所藏的雍正朝傳世瓷器相互對照,呈現出雍正時期官窯的特色。網址:https://www.grb.gov.tw/search/planDetail?id=1875782,查閱於:2021/6/2。

〔註49〕 〈唐英傳〉,《清史稿》卷510,收錄於張發穎主編,《唐英全集》,第4冊,頁1290。

〔註50〕 「宋初所燒,出鈞臺。鈞臺宋亦稱鈞州,即今河南之禹州也,土脈細,釉具五色,有兔絲紋。紅者若臙脂,硃砂為最;青若蔥翠、紫若墨者次之,三者色純,無少變雜者為上……」見(清)藍浦、鄭廷桂,〈鎮仿古窯攷〉,《景德鎮陶錄》,《藝術叢編第一集陶瓷譜錄》,第33冊,頁137。

〔註51〕 (清)唐英,〈春暮送吳堯圃之均州〉,《陶人心語》,收錄於張發穎主編,《唐英全集》,第1冊,頁14。

頌此行如太史公探訪各地，蒐羅資料完成巨作。

〈陶成紀事碑記〉中，亦述其仿米色宋釉與粉清色宋釉，是在舊宋窯址中，找尋瓦礫中殘片，再從而仿造色澤及款式。「仿米色宋釉，係從景德鎮東二十里外，地名湘湖，有故宋窯址，覓得瓦礫，因仿其色澤款式。粉青色宋釉，其款式、色澤同米色宋袖一處覓得。」〔註52〕此時的唐英身分雖為御窯廠的協造，對窯務亦僅是剛剛接手，然為不負皇命而踏尋四處，躬親務實的態度與實踐精神，也再次顯現唐英與其他督陶官的不同。

〈陶成紀事碑記〉中所提到的仿古瓷器，在器型、釉色與燒造技術上，均已達高超卓越的水平。唐英一方面仿舊，一方面也在舊樣上研發出新意。例如仿鈞釉，除依照保存舊物件的五種顏色仿燒外，還因窯變而得四種新色。〔註53〕

窯變原是一種偶然形成的釉色，《飲流齋說瓷》提到：「窯變者，乃燒窯時火候不勻，偶然釉汁變色之故……，頗為特異……，雍正末乾隆初之窯變，其釉與色……，蓋純乎人工故意製成者也。」〔註54〕按照許之衡的說法，雍正末乾隆初的窯變，已由原來偶然所得的特異珍奇之器，在唐英控制釉料及窯火的技術下，成為純乎人工所能故意燒製的。

康熙時期引進西方的畫琺瑯技術，〔註55〕到了乾隆時期，景德鎮御窯廠的努力下，出現新的畫風與技巧，稱作洋彩。〔註56〕〈陶成紀事碑記〉：「洋

〔註52〕（清）唐英，《陶成紀事碑記》收錄於張發穎編，《唐英全集》，第 4 冊，頁1162。

〔註53〕「均釉，仿內發舊器，梅桂紫（玫瑰紫）海棠紅、茄花紫、梅子青、騾肝馬肺五種外，新得新紫、米色、天藍、窯變四種。」見（清）唐英，《陶成紀事碑記》收錄於張發穎編，《唐英全集》，第 4 冊，頁 1162。

〔註54〕許之衡，《飲流齋說瓷》，〈說窯第二〉收於《陶瓷譜錄十三種》，57 卷下，收錄於楊家駱主編，《藝術叢編第一集》，第 34 冊，頁 165。

〔註55〕「琺瑯彩瓷係屬畫琺瑯工藝下的一種，製作時是以瓷胎作為基底素材，再用各色琺瑯料彩繪裝飾紋樣，經窯爐烘烤而成。」引用自國立故宮博物院風格故事——康熙御製琺瑯彩瓷特展覽概述，網址：https://theme.npm.edu.tw/exh109/ArtisticStyle/index.html#main，查閱於：2021/6/2。今陶瓷學界對於「琺瑯彩」、「洋彩」、「粉彩」的定義，從釉料、產地、裝飾風格及施作技術等不同角度切入，各有不同見解。可參考施靜菲、彭盈真，〈從文化脈絡探討清代釉上彩名詞——琺瑯彩、洋彩與粉彩〉，《故宮學術季刊》，第 29 卷第 4 期，頁 11～19。

〔註56〕乾隆八年，唐英為《陶冶圖》，〈圓琢洋彩〉一項附加圖說：「圓琢白器，五采繪畫，摹仿西洋，故曰洋采。須選素習繪事高手，將各種顏料研細調和，以白瓷片畫染燒試。必熟諳顏料火候之性，始可由粗及細，熟中生巧。總以眼

彩器皿，新仿西洋法瑯畫法，人物、山水、花卉、翎毛，無不精細入神。」〔註57〕葉佩蘭〈從故宮藏品看乾隆時期「唐窯」的新成就〉一文提到，唐英學習洋人的畫琺瑯，並在紋飾上作出創新。洋彩器皿的花樣以往普遍是山水、人物、花鳥、寫意的題材，後來出現了西洋人物或洋花組成的紋飾。〔註58〕

此時期的瓷器紋飾上呈現繁花似錦，富有有吉祥的寓意。瓷器表面之底色，繪有細如毫芒的鳳尾紋紋飾，畫面構圖完整，繁複奢華，像是一塊織錦，稱之為「錦上添花」。〔註59〕根據梁淼泰〈雍乾時期景德鎮傳辦瓷器的計數〉一文統計，乾隆七年九月十日出現燒造錦上添花的紀錄，在此之前未見傳辦中有此類物件。〔註60〕

此統計雖無法證實乾隆七年以前沒有錦上添花的燒造，但此年之後，錦上添花在傳辦瓷器的項目中經常出現。這訊息可能透露出乾隆七年以後，唐英掌控了錦上添花瓷器的製做，並得到乾隆皇帝的滿意與喜好，於是景德鎮御窯廠完成錦上添花的燒造，並於《造辦處活計檔》中留下許多傳辦的紀錄。

，明心細、手准為佳。所用顏料與法瑯色同……」見（清）唐英，〈陶冶圖編次〉，收錄於張發穎主編，《唐英全集》，第 4 冊，頁 1164

〔註57〕 （清）唐英，〈陶成紀事碑記〉收錄於張發穎編，《唐英全集》，第 4 冊，頁 1163。

〔註58〕 葉佩蘭，〈從故宮藏品看乾隆時期「唐窯」的新成就〉，《故宮博物院院刊》，第 1 期，1986 年，頁 40。

〔註59〕 葉佩蘭，〈從故宮藏品看乾隆時期「唐窯」的新成就〉，《故宮博物院院刊》，第 1 期，1986 年，頁 40、41。錦上添花是一種繁複精細的技法，先在瓷胎坯體上施以黃、綠、紅等色釉作為底色，稱為「錦地」，然後用銹花針一般尖細的工具，在錦地上刻印出極為細小的紋樣，其中鳳尾紋最為典型也最為常見。余佩瑾則說明錦上添花紋樣，是主紋加錦地紋組合而成的裝飾紋樣。主要有錦地開光和錦地間是紋樣兩種形式，技法有透過筆繪或錐刻。其中比繪錦地紋是用筆在白瓷胎上畫出錦地紋飾，而錐刻錦地紋則是先施彩，在用尖細工具，將錦地重複而規矩的圖樣剔除釉彩，以呈現有底紋的錦地圖案。見余佩瑾，〈乾隆官窯研究：做為聖王的理想意象〉，臺灣大學藝術史研究所博士論文，頁 194。

〔註60〕 「以洋彩紅地錦上添花，四周圍畫山水瓷碗為樣燒造杯盤等」轉引自梁淼泰〈雍乾時期景德鎮傳辦瓷器的計數〉，南昌大學學報（人社版），第 34 卷第 3 期，2003 年，頁 91。筆者對照《乾隆七年各作成做活計清檔》九月初十日記到：「太監高玉交洋彩紅地錦上添花四圍畫山水碗一件，傳旨著照此洋彩紅地錦上添花四圍畫山水碗上山水花樣，做盃、盤。」於是內務府於九月二十三日將盃、盤之木樣及紙樣呈覽後，奉旨交唐英照樣燒造。此次傳辦是將洋彩紅地錦上添花四圍畫山水碗上的山水圖案作為樣，要求唐英照樣燒造，表示在此之前即有其他錦上添花瓷器的出現。

　　乾隆六年之後協造老格到廠，唐英與之相輔相成，再造御窯成就之顛峰。在燒造御窯須符合宮中形式的規範下，唐英多次自創新樣。唐英奏摺中，有數筆關於他提出新樣的記載：乾隆七年十月，唐英按例春、秋兩季赴窯廠查核，事竣回九江關途中，遇家人捧御製詩來，奉旨將詩燒於轎瓶上。乾隆要求「用其字並寶爾酌量收小，其安詩地方並花樣亦酌量燒造」。〔註61〕

　　唐英旋即返回窯廠，雖已是窯廠停工期間，仍召喚眾多好手，並率領老格一同監看，終燒成四種字體與瓶式配合的作品六對進呈，並冀求皇上「教導改正」。〔註62〕此外，唐英還請求將御製詩籤暫留於窯廠，「另酌變款式，再製轎瓶幾件，對著書寫，告成一併恭繳」，〔註63〕待來年春天開工時，想將御製詩燒造於新款式之轎瓶上。

　　此番努力，得到乾隆的肯定，稱其「所辦甚好」。〔註64〕唐英再於同年十一月二十九日奏報，已依先前奉發之瓷樣、紙樣、木樣，完成燒造指定的碗、瓶、杯、盤等器物，亦擬造了新樣瓷器敬呈皇帝。此新瓷樣，應該是唐英先前將御製詩暫留在窯廠時，打算再研究的其他更多新樣。「今將現得前項各種瓷件，並奴才近日在廠擬造之新樣各器，敬謹齎京恭呈御覽，仰祈皇上教導指示。」〔註65〕

　　唐英在新樣的研製上，呈現積極運作的態度，即便春、秋二季在廠期間僅半月，仍相繼提出新樣進呈，乾隆八年四月奏摺提到：

> 今自三月初二日開工之後，奴才在廠瓚造得奉發各色錦地四圍山
> 水膳碗、盃盤，並六方青龍花瓶等件外，奴才新擬得夾層玲瓏交
> 泰等瓶共玖種，謹恭摺送京呈進。其新擬各種，係奴才愚昧之見，
> 自行創造，恐未合式，且工料不無過費，故未敢多造，伏祈皇上
> 教導改正，以便欽遵，再行成對燒造。餘外尚有新擬瓷器數種，……

〔註61〕乾隆七年十一月十七日唐英奏摺，收錄於鐵源、李國榮，《清宮瓷器檔案全集》，卷2，頁147。

〔註62〕乾隆七年十一月十七日唐英奏摺，收錄於鐵源、李國榮，《清宮瓷器檔案全集》，卷2，頁147。

〔註63〕乾隆七年十一月十七日唐英奏摺，收錄於鐵源、李國榮，《清宮瓷器檔案全集》，卷2，頁147。

〔註64〕乾隆七年十一月十七日唐英奏摺，收錄於鐵源、李國榮，《清宮瓷器檔案全集》，卷2，頁147。

〔註65〕乾隆七年十一月二十九日唐英奏摺，收錄於鐵源、李國榮，《清宮瓷器檔案全集》，卷2，頁149。

已與催總老格詳細講究，囑其如式辦理，俟得時，隨後陸續呈進……。〔註66〕

唐英擬造夾層玲瓏交泰瓶九種，與其他新樣數種，請皇帝指正。不過並未見得乾隆的回應。

乾隆八年十一月二十一日，唐英奉上諭，要求燒造鼻煙壺，「各款、各式、各色鼻煙壺著其中，不要大了，亦不要小了，其鼻煙壺蓋不必燒來。」〔註67〕皇帝僅要求鼻煙壺造得要大小適宜，不要燒蓋子，卻未給予任何「樣」的指示。當時已逢歲例停工，工匠皆已返家，窯火也已停歇，唐英接獲聖諭，即刻傳集工匠於九江關廠署，親自指點「恭擬胚胎數種，並畫定顏色花樣」。〔註68〕

雖然窯火已停，但唐英認為，鼻煙壺屬小件作品，坯胎可以烘烤製造，於是新製的鼻煙壺胎樣，是在民戶燒造粗瓷之茅柴窯內燒製，「令星夜畫彩，今攢造得各款式鼻煙壺四十件」。〔註69〕唐英擔心匆忙趕製的作品，「恐釉水、款式不知未能仰合聖意，故不敢多造亦未敢擅動燒造錢糧」，〔註70〕而暫行捐製，再請皇帝教導改正。乾隆接受此批作品，同意之後每年燒造，《乾隆九年各作成做活計清檔》中三月十六日記到：「江西燒造瓷器處監督唐英，燒造得洋彩錦上添花各式鼻煙壺四十件……呈進。奉旨嗣後……其鼻煙壺，每年只燒四、五十件送來，不必多燒」。〔註71〕

從唐英奏摺中還可窺見一個討好皇帝的現象。因燒造御器有宮廷規範形制，錢糧支出也有嚴格監督，於是新瓷樣的研製，唐英通常是自掏腰包。對於皇帝的喜好，唐英更是小心翼翼的揣摩試探。「復出螻蟻臆見，自行畫樣製坯，又擬造得新瓷件壹種，一並進呈，恭請皇上教導指示。」〔註72〕新樣的

〔註66〕乾隆八年潤四月二十一日唐英奏摺，收錄於鐵源、李國榮，《清宮瓷器檔案全集》，卷2，頁211。

〔註67〕乾隆九年二月八日唐英奏摺，收錄於鐵源、李國榮，《清宮瓷器檔案全集》，卷2，頁293。

〔註68〕乾隆九年二月八日唐英奏摺，收錄於鐵源、李國榮，《清宮瓷器檔案全集》，卷2，頁293。

〔註69〕乾隆九年二月八日唐英奏摺，收錄於鐵源、李國榮，《清宮瓷器檔案全集》，卷2，頁293。

〔註70〕乾隆九年二月八日唐英奏摺，收錄於鐵源、李國榮，《清宮瓷器檔案全集》，卷2，頁293。

〔註71〕《乾隆九年各作成做活紀清檔》，收錄於鐵源、李國榮，《清宮瓷器檔案全集》，卷2，頁312。

〔註72〕乾隆八年九月十七日唐英奏摺，收錄於鐵源、李國榮，《清宮瓷器檔案全集》，

研製皆由唐英出資試造，若日後有所適用，則在與奉發之瓷樣一併燒造。乾隆八年九月十七日唐英奏折：

> 奴才自舊年（乾隆七年）拾月內，以及本年參月間與今，在廠節次擬造得之新樣，悉係奴才愚昧之見，並非有成式摹倣。恐未能適用，上合聖意，且燒造錢糧歲有定額，復不敢擅用以致靡費，故所有新樣，皆奴才自出工本試造。進呈仰祈鑒定，如有適用，應行照式製造者，嗣後當與奉發各瓷，一體欽遵照辦。〔註73〕

由上述資料來看，唐英所製瓷器是為御用，必然須符合宮廷既有規制，或是皇帝透過「樣」、「稿」傳達要求，以滿足皇帝的個人品味。但在自我期許及專業知能相應配合下，唐英也勇於創新，提出新製瓷樣請求皇帝指導，在未得皇帝認同之前，以自己出資試造的形式完成燒造作品。興許是這種積極突破，勇於嘗試探索的精神，完成許多令世人讚嘆之作。

《景德鎮陶錄》更稱到唐英燒製窯器上的成就：「仿效古名窯諸器，無不媲美，倣各種名釉，無不巧合華工，呈能無不盛備」。其仿古名窯，重現各種釉色之外，還研發出新釉色：「新製洋紫、法青抹、銀彩、水墨，洋烏金、法瑯畫、法洋彩、烏金、黑地白花、黑地描金、天藍窯變等釉色器皿，土則白壤而埴，體厚薄惟膩。」由於「公（唐英）深諳土脈火性，慎選諸料」，在其不懈的努力與專業精神領導下「所造俱精瑩純全」。〔註74〕《景德鎮陶錄》肯定唐英在陶瓷史上之成就，說到：「廠窯至此至此集大成矣。」〔註75〕

清人文獻《歷代畫史彙傳》提到唐英將其身所具之藝術專長結合，燒製成詩、書、畫合一的瓷製對聯與掛屏，「唐英，工宋人山水人物，能書，詩有清思。榷兩淮、九江，珠山昌水見之筆墨者為多，曾主官窯事，製器甚精，今稱唐窯。嘗親製畫、書、詩，付窯陶成屏對，尤為奇絕。」〔註76〕黃清華在〈被遺忘的唐窯佳器——唐英瓷製對聯與掛屏初探〉一文中說：唐英是中國

卷2，頁219。

〔註73〕乾隆八年九月十七日唐英奏摺，收錄於鐵源、李國榮，《清宮瓷器檔案全集》，卷2，頁219。

〔註74〕（清）藍浦、鄭廷桂，〈景德鎮歷代窯攷〉，《景德鎮陶錄》，《陶瓷譜錄十三種》，57卷上，收錄於楊家駱主編，《藝術叢編第一集》，第33冊，頁128。

〔註75〕（清）藍浦、鄭廷桂，〈景德鎮歷代窯攷〉，《景德鎮陶錄》，《陶瓷譜錄十三種》，57卷上，收錄於楊家駱主編，《藝術叢編第一集》，第33冊，頁128。

〔註76〕（清）盛叔清，《清代畫史增編》卷18，收錄於周駿富，《清代傳記叢刊》，頁78〜368。

陶瓷史上第一次將書法藝術、詩文寫作與製瓷技術相結合者，瓷製對聯掛屏不僅是唐英督陶期間突破型式的創新之作，同時也呈現唐英陶瓷創作上的文人秉性。〔註77〕

二、落實皇室品味

明、清時期的御窯燒造，均有固定燒造的形式，明代王宗沐：「陶器貢自京師，歲從部降式造，特多以龍鳳為辦。」〔註78〕明代御用瓷器的燒造由工部負責，《大明會典》卷194，〈工部十四陶器〉條有「洪武二十六年定，凡燒造供用器皿等物，須定奪樣制，計算人工物料」〔註79〕的記載。清初，成立造辦處，專門掌管宮中器物的製造、修理和儲存。〔註80〕

康熙時期，造辦處屬初創階段，組織機構尚不完善，經雍正至乾隆初，造辦處的機構始漸趨完備。造辦處承辦活計有六個平行機構，分別為：活計房、查核房、督催房、匯總房、錢糧庫、檔房。〔註81〕造辦處各作留下檔案，稱《造辦處各作成做活計清檔》〔註82〕，檔案記載宮廷文物生產製造的細節，

〔註77〕黃清華，〈被遺忘的唐窯佳器——唐英瓷製對聯與掛屏初探〉，《故宮文物月刊》，第363期，2013年6月，頁110。

〔註78〕（清）藍浦、鄭廷桂，〈陶說雜編上〉，《景德鎮陶錄》，《陶瓷譜錄十三種》，57卷上，收錄於楊家駱主編，《藝術叢編第一集》，第33冊，頁169。

〔註79〕（明）東陽等奉敕撰、申時行等奉敕重修，〈工部14·陶器條〉，《大明會典》，卷194，明代萬曆內府刻本。

〔註80〕吳兆清，〈清代造辦處的機構和匠役〉，《歷史檔案》，總第44期，1991年11月，頁79。

〔註81〕活計房負責接辦上傳和各處來文製辦活計，凡有交辦活計，先由活計房登檔紀錄，再交由各作製辦。登記檔冊，於年終交活計庫收貯。查核房負責估算和勘核活計尺寸做法、料工銀錢。各作接辦活計後，呈具副稿赴活計房較對題頭，畫全司壓，交查核房勘核。督催房負責依活計大小精粗繁簡，確定完工時間，並督催共按時完工。匯總房負責匯辦各作實銷正稿。各作獨立製辦的活計由各作赴活計房較對題頭，經查核房核算後，由各作自行辦理奏銷稿件。如果有兩個以上作房合作製辦活計，因為各作是平行關係，不好由某作主稿，因此，在各作之上必須有一個機構來匯辦各作的奏銷稿件。錢糧庫為存貯金銀與各項材料，並按月發放活計用銀，其中包括工匠工銀、錢糧銀、買辦工料銀等，並支給活計所需材料。檔房是造辦處的文書機構，檔房每月將造辦處各房、庫、作，用過門文數目匯總呈報內務府堂存案。見吳兆清，〈清代造辦處的機構和匠役〉，《歷史檔案》，頁79～82。

〔註82〕《內務府造辦處各作成做活計清檔》簡稱《活計檔》又稱「旨意題頭清檔」。因為內容絕大部分是內務府造辦處活計房人員登錄皇帝交辦活計所下的旨意，此外還有些各處奉旨製辦活計的來帖箋，所以這份檔案，對於瞭解皇帝

從繪製設計圖樣、製作「樣」〔註83〕呈、到皇帝許可再行製造。

清代帝王對陶政十分重視，對陶瓷工藝投注相當大的熱忱，皇帝親自傳達製作的旨意，要求所製器物的尺寸、顏色、樣式或數量，此於《造辦處各作活計清檔》中，可見許多詳細紀錄。雍正時，特別要求造辦處各作須按「內廷恭造式樣」的形制，依照皇帝的喜好留下樣本，日後成為活計製作的參考依據和標準，雍正曾回憶到：

> 朕從前著做過的活計等項，爾等都該存留式樣，若不存留式樣，恐其日後再做使不得其原樣。朕看從前造辦處所造的活計好的雖少，還是恭造式樣。近來雖其巧妙，大有外造之氣，爾等再做時，不要失其內庭恭造之式。〔註84〕

雍正所要求的「內廷恭造之式」，並非某種特定的樣式，應屬符合或滿足皇帝喜好或品味的特定風格。

於《活計檔》中，經常見到雍正對瓷器燒造的要求與指示，以雍正五年（1727）九月二十八日為例：

> 郎中海望持出官窯梅瓶一件，奉旨此瓶係官窯的，爾將此瓶發與年希堯看，若照此釉水胎古燒造得來，燒造些。其梅瓶的款式不甚好，不可獨照此梅瓶燒造，別樣器皿亦燒造些，爾再照陳設的官窯小缸樣，鏇一木樣交年希堯燒造。〔註85〕

雍正對燒造梅瓶表達要求，即便有官樣作為樣本，他對此瓶釉色滿意，卻不喜歡此瓶的款式，想燒成像「陳設的官窯小缸」樣子，故將小缸形式鏇一木樣交年希堯燒造。足見皇帝有其特定的喜好及要求，展現出皇帝個人的風格品味與審美價值。

乾隆皇帝更對活計製作展現出十足的熱忱與關注。雍正「留樣」的觀念，

控管宮廷器用品質的方式及相關問題，提供了珍貴的第一手史料。見張麗端，〈從《活計檔》看清高宗直接控管御製器用的兩個機制〉，《故宮學術季刊》，第 24 卷第 1 期，頁 45。

〔註83〕「樣」是指造辦處匠人在接收皇帝旨意後，先將所領會的構思作成具體的「樣」呈給皇帝，待皇帝批准後再行製造。樣的種類包括畫樣（紙樣）、木樣、蠟樣等形式。

〔註84〕中國第一歷史檔案館、香港中文大學文物館，《清宮內務府造辦處檔案總匯》影印本，第 2 冊，頁 646。

〔註85〕《雍正五年各作成做活記清檔》，收錄於鐵源、李國榮，《清宮瓷器檔案全集》，卷 1，頁 80。

也影響了乾隆。乾隆二年，造辦處曾奉旨挑選五十九件瓷器作為「樣瓷」，每件貼有黃簽字樣，交唐英照樣燒造，〔註86〕提供「樣瓷」做為景德鎮御窯燒製的典範，也維持景德鎮瓷器素質的一定水平。

一直到乾隆三十二年（1767），督陶官舒善偷盜舞弊，將歷任大小樣器八千四百餘件據為已有，樣磁因而散失大半。〔註87〕蔡和璧認為，樣瓷的散失是景德鎮瓷器素質走下坡的重要因素之一。〔註88〕乾隆除保存舊有令之滿意的活計作為「樣」，成為日後製造的參考依據外，並透過「樣」、「稿」作為傳達對器物製作的要求或想法。

一般而言，造辦處會依照每年固定例行大運的數量承製活計，除了因應年節備用之外，皇帝還不時會提出需求傳辦器物，此類傳辦通常交由造辦處先「畫樣呈覽，准時再做」〔註89〕。乾隆除以「樣」規範造辦處，在製作活計時，既不出宮廷有既有形式外，亦透過各類「樣」或「稿」，作為乾隆與造辦人員或工匠們溝通的管道與媒介。〔註90〕

近代學者余佩瑾提出「聖王意象」〔註91〕的概念，言及乾隆皇帝追求古代聖王德行，效法舜之「河濱遺範」，特別重視官窯瓷器的品質、燒造經費及運作機制，冀將當代官窯產燒的作品作為典範收藏。是故，乾隆以創造其

〔註86〕「正月十九日，首領魏福來說，宮殿監正侍謝成、李英交各樣瓷碗、盤、碟共五十九樣，每樣上貼黃簽字樣，數目共四萬七千一百二十件。傳旨交與唐英，照數目樣式燒造，欽此。」《乾隆二年各作成做活記清檔》，收錄於鐵源、李國榮，《清宮瓷器檔案全集》，卷1，頁260。

〔註87〕「乾隆三十三年八月初四日，奴才接得暫管關務驛鹽道瑭琦一札，因景德鎮瓷器廠向存有歷任大小樣器八千四百餘件，計一百一十餘桶，于三十二年二月間，經前監督舒善調取貯存，因念事關留存樣器，隨繳該廠監造查催取回備樣。不期舒善監督總以業經呈進，餘者破損懸存為辭，合將贏存瓷冊一本咨送查照前來，奴才伏思此種樣瓷，雖非全美，但屬歷任留存，以備日後仿造製造，不致失傳之意，未便移調離廠。硃批：看來舒善意大不妥……。」見國立故宮博物院圖書文獻處編，《宮中檔乾隆朝奏摺》，第31輯，乾隆三十三年八月四日伊齡阿奏摺，頁493。

〔註88〕蔡和璧，〈監督官、協造與乾隆御窯興衰的關係〉，《故宮學術季刊》，第21卷第2期，頁47。

〔註89〕《乾隆元年各作成作活計清檔》，收錄於鐵源、李國榮，《清宮瓷器檔案全集》，卷1，頁233。

〔註90〕張麗端，〈從《活計檔》看清高宗直接控管御製器用的兩個機制〉，《故宮學術季刊》，第24卷第1期，2006，頁47～53。

〔註91〕余佩瑾，〈乾隆官窯研究：做為聖王的理想意象〉，臺灣大學藝術史研究所博士論文，頁6。

獨有之風格為目標，在選任織造、鹽政或稅關監督時，常以內務府或造辦處出身的包衣任之。他們對於皇帝的品味有相當的了解，而唐英即為如此的例證。

前段燒造工藝仿古與創新中言及，但凡唐英創作，均須得到乾隆皇帝的認同。瓷器的釉色或器型上有新樣式的呈現，但若不得皇帝的喜好，仍然不能報銷錢糧繼續燒造。如此來看，唐英在乾隆時期督陶官任內的才華展現，其實非個人的，其努力程度也未必與受肯定程度成正比。御窯廠所燒瓷器為皇室所用，而督陶官須滿足皇帝的審美價值和標準。

綜觀清代御窯的製作，已發展由皇帝親自發旨提出具體要求，再由畫工繪製設計圖樣，並經皇帝批准，然後製做成木樣。透過「樣」、「稿」的溝通，傳達皇帝具體要求與喜好，再發往御窯廠製作。而出身內務府，在造辦處行走多年的唐英，對宮廷御用器物自幼即耳濡目染，深諳皇室品味與風格，此亦是唐英在出身背景的條件上，成為優秀督陶官的優勢之一。

三、參與編製《陶冶圖冊》〔註92〕

〈陶冶圖說〉又稱〈陶冶圖編次〉，全篇不過 3500 字，卻堪稱是一部記述清初景德鎮官窯製瓷工序的整理，對古代製瓷工藝之實踐經驗，進行概括的總結。乾隆八年閏四月，唐英接到養心殿造辦處來文，奉旨要求將內廷交出的《陶冶圖》〔註93〕二十張，加以編寫說明。奏摺中要求唐英「按每張圖上所畫係做何技業，詳細寫來，話要文些。其每篇字數要均勻或多十數字，或少十數字亦可。其取土之山與夫取料、取水之處，皆寫明地名。再將此圖

〔註92〕《陶冶圖冊》是乾隆八年，皇帝將欽點畫家所繪製的二十幅《陶冶圖》，命唐英依次為圖配文。故圖冊中的二十篇文字說明，則為唐英所作之〈陶冶圖說〉。

〔註93〕《陶冶圖》的繪製，記於乾隆三年及乾隆八年之《活計檔》，乾隆三年四月二十五日：「司庫圖拉來說，太監毛團傳旨交陶冶圖冊二十幅，著唐岱畫樹石，孫祜畫界畫，丁觀鵬畫人物。」見中國第一歷史檔案館，《清宮內務府造辦處總匯》，第 8 冊（北京：人民出版社，2005），頁 216。乾隆八年四月初八日：「司庫白世秀來說，太監胡世傑、高玉交陶冶圖二十張，傳旨：著將此圖交與唐英，按每張圖上所畫，係做何枝葉？詳細寫來，話要文些，其每篇字數要均勻，或多十數字，少十數字亦可。其取土之山，與夫取料取水之處，皆寫明地名，再將此圖十二幅，按陶冶先後次第編明送來。」見中國第一歷史檔案館，《清宮內務府造辦處總匯》，第 11 冊，頁 493。依乾隆八年四月初八日《活計檔》的內容，唐英於乾隆八年閏四月二十二日接到造辦處，要求為圖配制說明的來文。

二十幅，按陶冶先後次第編明送來。」〔註94〕於是唐英即刻著手編寫，於乾隆八年五月二十二日呈交。

　　唐英依照皇帝要求，將二十張圖的每道工序，以四字命名，再依次序排列。陳於每張《陶冶圖》之圖說內容前，為「圖次記略」，其分別依序為以下二十個工序：

　　　採石製泥、淘鍊泥土、鍊灰配釉、製造匣缽、圓器修模、圓器拉坯、
　　　琢器做坯、採取青料、揀選青料、印坯乳料、圓器青花、製畫琢器、
　　　醮釉吹釉、鏇坯挖足、成坯入窯、燒坯開窯、圓琢洋彩、明爐暗爐、
　　　束草裝桶、祀神酬神等。〔註95〕

清人朱琰《陶說》中記：「乾隆八年五月，內務府員外郎、管理九江關務唐英，遵旨由內廷交出陶冶圖二十張，次第編明，為作圖說，進呈御覽。」〔註96〕藍浦《景德鎮陶錄》中亦提到唐英「既復奉旨恭編陶冶圖二十頁，次第作圖說進呈。」〔註97〕均以〈陶冶圖說〉為唐英的重要貢獻。近代許多學者亦將〈陶冶圖說〉視為唐英在清代御窯發展歷史上，真知灼見的專業表現。〔註98〕

　　從唐英奉旨編製的奏摺中來看，乾隆皇帝交付《陶冶圖》要唐英替圖編寫說明前，似未徵詢過督陶官唐英的意見，謹指示「將此圖交與唐英」〔註99〕。

〔註94〕（清）唐英，乾隆八年五月二十日奏摺，收錄於鐵源、李國榮，《清宮瓷器檔案全集》，卷2，頁216。

〔註95〕（清）唐英，〈陶冶圖編次〉，收錄於張發穎主編，《唐英全集》，第4冊，頁1164。

〔註96〕（清）朱琰，〈陶冶圖說〉，《陶說》，《陶瓷譜錄十三種》，57卷上，收錄於楊家駱主編，《藝術叢編第一集》，第33冊，頁83。

〔註97〕（清）藍浦、鄭廷桂，〈乾隆年唐窯〉，《景德鎮陶錄》，《陶瓷譜錄十三種》，57卷上，收錄於楊家駱主編，《藝術叢編第一集》，第33冊，頁128。

〔註98〕王寧，〈論唐英對瓷業的貢獻——兼議唐英督陶成功的原因〉，《中國古陶瓷研究》（北京：紫禁城出版社，2004），第10輯，頁202。童書業、史學通，〈唐窯考〉，《中國瓷器史論叢》，頁89～91。傅振倫、甄勵，〈唐英瓷務年譜長編〉，《景德鎮陶瓷》，1982年第2期，總第14期，頁19～66。莊吉發，〈錐拱雕鏤，賦物有象——唐英督陶文獻〉，《故宮文物月刊》，第11卷第29期，1993，頁70～71。宋伯胤，〈「陶人」唐英的「知陶」與「業陶」——試論唐英在中國陶瓷史上的地位與貢獻〉，《宋伯胤說瓷》，頁128～132。葉佩蘭，〈從故宮藏品看乾隆時期「唐窯」的新成就〉，《故宮博物院院刊》，第1期，1986年，頁37～38。葉佩蘭，〈唐英及其助手的製瓷成就〉，《中國古陶瓷研究》，第10輯，頁203～205。

〔註99〕（清）唐英，乾隆八年五月二十二日奏摺，收錄於鐵源、李國榮，《清宮瓷器檔案全集》，卷2，頁216。

有關《陶冶圖》的編製，《清通志》中提到：「陶冶圖，謹按是圖畫院臣孫祜、周鯤、丁觀鵬所繪，督理九江鈔關，內務府員外郎臣唐英恭編成帙，藏諸御府，備見考工搏埴之遺意。」〔註100〕

嘉慶年間胡敬《胡氏書畫考三種》亦記：

> 孫祜、周鯤、丁觀鵬合畫陶冶圖一冊，凡二十則。末幅款臣孫祜、鯤、丁觀鵬恭畫，左方戴臨書陶冶說，款臣戴臨敬書。冊前幅書序，並錄目後，署督理九江鈔關內務府員外郎臣唐英恭編，書畫各廿幅。〔註101〕

可見《陶冶圖》繪圖部分由孫祜、周鯤、丁觀鵬共同畫製。而唐英僅遵奉御旨，替二十張《陶冶圖》編寫附圖的解說。雖然唐英任職內務府時，亦曾負責繪畫工作，不過此圖的繪成，似未與唐英有所討論，乾隆皇帝卻一手主導《陶冶圖》的完成。

唐英接獲御旨後，即在奏摺中表示：「奴才接到來文，隨親遵御旨，敬謹辦理。按每幅圖內所技業，並取土取料之山逐一編明，並將圖幅先後次第另編總幅恭呈預覽。」〔註102〕事實上，製瓷過程繁複細瑣，僅二十張圖似未能完整說明，於是唐英雖配合完成任務，卻向皇帝表示：「陶務為瑣屑工作，圖既未備，編亦不能詳列，為僅就圖中所載遵旨編次。」〔註103〕由此可知，唐英乃以自身專業，及對官窯瓷器燒製細節與步驟之了解，來「僅就」圖樣進行解說。余珮瑾認為：「乾隆皇帝在圖說中，盡陳個人對窯冶的史觀，更有透過《陶冶圖冊》的編製，宣示窯務政策的革新，以凸顯皇帝才是御窯廠真正的主人。」〔註104〕

乾隆皇帝固然主導了《陶冶圖》的繪製，在過程中仍可見一位從雍正以來，已有豐富督陶經歷，且以其專業之能力，能依乾隆皇帝的需求，直接為

〔註100〕（清），嵇璜、劉墉等，《清通志》，卷113，〈圖譜略‧藝事〉，清文淵閣四庫全書本，頁975。取自北京愛如生數字化研究中心，《中國基本古籍庫》。

〔註101〕（清）胡敬，〈國朝院畫錄〉，卷下，《胡氏書畫考三種》，清嘉慶刻本，頁80。取自北京愛如生數字化研究中心，《中國基本古籍庫》。

〔註102〕乾隆八年五月二十二日唐英奏摺，收錄於鐵源、李國榮，《清宮瓷器檔案全集》，卷2，頁216。

〔註103〕乾隆八年五月二十二日唐英奏摺，收錄於鐵源、李國榮，《清宮瓷器檔案全集》，卷2，頁216。

〔註104〕余珮瑾，〈乾隆官窯研究：做為聖王的理想意象〉，臺灣大學藝術史研究所博士論文，頁71、87。

圖配寫圖說的督陶官。其不僅是監督錢糧，達成燒造數量及完成解運任務，而是親力親為，直接參與燒造過程，才能對御窯燒造的步驟及細節有如此深入之了解體察。相對於唐英之前以及之後的督陶官，均未能達到如此的專業成就。

唐英除了擁有對燒製陶器的專業素養，更具管理的才能，對窯工體恤，對經費掌控謹慎守度。在清朝前期，皇帝要求及督陶官員的配合下，御用瓷器之經費運用與核銷制度十分嚴謹而明確，非世人以為燒製御窯所費不訾，御用器物揮霍無度。從唐英戰戰兢兢完成燒造任務，又掌握燒造錢糧達到皇帝的要求，故而得到乾隆皇帝的信賴，成為清代在任最久，最具盛名的督陶官。

第三節　關務與窯務

唐英雖為歷史上著名的督陶官吏，但準確地說，唐英專管窯務的時間僅有兩次，[註105] 前後共約八年，其餘為宦生涯裡有近二十年是身兼關務與窯務。清代稅關監督的所掌控的收入是巨大的，無論是繳交戶部與上繳內務府，皇帝需要一個可以信賴的「自己人」來執行，故指派包衣奴才擔任稅差。以確保皇室財政的收支在國家財政體系之外，滿足宮廷龐大的用度。

唐英在關務與窯務上的任用，一方面顯示其受到皇帝的重視及重用，另一方面，唐英必須兼顧二職，窯務為志；榷關為業，在討論唐英在窯務的成就之外，亦須兼論榷關的部分，才能完整地看出他的官宦生涯。

過去學者研究，多著眼於唐英在御窯燒造及管理制度的成就，看似因窯務方面出色的表現而使唐英受重用。然而隨著官搭民燒逐漸確立、燒造經費固定自九江關盈餘支出、又次色瓷器變價虧折成數固定，及《燒造瓷器則例章程冊》的制定，使御窯燒造的經費運用和管理有了固定之依循。加上御窯燒造的形制，必須依照「內廷恭造之式」，或皇帝透過「樣」，「稿」等形式傳達意象。基本上，有關御窯燒造的制度已經成相當完備。

〔註105〕第一次始從雍正六年，初赴景德鎮擔任年希堯的協造，到乾隆元年元月接任年希堯之職，成為淮安關監督前，將近八個年頭。第二次是乾隆三年十二月初八月，唐英奉旨專司窯務，然而不久即因唐英奏請燒造經費改由九江關贏餘支出，乾隆則於四年正月二十三日，任命唐英出任九江關監督。事實上關於窯務，這次唐英並未真如雍正時期的專司，且在九江關長達十五年榷關期間，唐英每年僅於春、秋二季親赴廠督理，而每次在廠時間約不過半月。

唐英在九江關任職時間，無論是御窯燒造的數量、品質及各種創新，均臻於高峰。可見唐英對於景德鎮御窯來說，勢必有其貢獻及重要性。然而這並非意味著唐英在乾隆皇帝心中僅有督陶的價值。在唐英穩定御窯燒造，與景德鎮御窯廠管理後，乾隆即將他從九江關派遣到粵海關，不再管理御窯廠。

雍正年間及乾隆初年，粵海關監督一職，時設時廢，或由總督、巡撫之一兼管。乾隆十二年，命令將粵海關交由兩廣總督兼管，直到乾隆十四年底，又恢復設置粵海關監督一職。〔註106〕此時唐英的派任，使之成為乾隆時期第一位內務府出身的粵海關監督。根據賴惠敏在《乾隆皇帝的荷包》一書中認為：「包衣出身的海關監督，樽節個人及關稅衙門的支出孝敬皇帝，故有辦公、節省、飯食或養廉等名目，而這些稅目是經過皇帝同意卻非朝廷官員的協議。」〔註107〕

陳國棟也以為，除了包衣為皇室奴才，皇帝易於掌控，且可透過稅差為內務府得到一些財源。包衣稅差也以私人名義進貢，並用公項替內務府辦差。〔註108〕祁美琴更提出，內務府從稅關得到額外收入，而「額外貢獻」經常是解交內務府大臣，或解交養心殿造辦處，成為受皇帝直接控制的收入。她認為養心殿造辦處，鑄造造價高又耗銀無數的奢侈品，若以有限的內務府收入或戶部錢糧支出均不合適。〔註109〕故派任內務府官員，甚或包衣出任關差，與乾隆皇帝希望對粵海關的稅務，或需在粵海關辦理的重要事務有更密切的掌控，乃派任親信的包衣奴才，而唐英是乾隆認為適當人選。

榷關在清代可說是肥差，且差缺通常一年一任，〔註110〕然而唐英自乾隆元年始任關差，〔註111〕至乾隆二十一年因病請退，從淮安關、九江關、粵海

〔註106〕陳國棟，〈內務府官員的外派外任與乾隆宮廷文物供給之間的關係〉，《美術史研究期刊》，第33期，2012，頁253。

〔註107〕賴惠敏，《乾隆皇帝的荷包》（臺北：中研院近史所，2014），頁111。

〔註108〕陳國棟，〈清代中葉以後重要稅差專由內務府包衣擔任的幾點解釋〉，頁184～189。

〔註109〕祁美琴，〈關於清代榷關「差官」問題的考察〉，《清史研究》，第4期，頁54。

〔註110〕「稅關監督為『一年期滿之差』，在任期屆滿前數個月，現任監督即應咨報戶部，由戶部提請任命下一年監督。」陳國棟，〈清代前期粵海關監督的派遣〉，《史原》，第10冊，頁146。不過許多監督屆滿前是向皇帝報告，唐英即是如此，故乾隆皇帝直接任命唐英續接九江關監督，例如乾隆十二年「汝再管可也」、乾隆十八年「汝再接管」，或乾隆十九年「仍接管」。

〔註111〕「清代，受特命派往各處任職，執行特地任務的官員，或受上司官長派遣臨時具體事務的官員，稱為差官。例如……各關稅監督等官員，即屬中央派出

關又再調回九江關。共計在不同關差職務任職二十餘年,其中九江關在任最久,前後兩次計約十五年。在乾隆皇帝心中,唐英定符合出任關差條件。

唐英身為稅關監督,若要了解其任職的表現,則可從收掌關稅的情況來觀察。清代對於掌稅關的關差,有嚴格的稽查制度,關差每年關期期滿時,必須向皇帝報告該關收稅情形。由於內務府出任的稅關監督,有權直接向皇帝奏報,奏摺內容包括該關當年定額、贏餘、雜費等,還必須與上年比較,並報告增減原因。

皇帝根據奏報情況,考核該官員的表現。〔註112〕除正稅須達固定額度之外,所收關稅贏餘,還須以上屆所收為指標作比較,乾隆十五年以後,再規定以雍正十三年的稅額為標準不可少於,故稅收必須達到一定的額度。以乾隆十五年粵海關稅收為例:乾隆十六年底,唐英在奏報十五年粵海關關稅贏餘時,先說明十五年分各兼管官員的身分、各兼管時間及徵收稅額,還必須與乾隆十五年分相較。筆者整理如附表:

表3 唐英奏報十五年分粵海關稅務

官　員	時　　間	徵收稅額（兩）
碩色	乾隆十四年十二月二十六日至十五年三月二十日	43234.2
蘇昌	乾隆十五年三月二十一日至十五年四月二十一日	22931.5
陳大受	乾隆十五年四月二十二日至十五年六月二日	43575.4
唐英	乾隆十五年六月三日至十五年十二月二十五日	357821.3
以上四任監督一年期內共通徵收稅鈔耗雜等銀		467562.5
乾隆十五年份共徵收銀		447420.2
十五年分計多收銀		20142.3

資料來源:國立故宮博物院圖書文獻處編,《宮中檔乾隆朝奏摺》,第2輯,乾隆十六年十二月二十七日唐英奏摺,頁226。

差官。」見李鵬年、劉子揚、陳鏘儀編著,《清代六部成語詞典》,頁42。唐英榷關時於奏摺自稱「內務府員外郎管理淮安關務奴才唐英」、「內務府員外郎管理九江關務奴才唐英」、「內務府員外郎管理粵海關務奴才唐英」,由見淮安關、九江關、粵海關是為內務府掌控的稅關,派任出身包衣奴才的唐英管理關務。

〔註112〕各關例定每年應征稅額,立有「正額」與「贏餘」兩項之定數,倘有虧短,各關監督官按照虧短分數議處,併勒限追賠。見李鵬年、劉子揚、陳鏘儀編著,《清代六部成語詞典》,頁92。

皇帝通常會批「該部核議具奏」。若稅銀短少數目較上屆懸殊，擔心會有以多報少的侵吞情事，除稅差必須說明原由，還會令地方督府就近查察確認。

　　乾隆七年六月十八日〈江西巡撫陳弘謀（1696～1771）奏報考核九江關監督唐英任內錢糧折〉〔註113〕、乾隆十五年十一月三日〈江西巡撫阿思哈（1707～1776）奏報確查唐英任內九江關盈餘銀兩較少緣由折〉〔註114〕、乾隆十六年三月十九日〈兩廣總督陳大受（1702～1751）奏報查明唐英辦理粵海關務情形折〉〔註115〕等奏摺，說明乾隆皇帝對唐英榷關期間的表現有相當的關注及掌握。其中，乾隆得悉陳大受所奏，唐英攜子寅保在粵的情況後，曾稱許唐英「人似體面」。〔註116〕而其一直受任用當差，也定是經得起層層的督察。

　　以乾隆十七年，兩江總督伊繼善（1696年～1771）查核，江西巡撫阿思哈覆奏唐英徵收乾隆十四年併十五年首季稅銀，較上屆短少，數目懸殊，〔註117〕經戶部奏議，令兩江總督黃廷桂（1691～1759）詳細確查是否確實，有無徵多報少，後又有兩江總督高斌與尹繼善亦參與查核。實查得結果雖比前一屆短少，但仍比雍正十三年多，而之所以較上屆（十三年）短少，其實是自雍正十三年至今，惟乾隆十三年為數獨多。

　　為了更加明晰，遂也將九江關監督惠色所奏報，乾隆十五年三月初九至十六年三月初八的贏餘，與十四年唐英所收的贏餘互相比較，結果十五年贏

〔註113〕乾隆七年六月十八日陳弘謀奏摺，收錄於中國第一歷史檔案館，《清代硃批奏摺財政類目錄》，第二分冊，（北京；中國財政經濟出版社，1990），第19頁。

〔註114〕乾隆十五年十一月三日阿思哈奏摺，收錄於中國第一歷史檔案館，《清代硃批奏摺財政類目錄》，第二分冊，頁52。

〔註115〕乾隆十六年三月十九日陳大受奏摺，收錄於中國第一歷史檔案館，《清代硃批奏摺財政類目錄》，第二分冊，頁53。

〔註116〕乾隆十三年一月十五日唐英奏摺，收錄於《軍機處檔摺件》，（臺北：國立故宮博物院藏，文獻編號006628）

〔註117〕「十四年盈餘銀一十七萬九千一百八兩八錢零，較乾隆十三年盈餘銀一十九萬九千九百三十三兩三錢零計算，短少銀二萬八百二十四兩五錢零，較雍正十三年盈餘銀一十四萬八千五百九十七兩五錢零，多銀三萬五百一十一兩三錢零。」十四年盈餘因雖少於上年，但卻有達到不可少於雍正十三年的標準。「十五年首季盈餘較乾隆十四年短少銀二萬五千八百二十兩零，較雍正十三年手計分止，短少銀一千二百一十兩零。」收錄於國立故宮博物院圖書文獻處編，《宮中檔乾隆朝奏摺》，第3輯，乾隆十七年五月二十日伊繼善奏摺，頁94～96。

餘較十四年，僅多收銀數十餘兩。伊繼善細查經徵底簿數目，復又查訪情形，具係儘收儘解，並無收多報少情節。〔註118〕此次稽查雖無少報情弊，但足以見查核之審慎嚴格，由此筆者認為，唐英在榷關職務上的表現，應是通過了嚴格的稽核考驗。

　　唐英掌榷關在許多人眼中雖是肥缺的職務，但唐英似乎做得並不安逸，有數次請奏專司窯務的紀錄。雖然也有可能僅是謙卑的虛詞，但仍可見唐英榷關困難的理由，以及他認為管理窯務才是他擅長的部份。以下整理了唐英曾奏請回京當差，或回景德鎮專司窯務的資料：

表 4　唐英奏請回京與專司窯務之原由

時　間	原　由	硃　批	出　處
乾隆二年十一月十五日	奴才家世寒微奴僕甚少，不得不用長隨以供差遣，但此輩肌附飽颺，理勢必然。奴才司榷兩載……此輩投靠方新，弊竇未諳，且與書役等人未甚熟習，鈐束尚易……但淮、宿、海三關分設之口岸，周袤七百里，恐時日久長，家人、長隨、與書役人等，心情漸熟，表裏作奸……奴才以一人之耳目……萬一覺察稍有未到，不獨奴才罪無可逭……倘蒙天恩，俯准回京當差……	此奏不准行，仍時刻約束家人衙役可也	《清宮瓷器檔案全集》卷一，頁 257～258。
乾隆三年十二月初六	燒造瓷器雖係瑣細工藝，必須諳練熟查，時與工匠講究，方得全美。但默爾參峨（默爾森額）管理窯工僅止二年，未能諳練深慮，以致瓷器粗糙數目減少。……今宿遷關去江西窯廠約二千二百餘里，實有鞭長莫及之虞，仰懇天恩，畀令奴才前往窯廠專司窯務。		《清宮瓷器檔案全集》卷1，頁 282。
乾隆七年十一月二十九日	奴才伏念榷理關務，惟得循謹之員，即可勝任。若燒造瓷器。工作瑣屑，必熟諳泥土、火候之性者，始能通變辦理。況造成瓷器上供御用，辦理之員尤宜專一。今奴才管理九江關，計距廠三百餘里，雖每年可以赴廠兩次。并得九江知府暫管關務，奴才每次赴廠，可以多住時日料理瓷務，但道里往返，一年工作只得一、兩月監看，究不能逐件檢點，殊非專一敬事之意……	仍令照管關務，窯上多住幾日亦可	《清宮瓷器檔案全集》卷2，頁 149。

〔註118〕國立故宮博物院圖書文獻處編，《宮中檔乾隆朝奏摺》，第 3 輯，乾隆十七年五月二十日伊繼善奏摺，頁 94～96。

乾隆十一年	一奴才伏念從前關差，歲一更換，防家人長隨與書役漸熟，易於作奸滋弊也。今奴才以內務府微末之員，荷蒙皇上殊恩，榷司九江關務……，恐口岸遼闊，悉在長江大河之中，非若他關易於考察……。況奴才每歲例須赴窰廠兩次，雖有九江知府代為暫管，究恐偶有疏忽，奴才咎所難免。榷課為錢糧重務，實非駑駘久負荷……奴才螻蟻微軀，猶可別當差事，或竟赴窰廠，專司瓷務……	汝再留一年，咨部知之	《唐英全集》乾隆十一年十月十八日

　　乾隆二年，唐英於淮安關第一次奏請回御窰廠專司窰務。初掌關務對他來說是既陌生又吃力，尤其淮安關是控扼南北大運河的中心，黃河，淮河及運河，於其西北交匯。《淮安府志》云：淮泗布列於西北，山海市列於東南，固通泰而屏蘇松，通齊魯而達汴洛。其納課之範圍，東西數百里，南北近千里，其中征稅大關有：板閘、宿遷、廟灣口（原屬江海關管轄）三處。〔註119〕業務繁重、人事複雜可想而知。

　　對於沒有榷關經驗的唐英，乾隆皇帝做了減輕唐英榷關工作的安排。從乾隆三年十一月十六日上諭檔來看，唐英在奏報淮關一年（乾隆三年）差滿，請派員接管時，乾隆先派準泰（生卒年不詳），後改令三保（生卒年不詳）幫唐英暫行辦理。唐英則負責單管宿遷關稅務，兼燒造瓷器。〔註120〕

　　皇帝雖已減輕唐英管理關務的工作，但到了乾隆三年底，唐英還是因協造默爾森額管理窰工僅二年，不夠諳練深慮，加上宿遷關距離江西窰廠約二千二百餘里，鞭長莫及。唐英以為使造辦瓷器可以多得全美為由，還是奏請回廠專司窰務。〔註121〕

　　筆者推斷很可能是源於乾隆三年九月時，唐英奉命燒造的奉先殿祭祀所用瓷器，被責釉水不全、不堪應用。不但被責，還將瓷器「相應退回，著落唐英照數賠補」，並要他嗣後務必敬謹。〔註122〕這次失職的壓力，使唐英在年底奏報差滿時，又提出回窰廠專司窰務的請求。

　　唐英日後，仍有數次請求專司燒造。在關務與窰務上，唐英多半認為，

〔註119〕何本方，〈淮安榷關簡論〉，《淮北煤師院學報》社會科學版，第二、三期合刊，（安徽：淮北市淮北煤師院，1988），頁28。

〔註120〕中國第一歷史檔案館，《乾隆朝上諭檔》，第1冊，頁327。

〔註121〕乾隆三年十二月初六日海望奏摺，收錄於鐵源、李國榮，《清宮瓷器檔案全集》，卷1，頁282。

〔註122〕乾隆三年九月初十日總管內務府奏摺，收錄於鐵源、李國榮，《清宮瓷器檔案全集》，卷1，頁281。

複雜的官場文化，與無法如期核銷錢糧的壓力下，督陶才是他的志向，沉浸在陶人的世界比較單純。無怪乎從他詩文所顯現出的理念與價值，都是以陶人自詡自居。

身兼窯務的壓力實應不小，一方面唐英自己陳述，榷關時要憂心家人、長隨、與書役人等，心情漸熟，表裏作奸。無論是淮安關亦或九江關、粵海關，都是清代數一數二的大關，要掌理收稅的繁瑣業務的確必須謹慎，加上奏報錢糧查核嚴密，唐英不得不戰戰兢兢，謹小慎微的辦事。

再者，管理窯務對於唐英來說是諳熟的工作，但仍有燒造數量或品質未達皇帝標準而被責，進而有不准報銷，著令賠補。除先前提到的乾隆三年，往後乾隆八年、十三年與十五年，亦曾受責賠補，其情況分述如下：

乾隆八年唐英接到怡親王訥親及內大臣海望來文，查核唐英報銷元年、二年燒造瓷器錢糧，以「所造瓷器釉水花紋遠遜從前，又破損過多，分條核減共銀貳千壹百陸拾肆兩伍錢伍分參釐參絲伍忽貳微」〔註123〕，唐英奉旨必須賠補。

又乾隆十二年十二月二十一日，內務府奉旨「將選定瓷器交唐英，嗣後燒造俱照現今發去樣款為定……此外從前奏准樣款及該監督新擬樣款摠不許用。」〔註124〕然而唐英卻不知何故，未照新樣燒造，於是乾隆傳旨怡親王說：「此次唐英呈進瓷器仍係舊樣，為何不照所發新樣燒造進呈？將這次呈進瓷器錢糧不准報銷，著伊賠補。」〔註125〕

乾隆十五年七月十二日，員外郎白世秀來說，太監胡世傑傳旨：「唐英上年所進磁器內，選出缺釉、毛邊、足破甚多。」乾隆認為，那時候唐英知道自己將要調離，於是「將腳貨選入上色，希圖朦混」，遂令「將選出釉水不全等磁器數目，不准報銷，著伊賠補。再傳與回子知道，以後選上色瓷器務要小心辦理，不可疏忽。」〔註126〕

除上述賠補之外，活計檔中也不時出現唐英被責備燒造不好，或皇帝不

〔註123〕乾隆八年九月十七日唐英奏摺，收錄於鐵源、李國榮，《清宮瓷器檔案全集》，卷2，頁218。

〔註124〕乾隆十二年十二月二十一日三口奏摺，收錄於鐵源、李國榮，《清宮瓷器檔案全集》，卷3，頁86。

〔註125〕《乾隆十三年各作成做活計清檔》，收錄於鐵源、李國榮主編，《清宮瓷器檔案全集》，卷3，頁211。

〔註126〕《乾隆十五年各作成做活計清檔》，收錄於鐵源、李國榮主編，《清宮瓷器檔案全集》，卷3，頁369。

滿意的紀錄。例如：乾隆二年十月有紀載：「花瓶嘴子甚粗」、「葵瓣四寸上龍髮綠釉水不清楚」。〔註 127〕，乾隆三年十月二十九日：「釉裡紅龍梅瓶紅龍顏色不好，……查斗不堪用，以後少燒造」、「今年送來瓷器甚少是何緣故」。〔註 128〕十一月初二日，唐英又被責問：「燒的瓷器少，釉水亦不好」，還要海望寄信去申斥唐英。〔註 129〕然而乾隆元年至三年底，唐英在淮安關榷關期間，距離御窯廠兩千里，其實並未到過窯廠。窯務是由乾隆二年才到廠的協造默爾森額在廠協理，燒造瓷器的品質與數量一再使乾隆不滿意。

乾隆六年四月十二日唐英受責：「燒造上色之瓷器甚糙，釉水不好，瓷器內亦有破的，著怡親王寄字與唐英」〔註 130〕。唐英雖解釋原因，為「上年秋間催總默爾森額報病之時，奴才又距廠三百餘里，不能逐件指點」〔註 131〕，以致瓷器粗糙，搬運磕碰破損。不過當時唐英已轉任九江關，但仍無法將窯務穩定帶上軌道。於此，乾隆皇帝似乎並不接受他的解釋，更翻出舊帳，指責唐英未按時奏銷：

> 不但去年，數年以來所燒造者，遠遜雍正年間所燒者，且汝從未奏銷。旨到可將雍正十、十一、十二、十三等年所費幾何？所得幾何？乾隆元年至五年所費幾何？所得幾何？一一查明，造冊奏聞備查，仍繕清單奏聞。〔註 132〕

乾隆七年六月十四日，司庫白世秀副催總達子來說，太監高玉傳旨：「唐英此運磁器燒造的平常，腳貨甚多，著怡親王內大臣海忘記自，著實申飭。」〔註 133〕乾隆十三年五月，太監張玉傳旨問唐英：「燒造的觀音如何還不得？」

〔註 127〕《乾隆二年各作成做活計清檔》，收錄於鐵源、李國榮主編，《清宮瓷器檔案全集》，卷 1，頁 264。

〔註 128〕《乾隆三年各作成做活計清檔》，收錄於鐵源、李國榮主編，《清宮瓷器檔案全集》，卷 1，頁 345～346。

〔註 129〕《乾隆三年各作成做活計清檔》，收錄於鐵源、李國榮主編，《清宮瓷器檔案全集》，卷 1，頁 346。

〔註 130〕乾隆六年五月二十四日唐英奏摺，收錄於鐵源、李國榮，《清宮瓷器檔案全集》，卷 2，頁 55。

〔註 131〕乾隆六年五月二十四日唐英奏摺，收錄於鐵源、李國榮，《清宮瓷器檔案全集》，卷 2，頁 55。

〔註 132〕乾隆六年五月二十四日唐英奏摺，收錄於鐵源、李國榮，《清宮瓷器檔案全集》，卷 2，頁 55。

〔註 133〕《乾隆七年各作成做活計清檔》，收錄於鐵源、李國榮，《清宮瓷器檔案全集》，卷 2，頁 180。

乾隆認為：「是唐英不至誠，著他至至誠誠燒造。」〔註134〕雖說燒造御窯是
唐英擅長的事，但燒造瓷器相關的細節繁瑣，乾隆皇帝要求甚高。為此十三
年七月，乾隆傳旨再問唐英，瓷白衣觀音手與髮髻不要活的，能不能燒造？
唐英回覆說，若手與髮髻不要活的，無出火氣的地方，所以燒不來。如此細
節與專業，想來是唐英以外的其他督陶官員無法回答，也無法超越的。

圖1　天津博物館藏「清　乾隆唐英敬製款白釉觀音」

觀音像呈半跏趺坐，頭戴風帽，束黑髮高髻，眼簾自然下垂，眉目清秀，形象端莊，
身體比例勻稱，衣紋線條流暢。高19.5釐米、寬21釐米、厚13釐米。袒胸，胸前
佩戴瓔珞，身上交補襟披袈，內穿抹胸，為漢式裝飾，給人以嫻靜、端莊、肅穆、安
詳之感。背部豎式長方框內暗刻陰文「唐英敬制」四字篆書款。〔註135〕

　　就在唐英任粵海關期間，接掌九江關兼管窯務的惠色，其燒製御器的表
現，讓乾隆十分不滿意。惠色所交十五年分磁器內有霞破、毛邊、口破、胎

〔註134〕《乾隆十三年各作成做活計清檔》，收錄於鐵源、李國榮主編，《清宮瓷器檔
　　　　案全集》，卷3，頁188。

〔註135〕資料來源：天津博物館網址：https://www.tjbwg.com/cn/collectionInfo.aspx?
　　　　Id=2610，查閱於2021/7/1。乾隆十三年七月十二日，太監胡世傑交填白拱花
　　　　瓷白衣觀音一尊，見《乾隆十三年各作成做活計清檔》，收錄於鐵源、李國
　　　　榮主編，《清宮瓷器檔案全集》，卷3，頁195。

破、足破、吊釉、耳破的,「俱不准其報銷錢糧」。〔註136〕乾隆還說他:「燒的俱各平常,此係惠色不懂燒造磁器,又不用心,故致粗糙。」〔註137〕要求怡親王等申飭惠色。

　　筆者發現,十五年至十七年初,惠色兼管窯務期間,乾隆皇帝所交代傳辦物件,從造辦處活計檔中所見,多為「交江西」,〔註138〕而非交惠色;不若唐英時期,通常會記「交唐英」。特別指名交唐英,應該意味讓唐英以其專業關注照看,而惠色不懂燒造,遂只能直接交由江西景德鎮御窯廠的老格,也比惠色來得專業。依照舊經驗,老格更能領會乾隆皇帝對御窯的要求。

　　乾隆十七年十二月,唐英奉命從粵海關將調回九江關,紀錄上唐英奏報自粵啟程是十七年正月十七日,〔註139〕然而唐英尚未離粵,十六年十二月即有旨交辦燒造任務。要將鈞釉磁麵等材料,「交與唐英做胎骨,不許添減,要尚好鈞釉,要盂缸款式,燒造缸一口,欽此」。〔註140〕

　　這種情況筆者推測有兩種可能,一是已知唐英不久將回九江關,預先將皇帝指定傳辦交付唐英,待回御窯廠時完成。但也可能是唐英在粵海關時期,有執行燒製瓷器相關之事。施靜菲在〈乾隆朝粵海關成做之「廣琺瑯」〉中提到,廣東有製造畫琺瑯〔註141〕的能力,約乾隆十三年前後,粵海關即經常受命成做琺瑯送進宮中,粵海關監督也扮演著尋找人才與承辦貢品的任務。

　　從乾隆十五年始,直接派內務府官員擔任粵海關監督,而唐英正是乾隆時期首位由內務府出身的粵海關監督。其除了繼續送進人才和相關物品,還

〔註136〕《乾隆十六年各作成做活計清檔》,收錄於鐵源、李國榮主編,《清宮瓷器檔案全集》,卷4,頁13。

〔註137〕《乾隆十六年各作成做活計清檔》,收錄於鐵源、李國榮主編,《清宮瓷器檔案全集》,卷4,頁9。

〔註138〕《乾隆十五年各作成做活計清檔》、《乾隆十六年各作成做活計清檔》,收錄於鐵源、李國榮主編,《清宮瓷器檔案全集》,卷3,頁360、373。卷4,頁9、23。

〔註139〕國立故宮博物院圖書文獻處編,《宮中檔乾隆朝奏摺》,第2輯,乾隆十七年三月二十一日唐英奏摺,頁481。

〔註140〕《乾隆十六年各作成做活計清檔》,收錄於鐵源、李國榮主編,《清宮瓷器檔案全集》,卷4,頁23。

〔註141〕畫琺瑯(painted enamelware)於15、16世紀首先出現在法國,其技法是在金屬胎(大多是銅胎)表面以琺瑯料彩繪,製作時通常先在金屬胎表面及器內燒上一層底色釉,施以顏料彩繪後再經燒製而成,後將顏料著於瓷胎、玻璃胎上。見施靜菲,〈乾隆朝粵海關成做之「廣琺瑯」〉,《國立臺灣大學美術史研究集刊》,35期,2013年9月,頁97。

須成做內務府負責之重要活計。施靜菲更甚而推論，唐英在乾隆十五年赴粵，有相當可能是建立制度，並促成景德鎮所製「洋彩」與廣州所作「廣琺瑯」之經驗交流。〔註142〕

　　儘管目前有關廣琺瑯燒造的資料有限，唐英在粵期間，筆者亦未見造辦處檔案，有明確提及唐英管理廣琺瑯燒造。〔註143〕但能肯定的是，在燒造御窯瓷器的能力及專業上，唐英自然是深獲乾隆皇帝信任與器重的。

　　管理窯務最令唐英焦頭爛額的部分，應是燒造錢糧的核銷及次色瓷器之變價。次色瓷器變價不易，已於第二章窯務制度的經營與推行有所說明，而每年燒造費用及各種雜項錢糧的支出，唐英亦經常無法按時奏報。

　　乾隆六年五月二十四日硃批遣責：「汝從未奏銷」，並要求「將雍正十、十一二三等年所費幾何？所得幾何？乾隆元年至五年所費幾何——查明造冊奏聞。」〔註144〕唐英雖於十一月初七日將各年分動支錢糧及陶務清冊呈報。不過完成奏報與被責之間竟又相隔近半年之久。唐英解釋：

> 蓋緣瓷器之多寡由於火候之旺衰；火候之衰旺視乎歲時之陰晴，且
> 自胚胎以及入窯破損又非一例，不能按數成器，所有揀選齊全。上
> 色十中難得四五，除破損廢棄外，其選落瓷器俱入次色估計送京，
> 數年以來悉照例辦理……。〔註145〕

最終唐英仍無法按年完成奏報核銷錢糧，乾隆六年〔註146〕於乾隆十二年核

<hr>

〔註142〕畫琺瑯技術由傳教士從廣東引進，後被帶至北京，最早由內務府造辦處於北京製做，後由宮廷傳到地方。瓷胎畫琺瑯若於景德鎮上彩、燒製，則稱「洋彩」，銅胎畫法瑯若由宮中發樣至粵海關完成，則為「廣琺瑯」。見施靜菲，〈乾隆朝粵海關成做之「廣琺瑯」〉，頁95～98。

〔註143〕雍正六年二月二十二日，怡親王在宮中試燒煉琺瑯料，唐英和沈喻則從旁紀錄所需的物料、錢糧。見張發穎主編，《唐英全集》，第4冊，頁1212。唐英很早就接觸琺瑯料，並參與過相關研製燒琺瑯的項目，有可能與派任他到廣東，參與廣琺瑯燒製提供了相關的背景。

〔註144〕乾隆六年五月二十四日唐英奏摺，收錄於張發穎主編，《唐英全集》，第4冊，頁1178。

〔註145〕乾隆六年十一月初七日唐英奏摺，收錄於鐵源、李國榮，《清宮瓷器檔案全集》，卷2，頁62。

〔註146〕乾隆十二年十月初七日總管內務府奏摺，收錄於鐵源、李國榮，《清宮瓷器檔案全集》，卷3，頁70。乾隆十二年以後，依唐英所報六年之數為標準，制定次色瓷器變價虧折原製價定以三成，破損瓷件定以二成，倘浮於此數，及著落唐英陪補。又唐英造《燒造瓷器則例章程冊》，乾隆十二年以後奏報錢糧的規定更為嚴格。

銷，乾隆七年、〔註147〕八年〔註148〕於十五年核銷，九年分〔註149〕則於十六年核銷，十年、〔註150〕十一年〔註151〕於十七年核銷。關於唐英延遲核銷的情況，乾隆於十年與十一年奏銷的摺子上，分別硃批「這所查奏甚遲滯」〔註152〕、「著上緊催」。〔註153〕

　　事實上，內務府在奏報皇帝時，每次均會提及，已令唐英作速將尚未奏報年分之所有燒造瓷器用過錢糧檔冊分年造報。對於如此之延宕，乾隆於十七年下旨要求內務府，將十二至十六年尚未奏報之燒造錢糧「尚緊催之」。〔註154〕然而，唐英仍然無法盡速完成每年之核銷，除乾隆十五、十六年之燒造錢糧該由九江關監督惠色奏報，至乾隆十八年，唐英才將十二年〔註155〕及十三〔註156〕年的燒造錢糧奏銷，乾隆於硃批中責問到：十四年報銷為何尚未送到？要求內務府飭令唐英完成。然而一直要到乾隆二十年唐英才奏銷乾隆十四年〔註157〕與十七年〔註158〕的燒造錢糧，最後於乾隆二十一年三月，才完

〔註147〕乾隆十五年四月初二日總管內務府事務和碩莊親王允祿等奏摺，收錄於鐵源、李國榮，《清宮瓷器檔案全集》（北京：中國畫報出版社，2008），卷3，頁267～268。

〔註148〕乾隆十五年四月初二日總管內務府事務和碩莊親王允祿等奏摺，收錄於鐵源、李國榮，《清宮瓷器檔案全集》（北京：中國畫報出版社，2008），卷3，頁269～270。

〔註149〕乾隆十六年十一月初一日總管內務府事務和碩莊親王等奏摺，收錄於鐵源、李國榮，《清宮瓷器檔案全集》，卷3，頁383～384。

〔註150〕乾隆十七年二月十三日總管內務府事務和碩莊親王等奏摺，收錄於鐵源、李國榮，《清宮瓷器檔案全集》，卷4，頁35。

〔註151〕乾隆十七年和碩莊親王允祿等奏摺，收錄於鐵源、李國榮，《清宮瓷器檔案全集》，卷4，頁36。此奏摺未錄日期。

〔註152〕乾隆十七年二月十三日總管內務府事務和碩莊親王等奏摺，收錄於鐵源、李國榮，《清宮瓷器檔案全集》，卷4，頁35。

〔註153〕乾隆十七年和碩莊親王允祿等奏摺，收錄於鐵源、李國榮，《清宮瓷器檔案全集》，卷4，頁36。此奏摺未錄日期。

〔註154〕乾隆十七年和碩莊親王允祿等奏摺，收錄於鐵源、李國榮，《清宮瓷器檔案全集》，卷4，頁36。此奏摺未錄日期。

〔註155〕乾隆十八年二月初四日總管內務府事務和碩莊親王等奏摺，收錄於鐵源、李國榮，《清宮瓷器檔案全集》，卷4，頁111～112。

〔註156〕乾隆十八年七月初五日總管內務府事務和碩莊親王等奏摺，收錄於鐵源、李國榮，《清宮瓷器檔案全集》，卷4，頁112～113。

〔註157〕乾隆二十年七月二十四日總管內務府等衙門奏摺，收錄於鐵源、李國榮，《清宮瓷器檔案全集》，卷4，頁225～226。

〔註158〕乾隆二十年十二月二十日總管內務府等衙門奏摺，收錄於鐵源、李國榮，《清宮瓷器檔案全集》，卷4，頁230～231。

成十八年〔註159〕分的燒造錢糧奏銷。

七月二十九日唐英病逝於衙署，尚有十九年及二十年的燒造錢糧於生前未見完成奏銷。顯見唐英在管理窯務上，不擅錢糧的事實，不過，即便唐英一再延宕，乾隆皇帝也僅要求內務府對唐英斥責，並要求唐英加緊完成，並無更嚴厲的懲治。比對唐英在關務及窯務上的表現，似乎看得出乾隆要求唐英燒造御窯方面要做到盡善盡美，卻在錢糧管理的部分，僅要求完成奏銷，不至有貪汙或虧空即可。

皇帝對於辦差的奴才，有時也會特殊關照，乾隆十三年初，乾隆皇帝恩賞唐英一萬兩，從唐英謝恩折中可見唐英與乾隆私下的關係。首先唐英自稱是「院子內奴才」。「荷蒙皇上隆恩，疊命榷司關務，每年用度復蒙恩准支銷，不但奴才一身辦公充裕，衣食充足，即奴才一家六口亦皆眷養有資……復蒙皇上賞銀一萬兩，俾奴才用以置立產業，子子孫孫永沾天澤……。」〔註160〕

唐英獲得乾隆恩賞之一萬兩，〔註161〕是要用做置立產業，照顧家眷。此時的唐英已經六十七歲，擔任關稅監督從淮安關到九江關亦有十數年，尚無安身立命之產業。雖唐英在〈陶務敘略〉中曾提到「賜薪水之費五百金」〔註162〕，又燒造瓷器每年動支九江關盈餘一萬兩，用於「給發解費、養廉及解交養心殿造辦處……，給物料工價……、廠內僱募管作辦事人等辛力月工之費……」〔註163〕即便有支給養廉銀，事實上仍不敷給發廠內辦事人等辛費流滾。〔註164〕加上唐英不時得自掏腰包研發新樣，及私人各節給皇帝的進貢與賠補，可謂捉襟見肘。

乾隆對唐英的表現，於公於私應該是賞識而寬厚的，畢竟賞賜一萬兩是

〔註159〕乾隆二十年十二月二十日總管內務府等衙門奏摺，收錄於鐵源、李國榮，《清宮瓷器檔案全集》，卷4，頁294～295。

〔註160〕乾隆十三年一月十五日唐英奏摺，《軍機處檔摺件》，（臺北：國立故宮博物院藏，文獻編號001919）。

〔註161〕乾隆賞銀萬兩給唐英圖檔，清代宮中檔奏摺及軍機處檔摺件全文影像資料庫 http://npmhost.npm.gov.tw/tts/npmmeta/GC/cgop.html，查閱於：2021/1/11。

〔註162〕（清）唐英，〈陶務敘略〉，收錄於張發穎主編，《唐英全集》，第4冊，頁1161。

〔註163〕乾隆二十年六月十六日總管內務府等衙門奏摺，收錄於鐵源、李國榮，《清宮瓷器檔案全集》，卷4，頁224。

〔註164〕唐英呈報銷算乾隆十四年燒造瓷器用過錢糧冊時，呈報自乾隆六年起至十四年，遞年所出節省平色銀兩，不敷給發廠內辦事人等辛費流滾，透用平色銀一千九百七十兩三錢五分九釐。見乾隆二十年六月十六日總管內務府等衙門奏摺，收錄於鐵源、李國榮，《清宮瓷器檔案全集》，卷4，頁223～225。

很可觀的一筆數字。除此之外，乾隆皇帝也曾有賞賜錠藥子〔註165〕或賞御製詩〔註166〕、賜字〔註167〕、賞貂皮緞子〔註168〕給唐英，這種狀似親近的舉動。並也體恤唐英年進衰老，恐因粵海關稅務繁重，精力不能周到，於乾隆十五年指派兩廣總督陳大受協同管理，次子寅保帶原銜前往廣東，幫父辦理關務。〔註169〕雖然先前曾因為寅保被指派協助赴任時適逢散館〔註170〕，唐英因而奏請准於下科散館。不過此舉卻引起乾隆不悅，認為唐英是「意欲為其子寅保邀恩又不據實陳奏，轉似恐朕遺忘者，為此巧辭，殊非對君之體。」〔註171〕故而下令「寅保此次散館，不必加恩，著於下次授職。」〔註172〕甚至為此申飭唐英。此事皇帝表面上雖對唐英不滿，然而之後卻還是讓寅保授編修一職。〔註173〕由此來看，乾隆於奏摺中申飭唐英不懂分寸，看似唐英為此失了面子，實則其子寅保加恩授職得了裡子。

　　包衣雖是皇室的奴才，實際上因為容易接近皇帝，且皇帝常視之為「自

<hr>

〔註165〕「錠子藥恩賞的背後，實與政治交易緊緊相連。滿洲統治者賞賜大臣錠子藥，展示皇恩；大臣收下錠子藥之後，通常不以實物來回應，而是以效忠皇帝作為回禮。」見劉世珣，〈用作禮物賞賜的錠子藥：清前期的藥物知識及其在政治場域中的運作脈絡〉，《故宮學術季刊》，第 37 卷第 1 期，2020，頁 61。

〔註166〕《乾隆十七年各作成做活計清檔》，收錄於鐵源、李國榮主編，《清宮瓷器檔案全集》，卷 4，頁 84。

〔註167〕「恭謝皇上恩賞御書福字。」見國立故宮博物院圖書文獻處編，《宮中檔乾隆朝奏摺》，第 12 輯，乾隆二十年二月初七日唐英奏摺，頁 659～660。

〔註168〕「恭謝皇上恩賞貂皮六張、緞子四疋。」見國立故宮博物院圖書文獻處編，《宮中檔乾隆朝奏摺》，第 12 輯，乾隆十七年三月二十一日唐英奏摺，頁 659～660。

〔註169〕中國第一歷史檔案館，《乾隆朝上諭檔》，第 2 冊，頁 443。

〔註170〕「散館為明、清兩代於進士中甄別人才的方式之一。緣明、清兩代在新科進士中選取優秀人才，入翰林院教養、甄別，以為任用，稱為庶吉士；庶吉士三年學成後即考試甄選，成績優者，留在翰林院為編修、檢討，稱為留館，而成績次者，則派為給事中、御史主事，或出為州縣官，稱為散館。」見教育百科，網址：https://pedia.cloud.edu.tw/Entry/Detail/?title=%E6%95%A3%E9%A4%A8&search=%E6%95%A3%E9%A4%A8，查閱於：2020/10/25。

〔註171〕《高宗純皇帝實錄》，卷 388，乾隆十六年五月上 5 日，頁 94-2，取自北京愛如生數字化研究中心，《中國基本古籍庫》。

〔註172〕《高宗純皇帝實錄》，卷 388，乾隆十六年五月上 5 日，頁 94-2，取自北京愛如生數字化研究中心，《中國基本古籍庫》。

〔註173〕「乾隆十六年九月十九日內閣奉上諭，庶吉士寅保前因隨伊父唐英在粵海關任內，未經散館，著加恩賞給編修，欽此。」見中國第一歷史檔案館，《乾隆朝上諭檔》，第 2 冊，頁 571。

家人」，不但受到特別的恩典，並勝任一些重要職務。唐英所任九江關、淮安關、粵海關之監督，自乾隆初年起，分別專差包衣。〔註174〕唐英接掌這三個稅關之時，這些稅關正值轉換任用內務府人員的時機。

　　雖然唐英被派任榷關之職並非其所擅長，但皇帝在意的應該是能有奴才確保正項以外之額外收入，最後能進到皇帝的口袋，成為受皇帝控制的收入〔註175〕。似可看出皇帝在用人時，一位忠誠可信賴的奴才，比其能力或專長來得更為重要。若是一位曾在內廷行走，懂得皇帝意象的人來承辦內務府的差，則更顯其相輔相成的重要性。

圖2　乾隆賞銀萬兩給唐英圖檔

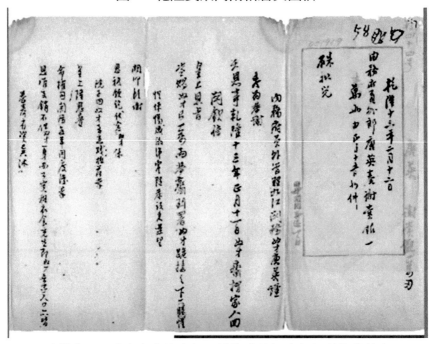

資料來源：清代宮中檔奏摺及軍機處檔摺件全文影像資料庫

〔註174〕「粵海關……於設立之初即派內務府司員擔任監督。……從雍正元年起，海關監督時設時撤，至乾隆十五年又重設監督，並由總督兼轄。……從乾隆十五年起，所派監督幾乎全為內務府人。」「乾隆四年起，任用內務府員外郎充任九江道，兼任九江關監督並兼管江西御窯廠窯務。」「淮安關監督……雍正年間自內務府總管年希堯任監督並代管江西御窯廠以後，皆任用內務府司員。」以上皆見何本方，〈清代的榷關與內務府〉，《故宮博物院院刊》，第2期，1985，頁4。

〔註175〕祁美琴，〈關於清代榷關「差官」問題的考察〉，《清史研究》，第4期，2003，頁54。

結　論

　　唐英為中國陶瓷史上的傳奇人物。其以自身對窯務的專業，協助乾隆改
革窯治，使清代瓷器燒造與經營制度達到前所未有的成就，並為後來的窯務
留下範例。然而過去甚少有對唐英進行全面的研究，僅只呈現其部分之人生。
本文藉由其生平、窯務、關務與詩文全面的探討，以展現對唐英更深刻之了
解與發現。

　　首先，唐英親力親為，體恤窯工，且忠心效力的特質，是其為官與受任
成功重要的原因。雍正六年，唐英被派赴景德鎮御窯廠協理窯務之時，完全
是門外漢。但是上任後「用杜門、謝交游，聚精會神、苦心竭力，與工匠同其
食息者三年」〔註1〕，終於深入了解物料火候變化，懂得抽添變通，不再唯諾
于工匠，能夠獨當一面。並且對泥土、釉料、胚胎、窯火等事得心應手。唐英
在景德鎮御窯廠穩定推行盡搭民燒與時價採買，注意到讓窯工的勞動受到保
障，擺脫明以來對工匠的苛扣剝削，與對地方的橫徵暴斂。加以燒造經費來
源固定，使雍正以後御窯的燒造呈現穩定發展，不再時燒時停。且窯工在有
報償的情況下，自然願意盡心盡力，即使不是燒造的季節，仍然願意配合燒
造。在人事管理上，唐英做到賞勤儆怠、矜老恤孤、醫藥棺槨、拯災濟患，故
其深受窯民愛戴。此與過去傳統官僚的行事大不相同，更迥異一班內廷官員
的上任。

　　唐英為官特出的另一面，是他能用對窯務的了解和專業與皇帝對話，在

<hr>

〔註 1〕（清）唐英，〈瓷務事宜示諭薰序〉，《陶人心語》，收錄於張發穎編，《唐英全
　　　　集》，第 1 冊，頁 99。

乾隆進行窯治改革時，唐英提出制度並訂定，為後來留下得以依循的範例。如其在解運瓷器赴京的路線上，建議改為直接由九江關解運赴京。不但省去先運送至淮再解運至京的時間與距離，並將燒造經費從原本淮安關更改為九江關支出。其次他注意到次色腳貨瓷器的價值，將原本散亂在廠的次色瓷器奏請解運至京，不過乾隆要求唐英將次色腳貨在本地（景德鎮）變價，這關係到內務府額外的收入，也與皇帝個人荷包有關，係非常敏感之事。於是唐英以自身對製瓷的了解，列出 25 項燒造瓷器所需物料與工序，再分琢、圓器二類，制定成《燒造瓷器則例章程冊》。內務府依照尺寸，則能計算出每件瓷器的製價，再依照《燒造瓷器則例章程冊》將大運瓷器之件數相乘加總，就能明確掌握督陶官報銷燒造錢糧的數字。而變價次色瓷器由此依循，按一定比例之虧折變價後奏繳，成為皇帝額外的收入。窯務制度的革新，有益於提升控制御窯產燒的效能，並使窯務的經營與推行朝向穩定的方向發展。透過造辦處檔案及唐英奏摺，可見唐對於改革的用心，更知道如何贏的皇帝與內務府的信任與放心。

此外，唐英對於燒造瓷器所投注的熱情，是其他任何一位督陶官所未能達到的。唐英在燒造工藝上，做到仿古與創新，《清史稿》記唐英「仿古採今，凡五十七種」，此外唐英亦仿西洋與東洋之作。自創新樣的部分往往是自掏腰包研製，新樣作為進貢，或請乾隆教導指正再燒，例如：御製詩轎瓶、夾層玲瓏交泰瓶等。由於清代皇帝對於御窯有特定形式、大小、顏色、圖樣等要求，如雍正要求瓷器燒造要依照「內廷恭造之式」。而乾隆對御窯的產造進行特別細密的掌控與干預。除透過「樣」、「稿」要求督陶官依照指示完成燒造，並從《陶冶圖》繪製的過程可見到。唐英配合皇帝要求，根據專業對《陶冶圖》加以解說，著有二十篇的〈陶冶圖說〉，以編製成《陶冶圖冊》。除以自身經驗完成製陶步驟的圖說，亦成就乾隆在窯治事業上所欲追求之完美。

綜上所述，唐英是一位稱職的督陶官，實踐了皇帝對御窯的要求與理想，他所推行改革窯務的制度，奠定乾隆中期以後之御窯發展，不致因唐英亡故而衰微。值得注意的是，唐英在建立與執行窯務制度的過程並非容易，本文論及其在執行上所面臨的困境。如何符合乾隆皇帝對窯務發展的期許及要求，特別是錢糧核銷與次色瓷器變價的事務上，一直是唐英在處理窯務上的重大問題。但他的忠誠與盡心，終獲皇帝的嘉許。

唐英雖在陶瓷史上佔有重要地位，並在建立窯務制度上有重要貢獻，然

其專管窯務的時間僅有兩次，前後共約八年，其餘為宦生涯裡有近二十年是身兼關務與窯務。唐英其實不擅管理錢糧，經常無法將燒造錢糧按時奏報核銷，次色瓷器之變價與奏繳亦一再拖延，曾多次被皇帝催繳督責，於此唐英備感壓力，故數度請求回御窯廠專司窯務。然而乾隆卻一再將他留任，應是其廉潔與在窯務上的表現能讓皇帝放心之故。而後當乾隆曾另覓惠色接掌九江關，卻安排唐英接掌粵海關，甚至在惠色不堪關務兼窯務時，再度將唐英調回原任，再度兼管窯務。於此可見唐英始終是皇帝相信與重用的人員。

清帝也並非盲目的信任唐英。不但是任職稅關要受到監督，還須通過嚴密的考核，每年稅收必須達到規定的額度。乾隆也指派地方督府觀察考核唐英任職於地方的表現。兩江總督黃廷桂、高斌、尹繼善均曾參與查核唐英奏報之錢糧，同時乾隆還派兩廣總督陳大受監視唐英父子在粵海關的表現。唐英的謹小慎微，通過了乾隆的考驗，得到「人似體面」的評價。

唐英之所以受到重用，亦與他的背景有密切的關係。唐英為包衣出身，其家隨從滿人入關。故其十六歲即在養心殿當差，曾先後侍奉過康熙，雍正、乾隆三位皇帝。在內廷的二十餘載中，還曾三次隨康熙皇帝南下。而後自雍正元年起，開始在內務府造辦處當差。這層與清帝特殊的關係，遠非一班朝臣可比。同時清朝初期，滿人權貴內鬥頻繁，唐英始終得到重用，亦可見其頗能觀察情勢，善於拿捏，懂得趨吉避凶之道。乾隆二十年皇帝召年邁的唐英回京，授予正三品奉宸苑卿之銜，算是對唐英的嘉許，並期勉唐英教子寅保繼承父志，更是對唐英父子的忠誠予以肯定。從另一個角度來說，唐英的官宦生涯，其實也是一個很好的例子，顯現清朝前半期為皇帝對於包衣奴才的任用，以及包衣如何為內務府的收入在努力。

再從唐英生平來看。唐英少年時期未有完整的讀書機會，但是他勤奮好學，並課子甚嚴，深諳儒家的道理。他雖然不是地方父母官，卻體恤窯工，憐憫災民，並自掏腰包獎掖學士，處處表現了儒家思想。他因被派往南方任職而遠離故鄉，致使家人離散，加上長年於關務與窯務間奔走，雖須肩負照顧家人的責任，但唐英總是選擇盡於職責效力皇命，故詩文中常顯露身世飄零的感嘆。晚年甚至靠乾隆賞賜一萬兩銀，來置辦宅第安置家人，唐英仍一心期許二子報效皇恩。

唐英雖曾於宮廷任職，卻甚少結交顯貴，卻因其本身的多才多藝，在繪畫、戲曲上，常有藝文之友互相切磋。唐英喜好音律，培養家班，自行創作劇

曲，完成《古柏堂傳奇》，常於讌集間自娛娛人。又如時人董榕、張堅、蔣仕銓，才華橫溢以戲曲稱著，唐英與他們互相切磋，甚至仰慕他們的才華，即使當時的張堅未取得功名，蔣仕銓年僅二十二，唐英仍愛才惜才，與他們分享自己的創作。

　　最可反映唐英心境的當屬唐英所留下的詩文集《陶人心語》及續選。唐英將自己的心志與生活抒發於詩文，由幕友顧棟高集結成冊，唐英自命為《陶人心語》，還自言滄滄漠漠一陶人也。《陶人心語》中，記載唐英與友人讌集、作詩、觀劇、贈畫等活動，其中真誠質樸的互動，也代表唐英的性格與為人。《陶人心語》中所記與之結交者，常為寺廟僧侶、秀才舉人，甚至村夫漁樵。其中有幾位對唐英有較重要的影響，例如：身為幕友或下屬的顧棟高、吳堯圃、老格。唐英對他們信任與倚仗，他們亦在工作上，協助唐英達成重要任務，彼此敬重。此外他獎掖文風，修繕琵琶亭，與亭上往來詩人以詩互籌，為後世視為美談。而他與鄉野漁樵的往來，故不乏以百姓為題材融入戲劇的作品。其公務之餘遊歷古蹟、廟宇、亭閣，寄託山水，自稱閒官野署，詩文中常呈現質樸純真而淡泊的心境。

　　最後，在研究唐英的過程中，也發現一些將來值得開展的課題。例如，唐英的《陶人心語》中，有許多唐英在淮安關、九江關、粵海關地區與當地士宦結交的資料。他們互動的模式與內容，呈現清初長江流域士人生活樣貌。而唐英交友的網絡，其實值得做交遊圈的探討，可以觀察他們的互動與情誼。另外，由於官方資料較豐富，所以瓷器史的研究趨向多以探討官窯為主。然而，窯民的生活、民間窯廠的經營與產銷，亦值得探索。

徵引書目

一、古籍

1. （明）王沐宗，《江西大志》，收錄於《中國方志叢書》第 799 號，臺北：文成出版社，1989 年。

2. （明）李東陽等奉敕撰、申時行等奉敕重修，《大明會典》。

3. （明）徐學聚，《國朝典彙》，收錄於《四庫全書存目叢書》，第 266 冊，臺南縣：莊嚴文化，1996 年。

4. （清）王臨元撰修、陳淯增修，《浮梁縣志》，北京：中國書店出版，1992 年。（清）巴泰監修，《清世祖實錄》，北京：中華書局，1985 年。

5. （清）朱琰，《陶說》，收錄於楊家駱主編，《藝術叢編第一集》，第 33 冊，臺北：世界書局，1980 年。

6. （清）吳允嘉，《浮梁陶政志》，收錄於楊家駱主編，《藝術叢編第一集》，第 33 冊，臺北：世界書局，1980 年。

7. （清）李玉棻撰，《甌鉢羅室書畫過目攷》，收錄於周駿富，《清代傳記資料叢刊》，臺北：明文書局，1985 年。

8. （清）李成謀，《石鐘山志》，清光緒九年聽濤眺雨軒刻本。

9. （清）李放，《八旗畫錄》，收錄於周駿富，《清代傳記叢刊》，臺北：明文書局，1985 年。

10. （清）李濬之編，《清畫家詩史》，收錄於周駿富，《清代傳記資料叢刊》，臺北：明文書局，1985 年。

11. （清）阮葵生，《茶餘客話》，北京：中華書局，1959 年。

12. （清）查禮，〈年窯墨注歌〉，《銅鼓書堂遺稿》，清乾隆查淳刻本。

13. （清）胡敬，《胡氏書畫考三種》，清嘉慶刻本。

14. （清）唐英撰，張發穎、刁云展整理，《唐英集》，瀋陽：遼瀋書社出版，1991 年。

15. （清）唐英撰，張發穎主編，《唐英全集》，第 1～4 冊，北京：學苑出版社，2008 年。

16. （清）袁枚，《隨園詩話》，清乾隆十四年刻本。

17. （清）寂園叟，《陶雅》，收錄於楊家駱主編《藝術叢編第一集》，第 34 冊，臺北：世界書局，1980 年。

18. （清）張玉書等編纂，《康熙字典》，北京：中華書局，2002 年。

19. （清）張廷玉等纂，《明史》，臺北：藝文印書館，1955 年。

20. （清）張廷玉等纂，《明史》，北京：中華書局，1986 年。

21. （清）張廷玉等纂，《新校本明史》，臺北：鼎文書局，1991 年。

22. （清）梁同書，《古窯器攷》，收錄於楊家駱主編，《藝術叢編第一集》，第 33 冊，臺北：世界書局，1980 年。

23. （清）盛叔清輯，《清代畫史增編》，收錄於周駿富，《清代傳記資料叢刊》，臺北：明文書局，1985）年。

24. （清）許之衡，《飲流齋說瓷》，收錄於楊家駱主編，《藝術叢編第一集》，第 34 冊，臺北：世界書局，1980 年。

25. （清）陶樑，《國朝畿輔詩傳》，清道光十九年紅豆樹館刻本。

26. （清）嵇璜、劉墉等纂，《清通志》，清文淵閣四庫全書本。

27. （清）程哲，《窯器說》，收錄於楊家駱主編，《藝術叢編第一集》，第 33 冊，臺北：世界書局，1980 年。

28. （清）鄂爾泰等纂，《八旗滿州氏族通譜》，收錄於《景印文淵閣四庫全書》第 456 冊，臺北：臺灣商務印書館，1983 年。

29. （清）閔爾昌，《碑傳集補》，收錄於周駿富輯，《清代傳記叢刊》，臺北：明文書局，1986 年。

30. （清）馮金伯，《國朝畫識》，卷 5，清道光刻本。

31. （清）馮詢，《子良詩存》，卷 21，清刻本。

32. （清）黃本驥，《歷代職官表》，上海：上海古籍出版社，2005 年。

33. （清）董榕，《芝龕記》，收錄於《傅惜華藏古典戲曲珍本叢刊》，據乾隆刻本影印。

34. （清）趙爾巽，《清史稿》，收錄於周駿富，《清代傳記資料叢刊》，臺北：明文書局，1985 年。

35. （清）劉子芬，《竹園陶說》，收錄於楊家駱主編，《藝術叢編第一集》，第 34 冊，臺北：世界書局，1980 年。

36. （清）劉錦藻，《清續文獻通考》，民國景十通本。

37. （清）慶桂等撰，《大清高宗純皇帝實錄》，臺北，華聯出版社，1964 年。

38. （清）蔣士銓，〈琵琶亭別唐蝸寄使君〉，收錄《忠雅堂文集》，嘉慶 3 年重刊本。

39. （清）錢林，《文獻徵存錄》，清咸豐八年有嘉樹軒刻本

40. （清）錢陳群，《香樹齋詩文集（續鈔）》，清乾隆刻本。

41. （清）錫惠、石景芬，《江西省饒州府志》，收錄於《中國方志叢書（華中地方）》，第 255 號，臺北：成文出版社，1975 年

42. （清）謝旻等監修，《江西通志》，收錄於《文淵閣四庫書》，第 513 冊，臺北：台灣商務印書館，1983 年。

43. （清）藍浦、鄭廷桂著，《景德鎮陶錄》，收錄於楊家駱主編，《藝術叢編第一集》，第 33 冊，臺北：世界書局，1980 年。

44. （清）鐵保輯，《欽定熙朝雅頌集》，清嘉慶九年原刊本。

45. 不著撰人，《欽定總管內務府現行則例（一）》，收錄於《清代各部院則例》，香港：蝠池書院，2004 年

46. 不著撰者，《南窯筆記》，收錄於楊家駱主編，《藝術叢編第一集》，第 33 冊，臺北：世界書局，1980 年。

47. 不著撰者，《總管內務府現行則例（廣儲司）》，收錄於《近代中國史料叢刊》，第 86 輯，臺北：文海出版社，1972 年。

48. 中國科學院圖書館選編，《浮梁縣志》收錄於《稀見中國地方志彙刊》，26 冊，江蘇：中國書店，1922 年。

49. 中國第一歷史檔案館，《內務府造辦處各作成做活計清檔》，北京：中國第一歷史檔案館，1985 年。

50. 中國第一歷史檔案館，《乾隆朝上諭檔》，北京：檔案出版社，1991 年。

51. 中國第一歷史檔案館，《清宮內務府造辦處總匯》，第 8、11 冊，北京：人民出版社，2005 年。

52. 中國第一歷史檔案館、香港中文大學文物館合編，《清宮內務府造辦處檔案總匯》，北京：人民出版社，2005 年。

53. 朱家溍選編，《養心殿造辦處史料輯覽》，北京：紫禁城出版社，2003 年。

54. 故宮博物院明清檔案部編，《關於江寧織造曹家檔案史料》，北京：中華書局，1975 年。

55. 徐世昌輯，《晚晴簃詩匯》，民國退耕堂刻本。

56. 國立故宮博物院，《軍機處檔摺件》臺北：國立故宮博物院藏，文獻編號001919。

57. 國立故宮博物院圖書文獻處編，《宮中檔乾隆朝奏摺》，臺北：故宮博物院，1982 年。

58. 熊寥、熊微主編，《中國陶瓷古籍集成》，第 3 卷，南昌：江西科學技術出版社，2000 年。

59. 鐵源、李國榮主編，《清宮瓷器檔案全集》，北京：中國畫報出版社，2008 年。

二、專書

1. 中國古陶瓷學會編，《中國古陶瓷研究》第十輯，北京：紫禁城出版社，2004 年。

2. 史景遷（Jonathan D. Spence）著，溫洽溢譯，《曹寅與康熙》，臺北：時報文化，2012 年。

3. 江西省輕工業廳陶瓷研究所編，《景德鎮陶瓷史稿》，北京：三聯書店，1959 年。

4. 宋伯胤，《宋伯胤說瓷》，上海：上海古籍出版社，2003 年。

5. 李文治，江太新，《清代漕運》，北京：中華書局，1995 年。

6. 吳梅，《中國戲曲概論》，臺北：廣文書局，1971 年。

7. 李鵬年、劉子揚、陳鏘儀編著，《清代六部成語詞典》，天津：人民出版社，1990 年。

8. 汪慶正編，《簡明陶瓷詞典》，上海：上海辭書出版社，1989 年。

9. 周妙中，《清代戲曲史》，河南：中州古籍出版社，1987 年。

10. 張德山，《督陶官唐英》，北京：中國社會出版社，2007 年。

11. 童書業、史學通，《中國瓷器史論叢》，上海：上海人民出版社，1958 年。

12. 馮先銘編著，《中國古陶瓷文獻集釋》，臺北：藝術圖書公司，2000 年。

13. 趙宏，《中國古代仿古瓷》，北京：北京圖書館出版社，1997 年。

14. 鄭天挺，《清史》，臺北：雲龍出版社，2003 年。

15. 賴惠敏，《乾隆皇帝的荷包》，臺北：中研院近史所，2014 年。

16. 鐵源、李國榮，《清宮瓷器檔案全集》，北京：中國畫報出版社，2008 年。

17. 鐵源、溪明，《清代官窯瓷器史》，北京：中國畫報出版社，2012 年。

三、期刊論文

1. 王永恩，〈接納與俯視——論唐英對花部劇碼的重寫〉，《戲曲藝術》，第 3 期，2018 年，頁 75～82。

2. 王光堯，〈官御並存的明清官府窯業制度〉，收入王光堯，《中國古代官窯制度》，北京：禁城出版社，2004 年，頁 144～157。

3. 王光堯，〈清代御窯廠的建立與終結——清代御窯廠研究之一〉，《故宮博物院院刊》，第 2 期，2004 年，頁 35～47。

4. 王鈺欣，〈明清兩代景德鎮的官窯生產與陶政〉，《清史論叢》第 3 輯，1982 年，頁 81～99。

5. 王寧，〈論唐英對瓷業的貢獻——兼議唐英督陶成功的原因〉，收入《中國古陶瓷研究》，2004 年，頁 194～207。

6. 王璦玲，〈「改崑調合絲竹天道人心」——論唐英之戲劇教化觀與其「經典性」思維之建構〉，收錄於《中國文哲研究集刊》，第 32 期，2008 年，頁 73～108。

7. 王璦玲，〈「雖名傳奇，卻實是一段有聲有色明史」——論董榕《芝龕記》傳奇中之演史、評史與詮史〉，《戲曲研究》第十三期，2014 年，頁 61～98。

8. 朱順隆、劉守柔，〈明清景德鎮瓷業用工初考〉，《春秋文物》，第 2 期，2003 年，頁 10～18 轉 48。

9. 何本方，〈清代的榷關與內務府〉，《故宮博物院院刊》，第 2 期，1985 年，頁 3～11。

10. 何本方，〈淮安榷官簡論〉，《淮北煤師院學報》，第 2、3 期合刊，1988 年，頁 27～36。

11. 呂成龍，〈明代弘治、正德朝景德鎮御窯瓷器簡論〉，《故宮博物院院刊》，第 5 期（總第 193 期），2017 年，頁 121～132。

12. 余佩瑾，〈唐英與雍乾之際官窯的關係—以清宮琺瑯彩瓷的繪製與燒造為例〉《故宮學術季刊》，第 24 卷 1 期，2006 年，頁 1～43。

13. 余佩瑾，〈乾隆《陶冶圖冊》的繪製背景與創作意圖〉，《故宮文物月刊》，第 326 期，2010 年，頁 14～23。

14. 余佩瑾，〈《陶冶圖冊》所見乾隆皇帝的理想官窯〉，《故宮學術季刊》，第 30 卷第 3 期，2013 年，頁 185～235。

15. 余鋒、方文龍，〈論唐英詩歌〉，《江西師範大學學報》，36 卷 5 期，2003 年 9 月，頁，48～53。

16. 余鋒〈心正語清長歌行——淺論唐英詩歌〉，《景德鎮高專學報》，13 卷 1 期，1993 年，頁 7～14。

17. 吳兆清，〈清代造辦處的機構和匠役〉，《歷史檔案》，總第 44 期，1991 年 11 月，頁 79～89。

18. 宋伯胤，〈「陶人」唐英的「知陶」與「業陶」——試論唐英在中國陶瓷史上的地位與貢獻〉，《故宮學術季刊》，第 14 卷第 4 期，1997 年，頁 65～83。

19. 林業強，〈參古運新——劉源設計瓷樣考〉，收錄於故宮博物院古陶瓷研究中心編，《故宮博物院八十華誕古陶瓷國際學術研討會論文集》，2007 年，頁 11～24。

20. 祁美琴，〈關於清代榷關「差官」問題的考察〉，《清史研究》，第 4 期，2003 年 11 月，頁 44～57。

21. 施靜菲、彭盈真，〈從文化脈絡探討清代釉上彩名詞——琺瑯彩、洋彩與粉彩〉，《故宮學術季刊》，第 29 卷第 4 期，2012 年，頁 11～19。

22. 施靜菲，〈乾隆朝粵海關成做之「廣琺瑯」〉，《國立臺灣大學美術史研究集刊》，35 期，2013 年 9 月，頁 87～184。

23. 相曉燕，〈花雅之爭中的唐英〉，《浙江藝術職業學院學報》，第 1 卷第 4 期，2003 年 12 月，頁 14～29。

24. 荒井幸雄，〈監陶官の上奏文について〉，東洋陶瓷學會，《東洋陶磁》第 7 號，1981 年，79～111。

25. 張建群，〈關於清代唐窯研究上的幾個問題〉，《景德鎮陶瓷》，第 5 卷第 4 期（總第 70 期），1995 年，頁 43～61。

26. 張麗端，〈從《活計檔》看清高宗直接控管御製器用的兩個機制〉，《故宮學術季刊》，24 卷 1 期，2006 年，頁 45～70。

27. 梁淼泰，〈雍乾時期景德鎮傳辦瓷器的計數〉，南昌大學學報（人社版），第 34 卷第 3 期，2003 年，88～98 頁。

28. 莊吉發，〈錐拱雕鏤、賦物有象——唐英督陶文獻〉，《故宮文物月刊》，129 期，1993 年 12 月，頁 62～71。

29. 陳勇，〈晚清海關洋稅侵奪常稅析論〉，《中國社會經濟史研究》，第 1 期，2010 年，頁 30～38。

30. 陳國棟，〈清代前期粵海關監督的派遣（1683～1842）〉，《史原》，第 10 冊，1980 年，頁 139～168。

31. 陳國棟，〈粵海關（1684～1842）的行政體系〉，《食貨月刊》第 11 卷第 4 期，1981 年，頁 183～200。

32. 陳國棟，〈清代前期粵海關的利益分配（1684～1842）：粵海關監督的角色與功能〉，《食貨月刊》第 12 卷第 1 期，1982 年，頁 19～33。

33. 陳國棟，〈清代前期粵海關的稅務行政（1684～1842）〉，《食貨月刊》，第 11 卷第 10 期，1982 年，頁 465～487。

34. 陳國棟，〈清代中葉以後重要稅差專由內務府包衣擔任的幾點解釋〉，收錄於許倬雲、毛漢光、劉翠溶主編，《第二屆中國社會經濟史研討會論文集》，1983 年，頁 173～204。

35. 陳國棟，〈內務府官員的外派外任與乾隆宮廷文物供給之間的關係〉，《美術史研究期刊》，第 33 期，2012 年，頁 127～152。

36. 傅育紅，〈燒造瓷器章程制訂後御窯燒造經費的核銷〉，《故宮博物院院刊》，第 6 期，2006 年，頁 73～80。

37. 傅育紅，〈試論唐英與燒造瓷器章程的制定〉，《中國歷史文物》，第 2 期，

2007 年，頁 60～65。

38. 傅育紅，〈從清宮檔案揭示唐英與景德鎮官窯幾個階段的關係〉，《明清檔案與歷史研究論文集》，2008 年，頁 1487～1499。

39. 傅振倫、甄勵，〈唐英瓷務年譜長編〉，《景德鎮陶瓷》，1982 年，第 2 期（總第 14 期），頁 19～66。

40. 彭濤，〈明代宦官政治與景德鎮的陶政〉，《南方文物》，第 2 期，2006 年，頁 114～120 轉 111。

41. 童光俠〈唐英和他在景德鎮的詩歌創作〉，《景德鎮陶瓷》，第 10 卷第 1 期（總第 87 期），2000 年，頁 31～36。

42. 黃清華，〈被遺忘的唐窯佳器——唐英瓷製對聯與掛屏初探〉，《故宮文物月刊》，第 363 期，2013 年 6 月，110～119 頁。

43. 楊伯達，〈從檔案管窺清代官窯的盛衰〉，《中國古代藝術文物論叢》，2002 年，頁 129～144。

44. 葉佩蘭，〈從故宮藏品看乾隆時期「唐窯」的新成就〉，《故宮博物院院刊》，第 1 期，1986 年，頁 35～41。

45. 葉佩蘭，〈唐英及其助手的製瓷成就〉，《故宮博物院院刊》，第 2 期，1992 年，頁 18～22。

46. 葉佩蘭，〈雍正乾隆時期的仿古瓷〉，《紫禁城》，1993 年 3 期，頁 203～205。

47. 廖聲豐，〈試論清代榷關的管理制度〉，《歷史檔案》，第 1 期，2008 年，頁 35～38。

48. 劉世珣，〈用作禮物賞賜的錠子藥：清前期的藥物知識及其在政治場域中的運作脈絡〉，《故宮學術季刊》，第 37 卷第 1 期，2020 年，頁 39～52。

49. 蔡和璧，〈監督官、協造與乾隆御窯興衰的關係〉，《故宮學術季刊》，第 21 卷第 2 期，2003 年，頁 39～57。

四、學位論文

1. 王士銘，〈既是官員也是奴才：乾隆朝長蘆鹽政〉，國立暨南國際大學歷史學系碩士論文，2006 年。

2. 王朝麒，〈清代官窯型紋對應之研究〉，逢甲大學歷史與文物管理所碩士論文，2005 年。

3. 丘慧瑩，〈唐英戲曲研究〉，國立中央大學中國文學研究所碩士論文，1991年。

4. 余佩瑾，〈乾隆官窯研究：做為聖王的理想意象〉，國立臺灣大學藝術史研究所博士論文，2011年。

5. 康凱淋，〈顧棟高《春秋大事表》春秋學研究〉，輔仁大學中文系碩士論文，2006年。

6. 覃瑞南，〈清高宗御製工藝的研究〉，中國文化大學歷史研究所博士論文，2001。

7. 項曉瑛，〈唐英及其戲曲創作〉，華東師範大學中國古代文學碩士論文，2008年。

8. 黃麗君，〈皇帝及其包衣奴才：論清代皇權與內務府官僚體制〉，國立臺灣大學歷史學研究所博士論文，2014年。

五、電子資源

1. 2009年余珮瑾主持國科會研究計畫，提出〈匠作之外——從唐英〈陶成記事碑〉來看清雍正官窯的燒造〉，網址：https://www.grb.gov.tw/search/planDetail?id=1875782。

2. 中央研究院歷史語言研究所人名權威人物傳記資料庫，網址：http://archive.ihp.sinica.edu.tw/ttsweb/html_name/search.php。

3. 中研院近代史研究所清代奏摺檔案資料庫，網址：http://mhdb.mh.sinica.edu.tw/databaseinfo.php?b=002。

4. 中國哲學書電子化計劃（清）李書雲《問奇一覽》，網址：https://ctext.org/library.pl?if=gb&res=95663。

5. 中國哲學書電子化計劃（清）張廷玉《明史》，網址：https://ctext.org/library.pl?if=gb&file=142949&page=24。

6. 中國哲學書電子化計劃，李書雲、朱素臣〈問奇一覽〉網址：https://ctext.org/library.pl?if=gb&res=95663。

7. 中國第一歷史檔案館，網址：http://www.lsdag.com/nets/lsdag/page/article/Article_431_1.shtml?hv=。

8. 天津博物館，網址：https://www.tjbwg.com/cn/collectionInfo.aspx?Id=2610。

9. 北京愛如生數字化研究中心，《中國基本古籍庫》北京：黃山書社出版發

行。

10. 〈來看清雍正官窯的燒造〉網址：https://www.grb.gov.tw/search/plan Detail?id=1875782。

11. 國立故宮博物院典藏資料庫一器物典藏資料檢索系統，網址：https://antiquities.npm.gov.tw/。

12. 國立故宮博物院風格故事——康熙御製琺瑯彩瓷特展展覽概述，網址：https://theme.npm.edu.tw/exh109/ArtisticStyle/index.html#main。

13. 國立故宮博物院清代宮中檔奏摺及軍機處檔摺件全文影像資料庫，網址：http://npmhost.npm.gov.tw/tts/npmmeta/GC/cgop.html。

14. 國立故宮博物院清代宮中檔奏摺及軍機處檔摺件資料庫，網址：http://npmhost.npm.gov.tw/tts/npmmeta/GC/manual1.html。

15. 國立故宮博物院圖書文獻處一史館藏活計檔作名索引電子資料庫，網址：http://husscat.hss.ntu.edu.tw/xmlui/handle/123456789/7334。

16. 教育百科，網址：https://pedia.cloud.edu.tw/Entry/Detail/?title=%E6%95%A3%E9%A4%A8&search=%E6%95%A3%E9%A4%A8。

17. 漢語網，網址：http://www.chinesewords.org/dict/21710-98.html。

附錄一：唐英生平事略

時　間		年齡	事　　略	資料出處
康熙 21 年	壬戌（1682）	1	端午日唐英生。	唐英，〈九月二十八日和方老崔初度自壽原韻三首〉《陶人心語》卷 3
康熙 26 年	丁卯（1687）	6	父喪。	唐英，〈瀋陽唐叔子蝸寄先生傳〉《陶人心語》
康熙 27 年	戊辰（1688）	7	入鄉塾讀書。	唐英，〈書法指南序〉《陶人心語》《陶人心語續選》
康熙 36 年	丁丑（1697）	16	供俸內廷養心殿。	唐英，〈積翠軒詩集序〉《陶人心語》卷 5
康熙 49 年	庚寅（1710）	29	元配趙淑人亡，繼以淑人馬氏。	〈悼亡〉，《陶人心語》卷 3
康熙 54 年	乙未（1715）	34	長子文保生。	唐英，〈自題漁濱課子圖小照〉《陶人心語》卷 6
雍正 元年	癸卯（1723）	42	為內務府員外郎再造辦處當差。	唐英，〈陶務敘略〉《唐英全集》卷 4
			次子寅保生。	〈自題漁濱課子圖小照〉《陶人心語》卷 6
雍正 5 年	丁未（1727）	46	娶妾張可姬。	唐英，〈可姬小傳〉《陶人心語》卷 6
雍正 6 年	戊申（1728）	47	八月，唐英赴景德鎮佐年希堯協理窯務。	《清宮瓷器檔案全集》，卷 1
			唐英四十七歲時馬氏亦逝。	〈悼亡〉，《陶人心語》卷 3

雍正7年	己酉（1729）	48	三月，派吳堯圃至均州訪查均窯製法。	唐英，〈春暮送吳堯圃之均州〉《陶人心語》
雍正9年	辛亥（1731）	50	與工匠同其時息者三年，終能達到獨當一面，不再僅是維諾于工匠。	唐英，〈瓷務事宜示諭藁序〉《陶人心語》卷1
雍正13年	乙卯（1735）	54	寫成〈陶務敘略〉與〈陶成記事碑記〉。	唐英，〈陶務敘略〉，《陶人心語》，《唐英全集》
乾隆元年	丙辰（1736）	55	正月，年希堯革職。	中國第一歷史檔案館，《乾隆朝上諭檔》
			唐英奉旨接管淮安關。	乾隆四年三月初六日唐英奏摺，《清宮瓷器檔案全集》卷1
			作〈瓷務事宜示諭藁序〉。	〈瓷務事宜示諭藁序〉，《唐英全集》卷4
乾隆3年	戊午（1738）	57	九月，唐英奉命燒造的奉先殿祭祀所用瓷器，被責釉水不全、不堪應用，被要求賠補。	乾隆三年九月初十日總管內務府奏摺，收錄於鐵源、李國榮，《清宮瓷器檔案全集》，卷1
			唐英奏請回廠專司窯務。	《清宮瓷器檔案全集》卷1，頁282
			幕友顧棟高編成《陶人心語》。	顧棟高，〈陶人心語序〉，《唐英全集》，第1冊
乾隆4年	己未（1739）	58	唐英遵旨赴景德鎮專司窯務。唐英奏請於九江關贏餘內每年動支一萬兩作為窯工銀。乾隆命唐英管理九江關。	乾隆三年十二月初六日海望奏摺；乾隆四年正月二十三日唐英奏摺；乾隆四年正月二十三日唐英奏摺，《清宮瓷器檔案全集》，卷1
			長子文保於內務府當差。	乾隆四年八月十七日海望奏摺《清宮瓷器檔案全集》，卷1
			次子寅保隨辦理窯務。	乾隆四年八月十七日海望奏摺《清宮瓷器檔案全集》，卷1
乾隆6年	辛酉（1741）	59	唐英五十九歲，生三子萬寶。	〈庚申中秋後三日三子生於江州使署賦以識之〉，《陶人心語續選》

乾隆 6年	辛酉（1741）	60	五月唐英受到皇帝責備，所燒瓷器遠遜雍正年間，且未奏銷，要求將雍正十一、二、三年、乾隆元年至五年經費查明，造冊奏銷。	乾隆六年五月二十四日唐英奏摺《唐英全集》，卷4
			寅保於科得預鄉薦。	唐英，〈自題漁濱課子圖小照〉，《陶人心語》，卷1
			復製鈞窯有成。	唐英〈瓷鹿告成喜成四絕句〉《陶人心語》，卷1
			十二月十一日老格到廠任事。	乾隆六年七月二十一日海望奏摺《清宮瓷器檔案全集》，卷2
乾隆 7年	壬戌（1742）	61	六月，唐英受申飭：腳貨甚多燒造的平常。	《乾隆七年各作成做活計清檔》，《清宮瓷器檔案全集》，卷2
			唐英奏報七年分所用銀兩較前多用銀三十七兩八錢五分……著落唐英賠補。	傅育紅，〈燒造瓷器章程制定後御窯燒造經費的核銷〉
			十月二十七日，於窯廠回九江官途中，遇家人傳奉御旨，將御製詩燒造在轎瓶上。唐英即刻傳集工匠，將御製詩燒於轎瓶，獲得乾隆讚賞。	乾隆七年十一月二十九日唐英奏摺，《清宮瓷器檔案全集》，卷2
			十二月，造辦處來文：嗣後腳貨，不必來京，即在本處（九江關）變價。	唐英，〈請定次色瓷器變價之例以杜民謠冒濫摺〉，《唐英全集》，第4冊
			唐英出資試造新樣，恭請皇上教導指示。	乾隆八年九月十七日唐英奏摺，《清宮瓷器檔案全集》，卷2
乾隆 8年	癸亥（1743）	62	五月，唐英遵旨，由內廷交出《陶冶圖》二十張，次第編明，為作圖說進呈預覽。	朱琰，〈陶冶圖說〉，《陶說》
			新擬得夾層玲瓏交泰等瓶共玖種，伏祈皇上教導改正。	乾隆八年五月二十日奏摺，《清宮瓷器檔案全集》，卷2
			所造瓷器釉水花紋遠遜從前，又破損過多，分條核減共銀貳千壹百陸拾肆兩伍錢伍分參釐參絲伍忽貳微，唐英奉旨必須賠補。	乾隆八年九月十七日唐英奏摺，收錄於鐵源、李國榮，《清宮瓷器檔案全集》，卷2

			十一月，唐英奉上諭，要求燒造鼻煙壺。之後造得各款式鼻煙壺四十件。	乾隆九年二月八日唐英奏摺，《清宮瓷器檔案全集》，卷2
乾隆9年	甲子（1744）	63	乾隆之後於九年三月要求鼻煙壺，每年只須燒四、五十件送來，不必多燒。	《乾隆九年各作成做活紀清檔》，《清宮瓷器檔案全集》，卷2
乾隆10年	乙丑（1745）	64	二月，老格在廠期滿三年，唐英奏請老格留任。	乾隆十年二月二十五日唐英奏摺，《清宮瓷器檔案全集》，卷2
乾隆12年	丁卯（1747）	66	唐英訂《燒造瓷器則例章程冊》。	唐英，〈奏詳訂章程永遠遵行摺〉，《清宮瓷器檔案全集》；乾隆十二年十月初七日內務府奏摺
			依此《燒造瓷器則例章程冊》訂定次色變價虧折比例，為原制價銀之五成，破損瓷器為三成。	《清宮瓷器檔案全集》，卷3
乾隆13年	戊辰（1748）	67	年初，乾隆皇帝恩賞唐英一萬兩。	乾隆十三年一月十五日唐英奏摺，《軍機處檔摺件》，（臺北：國立故宮博物院藏，文獻編號001919）。
			寅保中會榜末。	〈自題漁濱課子圖小照〉，《陶人心語》，《唐英全集》，第1冊
			五月，唐英燒造的觀音不成，乾隆認為是唐英不夠至誠。	《乾隆十三年各作成做活計清檔》《清宮瓷器檔案全集》，卷3
			六月，奉命入京覲見。	唐英，〈奉命入覲途中恭賦二章〉，《陶人心語》
			唐英被責：此次唐英呈進瓷器仍係舊樣，為何不照所發新樣燒造進呈？將這次呈進瓷器錢糧不准報銷，著伊賠補。	《乾隆十三年各作成做活計清檔》，《清宮瓷器檔案全集》，卷3
乾隆14年	己巳（1749）	68	得知張堅在浙江，唐英於是派人前往迎之，張堅欣然來潯。	唐英，〈夢中緣序〉，《唐英全集》，第3冊
			冬，唐英奉命接掌粵海關。	乾隆十六年十二月十七日唐英奏摺，《宮中檔乾隆朝奏摺》，第1輯

乾隆 15年	庚午（1750）	69	唐英赴粵海關，因年事已高，指派兩廣總督陳大受協同管理，次子寅保帶原銜前往廣東，幫父辦理關務。	《乾隆朝上諭檔》，第2冊
			六月初三，到任接管粵海關。	《乾隆十三年各作成做活計清檔》，《清宮瓷器檔案全集》，卷3
			七月，唐英被責：上年所進磁器內，選出缺釉、毛邊、足破甚多。乾隆認為唐英將腳貨選入上色，希圖矇混。於是不准報銷，著伊賠補。	《乾隆十五年各作成做活計清檔》，收錄於鐵源、李國榮主編，《清宮瓷器檔案全集》，卷3
乾隆 16年	辛未（1751）	70	寅保前因隨伊父唐英在粵海關任內，未經散館，著加恩賞給編修。	《乾隆朝上諭檔》，第2冊
			十二月，奉命覆調九江關。	乾隆十七年三月二十一日唐英奏摺，《宮中檔乾隆朝奏摺》，第2輯
乾隆 17年	壬申（1752）	71	正月十七日，自粵海關啟程回潯，三月初三日重抵九江關。 唐英獲賞御製詩。	乾隆十七年三月二十一日唐英奏摺，《宮中檔乾隆朝奏摺》，第2輯 《乾隆十七年各作成做活計清檔》，《清宮瓷器檔案全集》，卷4
			唐英獲賞貂皮緞子。	乾隆十七年三月二十一日唐英奏摺，《宮中檔乾隆朝奏摺》，第12輯
乾隆 20年	乙亥（1755）	74	二月，唐英獲恩賞御書福字。	乾隆二十年初七日唐英奏摺，《宮中檔乾隆朝奏摺》，第12輯
			十二月，唐英受召北上陛見。	乾隆二十年十一月十五日唐英奏摺，《宮中檔乾隆朝奏摺》，第12輯
乾隆 21年	丙子（1756）	75	正月十九日，唐英於圓明園拜竭乾隆，聖訓要求教導寅保學習瓷務，並授予唐英正三品奉宸苑卿。	乾隆二十一年三月十七日唐英奏摺，《宮中檔乾隆朝奏摺》，第11輯

			乾隆七年分起至十四年止，節年動支錢糧，變價之次色始完成核銷，錢糧清交養心殿造辦處。	唐英，〈恭繳次色黃器及次色祭器摺〉，《唐英全集》，第4冊
			七月二十七日，因病奏請解任。	乾隆二十一年七月二十七日唐英奏摺，《宮中檔乾隆朝奏摺》，第11輯
			七月二十九日，在署病故。	乾隆二十一年八月初二日胡寶瑔奏摺，《宮中檔乾隆朝奏摺》，第15輯

附錄二：國立故宮博物院器物典藏
資料庫中乾隆年間御窯[註1]

器　物	說　明	文物統一編號
清　乾隆　五彩開光御製詩雙耳四方轎瓶	清高宗乾隆皇帝七年（1742）御製詩〈□掛瓶〉：「官汝稱名品，新瓶製更嘉，隨行供嘯□，沿路擷芳華，挂處輕車稱，簪來野卉斜，紅塵安得近，香籟度幃紗。」及詩末落紅料描繪之「乾」「隆」兩字印文。	中-瓷-001935-N000000000

〔註1〕國立故宮博物院器物典藏資料庫中檢索得「雍正」、「乾隆」款識之瓷器約1600件，因符合宮廷燒造的形式與皇帝的喜好，其大多有特定之器型與釉色，單看一件器物不易區分出具體燒造者是否為唐英。於是特以資料庫中有標示時間的器物錄出，並對照唐英任職督陶官的時間，推斷較可能為唐英所造之器物。參考網址：https://antiquities.npm.gov.tw/，查閱於 2020/7/14。

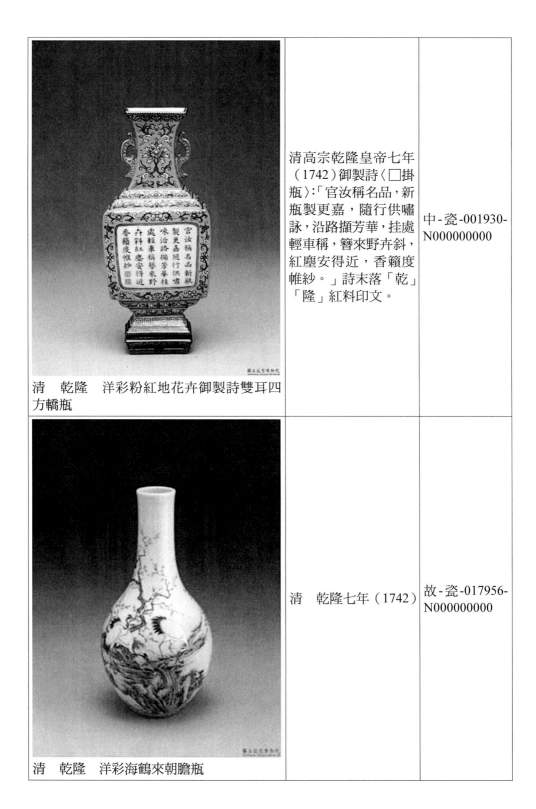

清　乾隆　洋彩粉紅地花卉御製詩雙耳四方轎瓶	清高宗乾隆皇帝七年（1742）御製詩〈□掛瓶〉：「官汝稱名品，新瓶製更嘉，隨行供嘯詠，沿路擷芳華，挂處輕車稱，簪來野卉斜，紅塵安得近，香籟度帷紗。」詩末落「乾」「隆」紅料印文。	中-瓷-001930-N000000000
清　乾隆　洋彩海鶴來朝膽瓶	清　乾隆七年（1742）	故-瓷-017956-N000000000

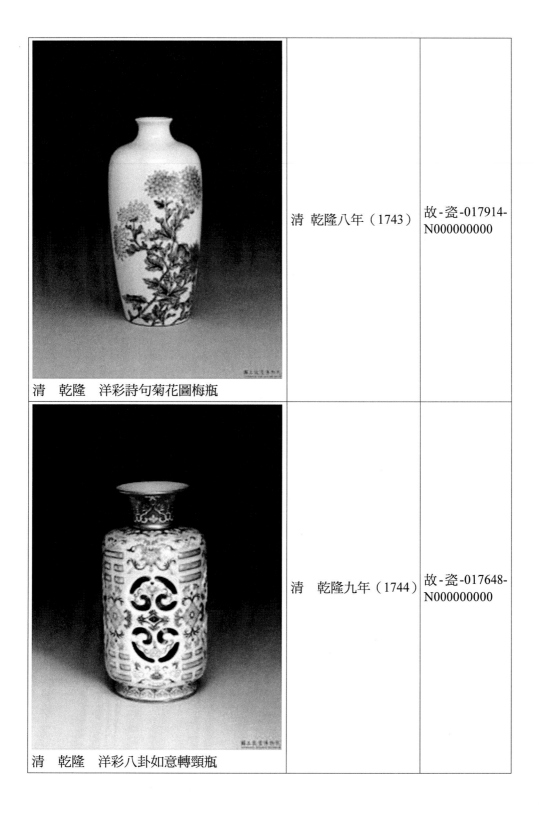

	清 乾隆八年（1743）	故-瓷-017914-N000000000
清　乾隆　洋彩詩句菊花圖梅瓶		
	清　　乾隆九年（1744）	故-瓷-017648-N000000000
清　乾隆　洋彩八卦如意轉頸瓶		

 清　乾隆　洋彩開光十八羅漢膽瓶	清　乾隆十年 （1745）	故-瓷-017953- N000000000
 清　乾隆　洋彩霽青描金開光花卉御製詩 葫蘆形轎瓶	清高宗乾隆皇帝十三年（西元1748年）御製詩〈□掛瓶〉：「無礙風塵遠路，載將齊魯芳春，本是大邑雅製，卻為武帳嘉賓，宿雨朝烟與潤，山花野卉常新，每具過不留意，似解無能所因。」詩末落紅料描繪的「乾」「隆」印文兩枚。	中-瓷-001933- N000000000

 清　乾隆　洋彩黃地花卉御製詩雙耳四方轎瓶	清高宗乾隆皇帝十五年（西元 1750 年）御製詩〈詠掛瓶〉：「靜歷黃圖紫塞，飽參秋卉春葩，貯就常看不謝，簪處偏宜半斜，豈慮勾蜂引蝶，只疑浥露蒸霞，文殊昨示妙諦，紛雨優□羅花。」詩末以紅料描繪「乾」「隆」兩枚印文。	中 - 瓷 -001927- N000000000